国家社会科学基金“十二五”规划2014年度教育学一般课题“地方本科高校转型发展的路径与对策”（BIA140110）

高等教育管理与改革

教育现代化与地方高校转型发展

夏季亭 帅相志◎主编

Education Modernization and Transitional Development of Local Universities

科学出版社
北京

内 容 简 介

本书从教育现代化面临的形势和任务出发，分析了地方高校转型发展中存在的问题和制约因素，深入探讨了教育现代化与地方高校转型发展的关系；以山东等省市地方高校为个案，总结了地方高校在转型发展中取得的阶段性成绩；同时，借鉴国外先进国家应用技术大学发展的经验，有针对性地探析了地方高校在推进教育现代化进程中深度转型发展的路径、模式和政策支持，并贯彻落实《中国教育现代化 2035》文件精神，提出了相关的对策建议。

本书可为政府部门、教育行政机构、高等学校和科研院所的决策者、管理者、研究者提供重要参考，也可作为高等教育学、教育管理学、教育经济学、教育行政学等相关专业博士研究生和硕士研究生的教学参考书。

图书在版编目（CIP）数据

教育现代化与地方高校转型发展研究/夏季亭，帅相志主编.—北京：科学出版社，2019.2

ISBN 978-7-03-060513-9

Ⅰ. ①教… Ⅱ. ①夏… ②帅… Ⅲ. ①教育现代化-研究-中国 ②地方高校-发展-研究-中国 Ⅳ. ①G52 ②G649.21

中国版本图书馆 CIP 数据核字（2019）第 023610 号

责任编辑：付 艳 崔文燕 高丽丽 / 责任校对：王晓茜

责任印制：徐晓晨 / 封面设计：润一文化

编辑部电话：010-64033934

E-mail:edu_psy@mail.sciencep.com

科 学 出 版 社 出版

北京东黄城根北街 16 号

邮政编码：100717

http://www.sciencep.com

北京中科印刷有限公司 印刷

科学出版社发行 各地新华书店经销

*

2019 年 2 月第 一 版 开本：720×1000 B5

2020 年 1 月第二次印刷 印张：14 1/4

字数：285 000

定价：89.00 元

（如有印装质量问题，我社负责调换）

本书参编人员

主　编　夏季亭　帅相志

副主编　夏　杨　张　威

成　员（按姓氏笔画排序）

卞常红　左媛媛　申政清　李　冉

杨　炜　吴衍丽　张　媛　侯文雪

郭云卿　蔡　云

序

党的十八大以来，以习近平同志为核心的党中央推进一系列重大教育改革、重大政策措施和重大工程项目，国家财政性教育经费支出占GDP的比例连续5年保持在4%以上，中国教育事业取得了历史性发展，特别是高等教育领域成效显著。

高等教育规模实现跨越式增长，有效满足了人民群众接受高等教育的强烈愿望；高等教育区域布局更加均衡，高校类型趋于多样，学科专业和层次结构更加合理，办学特色正在逐步形成；高校人才培养质量、科研水平显著提升，文化传承的引领作用日益凸显，社会服务功能得到增强；高等教育国际化步伐加快，积极推进对外开放，国际竞争力不断增强，国际影响力显著提升。

进入新时代，中国教育事业站在了新的历史起点上，面临着新的挑战和机遇，实现教育现代化建设的目标任重而道远。

第一，教育发展方式转变。我国教育的主要矛盾已经转化为人民日益增长的对更加公平、更高质量、更富特色教育的需求和不平衡、不充分的教育发展之间的主要矛盾；教育发展方式正在从以规模扩张为特征的外延式发展，转变为以提高质量和优化结构为核心的内涵式发展，这对学校更新教育观念和办学理念，发展优质、公平、多样的教育提出了新挑战。

第二，现代化经济体系建设加速。经济发展方式转变、经济结构调整和增长动力转换，在适应和促进经济社会发展，深化课程改革，调整人才培养模式，培养不同层次和类型的高素质人才等方面，对学校提出了新的挑战。

第三，科学技术迅猛发展。互联网、虚拟现实、人工智能、大数据技术的发展及其与教育教学的融合，改变着人类获取知识的渠道和方式，慕课、微课程、翻转课堂、混合式教学等基于现代信息技术的教学模式应运而生，在转变教师角色、变革学习方式、调整教学组织，以及引导学生进行自主学习、合作学习、探究式学习等方面，对高校提出了新的挑战。

第四，教育国际化大势所趋。人力资源和教学资源的跨国、跨地区流动加速，先进教育理念、现代教学方式和管理模式在传播中融合，给我国学校学习和借鉴国际先进教育理念和成功经验、提高办学质量和效益带来了新机遇，也在推进中国优质教育教学资源向国际拓展方面，对高校提出了新的挑战。

第五，体制改革不断深化。政府转变职能，依法治教，简政放权，管办分离，优化教育治理结构，提升教育治理能力，在建设现代学校制度、创新管理体制和运行机制等方面，对高校提出了新的挑战。

在这种形势下，作为高等教育重要组成部分的地方本科高校何去何从？可以说，从 2013 年前后开始推进的地方本科高校转型发展工作，恰逢其时。这项工作是适应经济社会发展需求、破解高等教育结构性难题和实现地方本科高校内涵式发展的深层次变革，已经成为当前中国高等教育改革发展需要面对的重大现实问题。

第一，转变教育观念是高校转型发展的重要先导。高校要树立先进的教育观、富有时代内涵的人才观、多样化的质量观、科学的发展观和现代的教学观，致力于培养全面发展、适应经济社会发展需求的高素质应用型人才。

第二，明确办学目标定位是转型发展的基本前提。高校要瞄准国家与地方经济社会发展需求，借鉴发达国家的教育办学理念和成功经验，找准定位、各安其位、多样化探索，切忌盲目攀比、同质化发展。

第三，改革人才培养模式是高校转型发展的核心任务。在人才培养目标定位上，高校要服务地方、对接产业，从传统的本科学术型人才或专科技能型人才培养，转变为高素质本科应用型人才培养；在专业建设上，高校要从面向学科取向或面向职业岗位取向，转变为以经济社会发展需求为取向，处理好学科建设与专业发展之间的关系，使应用型专业与学科协同共生；在培养层次结构上，高校要从盲目追求培养层次升格和扩大学生规模，转变为注重培养质量和效益，安于本科教育，有条件的学校可尝试开展专业学位研究生教育；在培养模式上，高校要从相对封闭的人才培养体系，转变为主动面向地方经济建设和社会发展需求，注重学生实践能力、就业和创业能力的养成；在课程体系设计上，高校要平衡通识课程与专业课程、理论教学与实践教学、学科专业基础与职业技术能力之间的关系；在评价标准、质量保障体系构建和教师队伍建设上，高校要从学术性和学科性导向，转变为应用性和技术性导向，重视社会和市场反馈，鼓励技术研发、专利研发、技术咨询和科学资政。

第四，地方本科高校是转型发展的主力军。地方本科高校要转变教育观念和办学理念，科学定位、各安其位，放平心态、遵循规律，长期积累、厚积薄发，将主要精力放在学校的内涵建设上，放在应用型本科人才培养和应用型学科建设上，力争在人才培养模式改革、产学合作育人和技术研发等方面有所突破，并接受社会和用人单位的检验。

2019 年 2 月，中共中央、国务院印发了《中国教育现代化 2035》，中共中央办公厅、国务院办公厅印发了《加快推进教育现代化实施方案（2018—2022 年）》，明确了未来我国实现教育现代化的战略目标、任务和实施路径，开启了我国教育现代化的新征程。

由夏季亭、帅相志教授主编的《教育现代化与地方高校转型发展研究》，站在中国教育现代化建设的大背景下，从教育现代化的新形势、新任务及其与地方高校转型发展的关系入手，深刻分析了地方高校转型发展的基础条件、存在的问题与制约因素，并以山东、安徽、重庆、河南、浙江等省市的地方高校为实证研究对象，系统总结了地方高校转型发展的思路举措、取得的成绩和成功的经验，还对欧美应用技术大学办学模式进行了梳理，为我国地方高校转型发展提供了有益的启示和借鉴。在此基础上，该书探讨了推进地方高校深度转型发展的路径、模式和评价体系，提出了地方高校在教育现代化进程中深化转型发展的对策建议。相信该书的研究成果能为政府有关部门决策和地方高校深度转型发展提供重要的参考和借鉴。

中国教育学会会长 钟秉林

2019 年 2 月于北京

目　录

导　论

一、研究背景

（一）教育现代化是当前教育发展的主要目标

现代化是 18 世纪工业革命以来人类文明发生的一次深刻变化。进入信息化社会，新一轮现代化的步伐进一步加快，国家间的竞争逐步从产品和实力的竞争发展到以知识资本和创新能力为核心的竞争。在这样的背景下，教育水平成为现代化的先决条件和决胜因素，各国都在积极发展教育，提升教育水平和质量。

中华人民共和国成立后，特别是改革开放以来，我国就一直把实现现代化作为教育发展的主要目标。中国教育发展的奋斗历程，就是实现教育现代化的发展过程。邓小平在 1983 年提出教育要“面向现代化，面向世界，面向未来”，发出了改革开放新时期教育现代化的动员令。江泽民从实施科教兴国战略的高度，提出教育创新的号召，丰富了教育现代化的内涵。胡锦涛提出要全面贯彻党的教育方针，培养德智体美全面发展的社会主义建设者和接班人，要按照优先发展、育人为本、改革创新、促进公平、提高质量的工作方针，切实落实《国家中长期教育改革和发展规划纲要（2010—2020 年）》，确保到 2020 年我国基本实现教育现代化，基本形成学习型社会，进入人力资源强国行列，明确了教育现代化的阶段性目标。习近平在党的十九大报告中指出：“建设教育强国是中华民族伟大复兴的基础工程，必须把教育事业放在优先位置，加快教育现代化，办好人民满意的教育。”（习近平，2017）

经过多年努力，我国教育在普及水平和公平程度方面取得历史性突破，已成为名副其实的世界头号教育大国，但整体发展程度尚处于中上水平，离世界先进水平还有不小的距离。2015 年，联合国通过了《2030 年可持续发展议程》，规划了人类未来15年可持续发展的总目标。在此基础上，联合国教育、科学及文化组织又通过了《教育2030行动框架》，并出版了具有里程碑意义的报告——《反思教育：向“全球共同利益”的理念转变？》，使得2030全球教育的未来蓝图得以清晰勾勒。中国正在加快推进现代化建设，为全面建成小康社会、实现中华民族伟大复兴的中国梦而奋斗。教育部按照中共中央的部署，着手研究制定“中国教育现代化2035”框架（郭伟，张力玮，2018）。2019年2月，中共中央、国务院正式印发了《中国教育现代化2035》，中共中央办公厅、国务院办公厅印发了《加快推进教育现代化实施方案（2018—2022年）》。

教育现代化不是简单的数量扩张、低层次的公平和办学条件的标准化，而必须以质量和效益为前提，既要适应人的身心发展规律，满足人民群众的期盼，实现人的充分全面自主发展，又要满足经济社会发展的需要，推动社会的全面进步。没有教育现代化，就不可能推动经济转型换代升级和社会健康发展，彻底减贫脱贫，成功跨越“中等收入陷阱”，以及实现全面小康社会，进入世界强国行列。

处于教育现代化进程中的地方高校何去何从？只有推动地方高校转型发展，才能适应国家经济社会发展需要，从而成为国家竞争力的助推器、区域技术研发的策源地、企业创新的人才库和技术革新的思想库，为实现教育现代化发展目标做出应有的贡献。

（二）转型成为地方高校发展的主题

“十二五”以来，高等教育领域出台的一系列政策文件，一定意义上都是《国家中长期教育改革和发展规划纲要（2010—2020年）》精神的具体体现和工作部署。从2012年《教育部关于全面提高高等教育质量的若干意见》到2014年以国务院名义发布的《国务院关于加快发展现代职业教育的决定》，再到2015年10月出台的《教育部 国家发展改革委 财政部关于引导部分地方普通本科高校向应用型转变的指导意见》等，可以说都是贯彻《国家中长期教育改革和发展规划纲要（2010—2020年）》提出的“建立高校分类体系，实行分类管理……引导高校合理定位”（国家中长期教育改革和发展规划纲要工作小组办公室，2010）精神的具体实施步骤，转型发展也是其中的一项重要举措。

正式的有规模的对“转型发展”的研究和探索，开始于2013年初教育部启动的应用技术大学改革试点战略研究项目。该项目选取了30余所地方高校作为研究成员单位，组织开展分类管理、转型发展的理论研究和实践探索。同年5月，教育部在天津成立了应用技术大学（学院）联盟和地方高校转型发展研究中心。2014 年 4 月下旬，在教育部领导的支持和参与下，应用技术大学（学院）联盟、中国教育国际交流协会在河南驻马店主办了首届产教融合发展战略国际论坛，此次论坛围绕推进地方本科高校转型发展，建设中国特色应用技术大学等问题展开深入研讨，上百所地方本科高校参加论坛活动。

此后，很多地方本科高校开始了转型发展的实践探索，取得了可喜的成绩。有的地方是学校的自发行动，有的地方是政府主导和推动；有的学校是学科专业整体转型，有的学校是部分专业优化升级。总的来看，转型发展已经从研究探讨阶段进入实践探索阶段，已经从学校“面上”的整体转型发展深入到校企合作、专业改造、课程优化、师资提升等“点上”的具体工作领域。

二、研究思路与方法

（一）研究思路

本书站在中国教育现代化建设的大背景下，从教育现代化的新形势、新任务及其与地方高校转型发展的关系入手，深入分析地方高校转型发展的基础条件、存在的问题与制约因素，并以山东、安徽、河南、江苏等地区的地方高校为实证研究对象，系统总结地方高校转型发展的思路举措、取得的成绩和成功的经验，同时借鉴欧美应用技术大学的办学经验，探讨推进地方高校深度转型发展的路径、模式和评价体系，提出地方高校在教育现代化进程中深化转型发展的对策建议。除绪论外，本书共分为七章。

第一章，分析发达国家教育现代化的发展特征、我国教育现代化的发展历程，以及当前我国实现教育现代化面临的新形势和新任务。

第二章，探讨教育现代化对地方高校转型发展的现实要求及其内在关系，以及地方高校转型发展的重点与趋向、存在的问题与制约因素。

第三章，以山东省高校为个案，探析山东省推进地方高校转型发展的政策环境，以及地方高校转型发展的思路举措和取得的成绩。

第四章，选取国内部分省市的高校，分析地方高校转型发展的路径与成功经验，得出有益的启示。

第五章，探析欧美国家应用技术大学办学模式和经验，联系我国实际，提出有针对性的建议。

第六章，分析我国地方高校深度转型发展的路径与模式，建立地方高校转型发展的评价体系。

第七章，从推进教育现代化进程出发，提出促进地方高校转型发展的对策和建议。

（二）研究方法

1）文献研究法。通过图书馆、国内外网站、期刊数据库等渠道，查阅有关文献资料，系统收集整理已有研究成果和有关国家和地区的相关政策文件。

2）实证调查法。以山东省地方高校为个案，通过实地调查和座谈随访等形式，了解地方本科高校取得的成绩、存在的问题，以及对转型发展的认识、转型发展面临的困难和制约因素。同时，对国内转型发展的典型地区和高校进行调研，深入了解转型发展的成功经验，获得有益的启示。

3）个案研究法。通过对国内地方高校转型发展的典型案例和欧美应用技术大学办学情况进行分析，总结其成功经验和模式，为地方高校转型发展提供参考和借鉴。

三、核心概念的厘定

（一）教育现代化

教育现代化是用现代先进的教育思想和科学技术武装人们，使教育思想观念，教育内容、方法与手段以及校舍与设备逐步提高到现代的世界先进水平，培养出适应参与国际经济竞争和综合国力竞争的新型劳动者和高素质人才的过程。其具体内容包括教育观念现代化、教育内容现代化、教育装备现代化、师资队伍现代化、教育管理现代化等。有关教育现代化的内涵理解和基本特征将在本书第二章进行阐述。

（二）转型发展

2015 年，教育部部长袁贵仁在全国教育工作会议上对“转型”做了详细阐述：“转型是适应国家经济转型升级的要求，也是地方本科学校生存发展的现实需要。转型的关键是明确办学定位、凝练办学特色、转变办学方式，把办学思路真正转到服务地方经济社会发展上来，转到产教融合校企合作上来，转到培养应用型技术技能型人才上来，转到增强学生就业创业能力上来。”（柯进，柴葳，2015）

一般意义上，“转型”可理解为由一种状态或模式变成另一种状态或模式。

例如，有学者指出，地方高校转型是办学定位等的整体转变，“转型意味着高校办学理念、办学定位、办学体制、办学举措的整体转变，是地方本科高校从追求传统的、既定的‘学术型’向现代的、创新的‘应用型’的整体位移”（牟延林，2014）。但从办学实际情况看，地方本科高校并不完全都在“追求传统的、既定的‘学术型’”，很多地方本科高校在应用型办学方面有着深厚的积淀，取得了显著成绩。

（三）应用型

“应用型”是“转型发展”的方向，它指的不仅仅是人才培养目标或人才类型，“应用型”应具有以下几个基本特征：①以服务经济社会发展为宗旨，面向行业产业构建学科专业群；②以应用型人才的培养为目标，培养的学生能直接为生产生活一线服务；③突出实践能力培养，打破学科知识体系，建立以职业能力培养为主的教学体系；④创新校企深度合作的人才培养模式，广泛与行业企业开展联合培养；⑤有“双师型”[①]素质的师资队伍；⑥科研方向具有应用性，注重科研成果转化应用，服务于经济社会发展和应用型人才培养。

① 所谓“双师型”教师，即指拥有双证（教师资格证和职业技能证）、双能（作为教师的职业素质和技能及作为高级专业人员的职业素质和技能）、双职称（讲师职称和工程师职称）、双层次［能力之师（各级各类高校中能讲授专业知识，又能进行专业实践的教师）和素质之师（能引导学生人格价值，又能指导学生获得与个人个性匹配的职业的教师）］的一种复合型教师。

第一章

教育现代化进程、形势与任务

教育现代化作为世界范围内的一个历史进程，起始于 19 世纪中叶，为了培养工业化生产以及科学技术研究人才，欧洲一些国家着力推进教育改革，从教育体制到课程设置、从教育规模到经费投入等各方面进行了新的尝试与探索。世界教育现代化的第二个发展阶段始于 19 世纪末，至第二次世界大战之前。在这期间，美国、日本、德国等国家先后进行了一系列教育改革，奠定了教育现代化的体制基础。世界教育现代化第三个发展阶段自 20 世纪中叶开始。信息革命是这一阶段的标志，其 20 世纪 60 年代从美国兴起，进而辐射到世界众多发达国家。20 世纪 80 年代以后，世界各国特别是一些新兴第三世界国家在经济发展取得了长足进步以后，开始致力于推进教育现代化进程，从教育条件设施的改善到各个阶段入学率的提高、从多媒体技术走进教学到远程教育的开发等，教育发展水平达到一个新的高度。

我国的教育现代化经历了一个长期、复杂、系统的变迁过程，成为国家宏观教育战略与政策的重要议题。党的十九大报告综合分析了国际国内形势和发展条件，把 2020 年到 21 世纪中叶分为两个阶段来安排："第一个阶段，从二〇二〇年到二〇三五年，在全面建成小康社会的基础上，再奋斗十五年，基本实现社会主义现代化。""第二个阶段，从二〇三五年到本世纪中叶，在基本实现现代化的基础上，再奋斗十五年，把我国建成富强民主文明和谐美丽的社会主义现代化强国。"同时，报告指出"建设教育强国是中华民族伟大复兴的基础工程，必须把教育事业放在优先位置，深化教育改革，加快教育现代化，办好人民满意的教育"（习近平，2017）。实现教育现代化是实现社会主义现代化的重要组成部分，国家进入新时代，教育现代化也面临着新的形势与新的任务。

第一节　发达国家教育现代化的历史进程

按照启动的时间和原因，世界教育现代化的模式大致可以分为早发内生型、后发外生型等。其中，早发内生型教育现代化主要是指在世界上较早发生并主要由本国内部因素来推行的教育现代化运动，如美国、英国、法国、德国等国家，其教育现代化具有自发性、渐进性等特征（冯增俊，1999）。后发外生型教育现代化主要指发动时间较迟且主要以借鉴国外先进模式为手段的教育现代化，如日本、韩国以及第二次世界大战后独立的大批发展中国家的教育现代化，其教育现代化具有革命性、示范性、自上而下推动等特征。

一、美国教育现代化的历史进程

美国是一个新兴的移民国家，在发展的过程中不断吸收先进的外来文明，较少受到本国传统因素的影响。美国在经济、社会现代化发展的同时，也带来了教育现代化的进步，在借鉴欧洲国家的发展经验与自身的不断探索中，逐渐形成了具有美国特色的教育体系。独立后，美国的教育事业快速步入了现代化的发展道路。高起点、跨越式起步，使其在很短的时间内就形成了一个有美国特色的、适应美国社会发展需要的现代教育体系，并且在很多方面实现了对欧洲教育的超越（项贤明，2007）。美国实现教育现代化是在1865—1929年，前后历时约65年，在这一历史阶段内，美国经历了城市化进程加快与人口数量增长、先进工业发展与贫富差距扩大、联邦政府作用加强等变迁，同时，对教育也不断地进行创新与探索。从发展层次来看，美国在教育现代化过程中曾先后经历了义务教育的普及、高中教育的大发展、职业教育现代化、高等教育大众化与普及化等阶段，最终实现了教育的现代化。

（一）义务教育的普及

19世纪后半叶至20世纪20年代，美国用了六七十年的时间在各州普及了义务教育。19世纪30年代，以霍拉斯·曼为代表的一批教育家主张通过地方税收建立面向公众的免费的、普遍的公立学校教育，史称“公共学校运动”。这一运动对于美国普及义务教育具有进步意义，它跨越了不同教派和人们的贫富差距，提出让所有的适龄儿童上同样的学校，将科学文化知识、公共道德教育通过学校教育向儿童普及，这一主张对于改变各阶层之间的经济不平等状况，预防和解决青少年犯罪问题，提升国民整体素质，都具有重要作用。

在众多教育家、观察家提出实施强迫义务教育的呼吁下，各州相继采取措施，1852 年，马萨诸塞州颁布首部《义务教育法律》，要求适龄儿童每年至少接受义务教育 12 周。1874 年，纽约州也制定义务教育方面的法律，要求 8—14 岁儿童每年至少在校接受教育 14 周。19 世纪 60—90 年代，美国适龄儿童入学率从 49%提高到 64%，而文盲率从 20%下降到 13%。对于接受义务教育的年限，各州的规定为 7—9 年不等。到 20 世纪 20 年代末，美国 5—17 岁儿童入学率达到 81.7%。到了 1940 年，7—13 岁儿童入学率达到 95%，实现了义务教育的普及（NCES，2002）。

（二）高中教育的大发展

1900—1930 年，美国高中教育有了较大的发展，到了 20 世纪 50 年代，高中教育实现了基本普及。1918 年，美国内政部教育署发布了美国教育协会中等教育改造委员会提交的报告《中等教育的基本原则》，报告发行后，在美国教育界引起了广泛关注，被称为美国中学教育史上的里程碑。该报告提出了中等学校培养学生的 7 项目标：第一，培养健康的身体；第二，掌握读、写、算和口头及文字表达能力；第三，能够成为合格的家庭成员；第四，掌握职业知识与技能；第五，承担公民责任；第六，善于利用闲暇时间；第七，具有优良的道德品质（滕大春，1994）。这些原则规范了美国中学教育的培养目标，被认为是 20 世纪美国高中教育的宪法。此后，高中教育既要为升学做准备，又要注重培养学生的生活技能和职业技能。基于这种培养目标，在这一时期出现了一种被称为综合高中的新型中学，即在同一所学校内，可以同时开设学术、商业、职业等不同类别的课程，并允许学生根据自己的发展方向选择不同的课程，这种模式被《中等教育的基本原则》大力提倡。至今，在美国的教育系统中，综合高中仍然是主要的办学模式。

20 世纪前 30 年，美国适龄人口高中入学率提高到了 50%以上，提升了 40 个百分点。1940 年 14—17 岁人口高中入学率达到了 79.3%，1951 年达到了 85.2%，实现了高中教育的基本普及（NCES，2002）。

（三）职业教育现代化

随着义务教育和高中教育的普及，“职业教育运动”也在全美展开。其原因如下：一方面是由于19世纪下半叶工业化的发展需要大批熟练掌握生产技能的工人；另一方面是由于相关组织的推动，如1906年成立的全国工业教育促进协会就积极倡导建立培养技术工人的职业学校，但这一倡议由于教育工作者和劳工领袖的反对，最终没有得到落实，使得一些单独设置职业学校的初步尝试也没有成功。至今美国的职业教育仍是贯穿于各个层级的学校教育中，采用综合中学、专业技术教育学校与培训班、社区学院、综合大学的职业技术课程相结合的灵活多样方式，形成了一个层次分明、纵横交错的职业教育网络。

1913年，康涅狄格州在所有中小学设置职业指导教师，后来这种做法逐渐普及到全美学校。美国国会1917年通过《史密斯-休斯法案》，要求联邦政府为职业教育提供资助，1914年通过面向农村的《史密斯-列维法案》，指导农民改善生产方法和提高农业产量，大幅度改善了农业生产和农村生活（王晓阳，2008）。1962—1976年，美国国会连续通过了4部有关加强职业教育的法案，为第二次世界大战后职业教育的发展提供了法律保障及资金支持。有了资金的保障，各州政府都有法律规定，青年从业之前必须接受职业教育，由于他们掌握了生产劳动技术，在校期间曾在企业实践锻炼，能直接适应工作岗位。另外，有20%—30%的毕业生进入四年制大学继续学习，接受高等教育。职业教育成为各类专业技术人才上岗前的必由之路，能使美国的职业教育更好地为社会和当地经济建设服务。

（四）高等教育大众化与普及化

美国独立之前的高等教育机构主要是分布于东部地区一些州的私立文理学院，如哈佛学院、耶鲁学院等。1776年独立之后，南部一些州开始用税收办理高等院校，州立大学逐渐兴起，至1860年，美国高等院校数量达到182所，其中州立大学有66所。1862年联邦政府通过的《莫雷尔法案》和“赠地办学”运动的掀起，推动美国州立大学发展，全面拉开了美国高等教育现代化的序幕。

1865年成立的私立康奈尔大学以农业科技的研究见长，1861年成立的麻省理工学院发展成为著名的工科学院，1876年成立的约翰·霍普金斯大学则效仿德国大学模式致力于高水平的研究活动。这一时期高等教育确立了为地方经济发展服务的价值观，并通过发展研究生教育、创办社区学院，丰富了高等教育的层次结构。

进入20世纪，美国经济的迅速发展为教育事业打下雄厚的物质基础，高等教育发展更加迅速。至第二次世界大战前后，美国高等教育处于渐进和稳步的规模扩大阶段，1911年美国高等教育入学率为5%，1930年达到12%，1941

年进一步攀升至18%，进入大众化阶段（王英杰，1993）。1944年，美国国会通过《退伍军人权利法案》，对退役后继续接受教育的人给予资助，法案实施后第一年，大学入学人数翻了将近一番。到1960年，美国高等教育入学率达到31.5%，1970年这一比例提高到了约49.4%，基本达到高等教育普及化。

如果说州立大学、社区学院的发展推动了美国高等教育的大众化和普及化，那么研究型大学的发展则是美国成为世界高等教育强国的主要因素。第二次世界大战期间及战后，联邦政府提供资助，使得一批研究型大学取得巨大成就，研究生教育水平也大大提高。教育的现代化发展与经济社会现代化建设相得益彰，共同促进了国家实力的提升。

二、日本教育现代化的历史进程

日本是实现现代化花费时间最短的国家。19世纪70年代，日本国民生产总值只有英国的13%，20世纪50年代达到英国的46%，60年代末超过英国、德国，80年代曾一度超过美国，此后一直位居世界前列。在日本实现现代化的道路上，教育的作用不可忽视，正如日本前首相吉田茂在《激荡的百年史》一书中所说："教育在现代化中发挥了主要作用，这大概可以说是日本现代化的最大特点。"（吉田茂，2006）日本现代教育发端于1868年的明治维新，第二次世界大战后步入新的现代化进程，20世纪70年代日本教育达到世界一流水平（李祖超，2004）。

（一）明治维新时期的教育改革

明治维新时期是日本现代化的开端，也是教育现代化的开端。这一时期，统治者认识到必须重视教育事业，才能摆脱民族危机，实现"富国强兵"，并采取了一系列政策对教育事业进行改革，建立了新的教育体制。

日本政府把普及初等教育放在第一位，1872年，明治政府文部省借鉴法国教育制度，制定并颁布了具有里程碑意义的《学制》，它奠定了日本近代学校制度的基础。按照《学制》的规划，在全国大规模建立小学，平均每600人就拥有1所小学的教育资源，达到了"邑无不学之户，家无不学之人"的初等教育目标。

在普及小学教育的过程中，最难解决的问题是师资缺乏，为此文部省提出了《建立小学教师培训场所的呈文》，将在东京建立师范学校作为一项重要任务。于是，日本教育史上的第一所师范学校在1874年5月诞生了，这所学校后来成为日本创立和扩大师范学校的典范。

明治政府将实业教育作为一项重要内容，制定了一个初、中、高三等级配套的全面的技术教育服务网络。初等技术教育包括小学手工科、实业科、实业补习学校等，中等技术教育有师范学校以及普通中学的工科、农科、商科等科目，高等技术教育设有专门的实业学校培养人才。中等技术教育是日本教育事业的重点，高等技术教育主要培养高级专门人才。1877 年创建的东京大学，分别设置了理学、化学、法学、医学、数理学五科，为培养经济建设所需的高级专业人才服务。

明治维新时期的教育改革的理念是培养“和魂洋才”。“和魂”是指具有大和民族的传统文化精神，“洋才”指的是掌握西方先进的科学技术的人。这两种不同国家和地区的教育理念在明治维新改革中得到了统一：日本传统的民族文化与西方先进的科学技术教育并存，为日本的教育现代化注入了鲜活的思想。

（二）第二次世界大战后的教育改革

1945 年第二次世界大战结束，日本沦为战败国，但日本的经济文化在短时间内得到了恢复并快速地发展，得益于日本重视教育的发展，为经济现代化提供了高素质的人才。这是日本人最重要的一条“治国之道”，也是举世公认的事实。

第二次世界大战后，日本进行的一系列教育改革主要体现在以下几个方面。

第一，教育决策的国会立法制。在专制主义天皇制下，天皇掌握教育决策权，第二次世界大战后颁布的新宪法规定，国会是国家的最高权力机关并且是国家唯一的立法机关，国会于 1947 年颁布并实施《教育基本法》，为教育快速发展提供了良好的政治环境。

第二，学校教育方面的单轨制。第二次世界大战前，日本的学校教育实行双轨制，为少数特权阶层和广大民众提供不同类型的教育，造成教育机会不均等。1947 年公布的《学校教育法》确立了“六三三四”[①]新学制，并把义务教育延长为九年，体现了教育机会均等的原则。

第三，教育行政管理的地方分权制。改革之前实行中央集权制，教育行政管理权集中在文部省。1948 年开始实行地方分权制，《教育委员会法》规定文部省与都、道、府、县、市、镇、村等各级教育委员会形成教育管理体系，对

① 即小学六年，初中三年，高中或职高三年，高等教育四年。

教育行政管理各司其职，分工协作。另外，结合民意，选举产生教育委员会，根据不同地区的实际情况发展当地教育事业。

随着日本经济的恢复和发展，从 20 世纪中期开始，日本政府开始重视教育规模发展与结构的调整，并且根据国民经济发展计划制订教育发展计划，为更好地适应经济发展和社会进步培养所需要的人才。其中，影响最深远的计划是 1960 年 12 月发布的《国民收入倍增计划》（1961—1970 年），该计划在教育方面提出要普及、提高中等教育，增加科学技术教育的内容，增招理工科大学生，提供职业指导，培养高素质科技人员。1965 年 1 月制订的《中期经济计划》（1964—1968 年），进一步强调了提高人的能力和振兴科学技术的重要性及迫切性，同时提出扩充中等教育，普遍提高国民文化素质，充实研究生院和大学本科教育，培养高才能和技能型人才。1967 年 3 月制定的《经济社会发展计划》（1967—1971 年）要求加强初中、高中的升学就业指导；调整后期中等教育结构，向多样化方向发展；改善高等院校办学条件，提高理工科的比例；改革资格考核制度，向能力主义方向发展；改革育英奖学金制度；完善研究生院制度，增招研究生；改善企业雇佣制度等（白红梅，2014）。总之，第二次世界大战后的一系列教育改革措施为日本培养服务于经济快速发展的人才奠定了坚实的基础。

（三）经济高速发展时期的教育改革

1973 年的石油危机对日本经济发展造成了极大的创伤，同时也引起了日本就业结构和经济结构的变化，新的社会意识形态加深了教育上的内在矛盾。在这一形势下，日本开始了第三次教育改革。

1984 年 8 月，政府为大力推行教育改革而设立了临时教育审议会，为日本的教育发展适应新的社会形态建言献策。该审议会为规划教育发展改革事业制定了多份改革报告，提出一系列教育改革思想，如重视儿童个性的培养、面向 21 世纪的教育改革目标等。这些改革试图打破传统学校教育的封闭性，建立终身教育学习体系，突出教育的国际化、信息化、时代化等趋势，培养具有灵活性、个别性和综合性的人才，为满足日本在 21 世纪国内日益增长的优质教育需求提供了保障。

日本政府对审议会提出的建议非常重视。1987 年 10 月，内阁会议制定了《教育改革推行大纲》，采取的具体改革措施如下：第一，修改了部分法律和法令。3 年内，修改了国会拟定的 12 个教育改革法中的 10 个法案，并颁布实施。第二，增加了教育经费的投入。在财政状况非常紧张的形势下，1990 年的教育改革经费预算仍比上一年度增加了 33.7%（白红梅，2014）。第三，在行政管理方面跟进。文部省陆续向社会发布有关教育的信息和措施，并了解民众意见。

在日本的教育现代化进程中，政府对教育的重视起着决定性的作用。日本较早实施了义务教育，明治维新后，大力发展初等教育和职业教育，促进了工业快速发展。第二次世界大战后，日本政府大力发展教育，采取一系列措施提高国民受教育水平，为日本第二次世界大战后经济飞速发展打下了良好的基础。日本教育在实现现代化的同时，很好地保留了本国的文化传统，对不同国家的文化中有益的部分进行融合、吸收，形成有利于本国发展的文化。日本政府高度重视教育立法，用法律手段保障教育的优先发展。在经历了这三个重要的阶段后，日本的教育事业进入了世界先进国家的行列。

三、德国教育现代化的历史进程

在第二次世界大战中，德国惨败，但是其在短时间内恢复发展并快速繁荣起来，特别是在 20 世纪 50—60 年代创造了被誉为“德国速度”的发展奇迹，一跃成为位居世界前列的强国。总结其发展的经验，就是高度重视教育。德国是世界最早普及义务教育的国家，并坚持从经济社会实际出发布局教育的发展，尤其是德国的职业教育、高等教育是全世界教育发展的典范，德国培养了众多对后世影响深远的思想家、教育家，为德国甚至世界的教育现代化做出了重要贡献。

（一）教育现代化的萌芽阶段

德国在 16 世纪之前是一个由众多公国组成的政治和经济相对落后的国家，文艺复兴的思潮传入后，一些有识之士解放思想，发动改革，其中以马丁·路德发起的宗教改革最为典型。这不仅使德国从传统社会过渡到现代社会，也推动了教育事业的发展进步。改革者向民众宣传教育的重要性，一些公国开始重视教育，其中，维滕堡公国于 1559 年颁布了义务教育法，同时建立了一套系统的学校制度，包括德语学校、拉丁学校、文法学校、高级修道院学校等不同类型的教育机构。其他各公国以此为蓝本成立了一大批学校，为德国教育的强盛奠定了基础。1794 年，普鲁士邦国以法令形式把教育机构收为国家机构，其他各公国也采取此措施，把教育权从教会手中夺回，至此德国又成为西方国家从教会手中夺回教育权最早的国家。一些西方教育史家认为，德国的国民教育制度的建立早于法国 100 年，早于英国 200 年（江海燕，2018）。

（二）教育现代化的快速发展时期

18—19 世纪是德国教育体系奠基的重要时期，这一时期也是大学教育发展的黄金时代。英国工业革命和法国资产阶级革命在一定程度上促进了德国教育的发展，涌现出了一批影响深远的思想家、哲学家、教育家。其中最为著名的是 19 世纪初普鲁士教育部长威廉·冯·洪堡，他领导了教育改革，提出了新的教育理念。第一，他提出在教育面前人人平等，建立了公共学校网，强化初等义务教育。第二，设计了一个中等教育的分流选择机制，每个学生可以选择适合自己的教育方式，为以后的就业做准备。后来德国的中等教育分化成为三种类型，即培养技术工人的主体学校、培养技术员的实科高中和培养进入大学深造人才的文理高中，各类学校之间可以互相沟通交流，除了获得就业机会外，每个人也都可以争取读大学的机会。第三，建立起系统的教师教育体系。教师资格考试的敕令规定，要想被聘用为教师，必须通过国家教师考试，于是产生了大量师范学校，提高了教师的整体素质和教育的质量，并从经济待遇、社会声誉等方面提高了教师的社会地位。第四，创办柏林大学，提出大学要重视科研，反对只教授知识，把教学和科研相结合作为大学的使命，推动了高等教育改革。此后，一批大学按照这一模式创办起来，新的大学办学理念改变了传统的高等教育现状，促进了德国高等教育事业的发展，这一理念也对全世界产生了深远影响。

（三）教育现代化的黄金时期

20 世纪上半叶，德国经济总体实力超过了英国、法国等发达资本主义国家，扩张势力的野心促使其发动了第一次、第二次世界大战，但均以失败告终，给德国带来了惨痛的教训。在这一阶段，德国教育出现了逆现代化趋势，教育昔日的辉煌被战败的颓废所取代。第二次世界大战后，德国不仅要清除极端民族主义的余孽，恢复和发展衰败的社会经济，同时也要适应世界现代化发展潮流，推动教育的转型发展。经过反思和探索，20 世纪 60—70 年代德国教育的发展进入了黄金时代。

德国不仅重视教育质量，而且采取一系列措施保障教育公平，将教育分为四个不同层次：3 周岁开始接受学前教育；而后是四年初等教育；接着是包括主体中学、实科中学、文理高中三种类型的中等教育，在该阶段学生有选课自由；与中等教育相衔接的是大学教育或者具有培养学生职业资格的教育机构提供的教育。同时，也采取措施对高等教育进行了改革，新建一批高等学校，使办学形式多样化，把传统的工程师学校、中专学校等改建成高等专业学院，培养实用技术人才，学生在这些高等专业学院毕业后还可升入更高层次的大学，继续接受高等教育。

20 世纪 80—90 年代，德国成为世界排名前列的经济体，“德国制造”闻名于世，教育是经济和科技发展的主体支撑。进入 20 世纪 80 年代，为适应知识经济潮流和信息化趋势，提高青年人的综合素质，德国开始重视外语教育和计算机教育，同时加强普通文化课教育与职业技能教育的融合。学校通过开展多种类型的、分散灵活的小组教学，培养不同类型人才，在中等学校毕业后，一部分学生到大学继续深造，另一部分学生则根据自己的选择进入职业学校接受职业培训。20 世纪 80—90 年代，德国教育在之前的基础上取得了较大的突破，80 年代，联邦德国对高等教育的产学研结合非常重视，激励成果创新进步，支持自然科学成果转化为现实的生产力。90 年代以来，德国采取一系列措施，从联邦层、州层次和高等学校的不同定位出发，推动高校与政府、企业、行业、社会团体等进行合作，有力地促进了科研成果效益的发挥，为德国成为世界重要经济体提供了智力资源和科技支撑。

从现代化模式来看，德国的教育现代化应归属于“早发内外结合”模式。德国是世界范围内最早开启教育现代化进程的国家之一，前期是国家内部因素推动，19 世纪初开始，外部因素与内部因素共同促进了大学的改革，第二次世界大战后，德国更是在美国、英国的帮助和扶持下，使大学教育得以恢复和发展。从德国高等教育的发展历程来看，大学教育的现代化走在了政治与经济现代化的前面。在德国处于战乱、经济崩溃等环境下，大学不断进行改革，科研得以发展，教学质量得以提高，以高质量的人才培养促进了经济的恢复和发展（肖光华，2011）。德国“双元制”职业教育是促进经济、技术发展的一大创举，在这一模式下，青少年既可以在学校里接受专业理论文化知识，又可以到企业实践锻炼培养职业技能，将理论知识与职业技能有机结合在一起，为德国制造业的发达和经济社会发展输送了优质人才，成为世界职业教育的典型案例。

四、俄罗斯教育现代化的历史进程

从世界现代化的历史发展进程来看，俄罗斯现代化的启动相对晚于欧美发达国家，其现代化模式属于后发外生型，即现代化开始的时间较晚，且是借鉴国外先进经验或者靠外在力量推动。从沙皇俄国时代的初步发展，到苏联时期基本实现，再到当代的全面转型，俄罗斯的教育现代化历程几经变迁，走过了一条艰难的道路。

（一）沙皇俄国时代：教育现代化的初步发展

17 世纪末的俄国是一个国土辽阔、民族众多的封建专制国家，当时的教育发展十分落后，而且全部被教会把持，鲜见世俗的文化教育，这对于俄国的进步与发展是十分不利的。18 世纪初，彼得一世打开了向西方学习的大门，以西方国家为样板，开办世俗学校。彼得大帝出访欧洲回国后，在教育领域开始了一系列的欧化改革，主要措施包括：①开办世俗学校，向普通民众传授文化知识；②加强科技教育，开办专门学校培养经济发展所需的技术人才；③创办科学研究机构，为本国培养学术人才。俄国人开始逐步走出封建落后，接受外来思想的洗礼，先进的文化开始改造落后的精神面貌，整个国家包括教育事业开始缓慢走上了现代化道路。

19 世纪初，沙皇政府进行了一些具有进步意义的教育改革，确立了俄国历史上首个层次分明、上下衔接的学制制度，从一年制的堂区学校到两年制的县立学校再到四年制的文科中学和大学，形成了一套完整的教育体系。但是在沙皇政府的统治下，这种表面上的制度平等难以掩盖封建专制制度下的等级差别，虽然国家为中学和大学教育提供经费，但是除了贵族子弟外，普通平民没有机会接受这两个层次的教育。十二月党人武装起义失败后，沙皇政府制定了更加反动的教育政策，大张旗鼓地将教育体系改为“双轨制”：一轨是普通平民接受初等教育的堂区学校和县立学校，并且在入学时要交付学费；另一轨是贵族子弟就读的学校，包括中学、大学的中等和高等教育系统。双轨制对于教育的普及和民众思想的解放是极为不利的，在俄国教育发展的道路上，沙皇专政制度始终是严重障碍。

19 世纪 60 年代初，沙皇政府决定打破封建生产关系，废除阻碍社会发展的农奴制，使俄国走上了资本主义道路。在这一时期，教育改革的主要任务是反对封建等级、专制和宗教，扩大世俗教育受众，尊重儿童发展个性，建立覆盖全民的学校系统，这使得教育现代化在反动的政策中有一些现代文明和民主的进步。

（二）苏联时期：教育现代化的基本实现

十月革命的胜利使俄国社会进入了一个全新的发展时期，也开创了无产阶级人类历史的新时代。在这一时期，苏联也建立了一个全新的教育体系。以列宁为首的新政府领导人重视发挥地方政权在教育管理中的作用，但最终国家结构走向了中央集权式，因此，教育事业管理体制的中央集权也持续到了苏联解体之前。苏维埃政权为教育的民主和各种类型、各个层次教育的衔接做出了不懈努力，建立起覆盖学前教育、普通中等教育、中等专业教育、职业技术教育、高等教育和校外教育等六个环节的国民教育。20 世纪 20 年代，苏联教育工作的重点是扫除文盲，发展高等教育，并且将培养工人作为高等教育的任务，但没有解决国家急需的人才培养问题。30 年代，苏联将工作重点放在普及初等义务教育上，同时大力发展中等教育，并逐步普及七年制、八年制和十年制义务教育，政府在教育经费的分配上也向普通中小学教育倾斜，为提高民众受教育水平和培养劳动力打下了坚实的基础。同时，这一做法也遵循了教育发展规律，是在苏联教育现代化进程中做出的有益探索。

20 世纪 50 年代后期开始，苏联不断进行适应国情的教育改革和教育探索，这些改革始终围绕职业人才培养、生产劳动、向高一级教育输送生源等问题进行，在教育内容和教育结构、教育形式、教育手段等方面适应国家现代化建设的需要，不断提高教育的现代化水平。

苏联时期的教育现代化建立在沙皇俄国的旧体制之上，经过半个多世纪的努力，建成了具有社会主义现代化特征的教育体系，但教育主管权仍掌握在国家手中这一基本的性质没有改变，不允许存在私立学校或其他归属权的教育机构。教育改革和探索的主要成就是建立了保障教育公平和层次衔接有序的教育体制，倡导教育与生产劳动相结合，培养了社会急需的人才，这标志着苏联建立起了独具特色而且符合国家发展需求的现代教育制度。

（三）20 世纪 90 年代：教育现代化的全面转型

1991 年 12 月底，苏联正式解体，后来俄罗斯政治、经济、社会生活等各个领域都发生了深刻的变化。这使俄罗斯教育领域不可避免地受到了强烈的冲击，长期以来国家统一管理的教育模式被打破，教育走上了以转型为特征的现代化道路，并形成了一些新的特点，在整个 20 世纪 90 年代，俄罗斯进行了持续的教育改革。

苏联解体后，俄罗斯的社会形态发生了转型，联邦中央与地方的关系也呈现出新的局面。在权力的制衡中，地方政府的权力有所扩大，并向中央政府要求以独立主体的身份参与地区教育事务。苏联解体后，俄罗斯第一部教育法《俄罗斯联邦教育法》于 1992 年颁布，法律规定国家教育管理体制实行联邦、共和国和地方三级管理。联邦一级的教育管理权限在于宏观调控，共和国和地方一级的教育管理权限包括制定本级教育政策、教育法令、教育拨款标准，为普及义务教育提供保障等，使教育管理体制实现了分权化和自治化。

在教育经费方面，苏联时期一直实行的是国家财政预算拨款，并且教育经费比例逐年递增。但随着俄罗斯国民经济发展的低迷，教育经费也受到了影响，为此政府开始多渠道筹集资金以保证教育事业的正常运行，如有偿提供补充教育服务、从事企业经营活动、社会集资办学等，在教育领域引入市场竞争机制，使教育经济化。此外，在苏联时期，教育属于国家资源，是不允许教育私营和教育私有现象存在的，而俄罗斯民众对此产生了质疑。1994 年《俄罗斯联邦教育领域非国有化非垄断化法（草案）》颁布，教育的非国有化进程发展迅速，此后的几年，俄罗斯的非国有大学数量和在校生人数均有了快速的增加，教育结构越来越多元化，学校类型越来越多样化。

这一时期的教育改革虽然取得了较大的成效，但仍存在教育经费不足、教师队伍不稳定、教育质量有待提升等问题。进入 21 世纪，在世界经济和科技竞争日趋激烈的形势下，俄罗斯在教育支撑国家发展方面也继续进行着改革，在推动教育现代化战略上进行着不懈的努力。2001 年 12 月，联邦政府批准通过了《2010 年前俄罗斯教育现代化构想》，明确了教育在社会发展中的作用，指出俄罗斯国家教育最首要的任务是全面实现教育现代化，从扩大普及性教育、保护公民接受教育的权利、努力提高各级各类学校的教育质量、在根本上提高国家教育管理的效益、增加财政预算并完善发展教育经济组织等关键环节入手，适应教育的信息化、国际化、专业化等趋势，将俄罗斯教育转到创新发展的轨道上，使其适应 21 世纪的召唤，符合国家社会经济发展要求，满足国家、社会和个人的需要（乔桂娟，2013）。

第二节　中国教育现代化的提出与进展

中国的教育现代化起步晚于欧美，发端于 19 世纪末的救亡图存运动。20 世纪初，现代教育体制已基本确立，1976 年以后，教育体制全面改革确定了教育在国家发展和国家现代化中的战略地位，教育现代化重新步入正轨。40 多年来，随着国家对外开放政策的深入实施，中国教育在民主化、国际化、多样化、个性化、终身化、人本化等方面的变革已取得了巨大进展。《国家中长期教育改革和发展规划纲要（2010—2020 年）》把 2020 年我国教育发展的首要战略目标确定为“到 2020 年，基本实现教育现代化”，使得教育现代化的实践与研究进一步升温。

一、中国教育现代化的提出

中国作为现代化建设的倡导者，1964 年 12 月第三届全国人民代表大会第一次会议的政府工作报告中，周恩来总理第一次提出“四个现代化”的概念，即“农业现代化”“工业现代化” “国防现代化”“科学技术现代化”，并且提出了要用两个十五年实现“四个现代化”。1979 年 12 月，邓小平同志把现代化具体表述为实现小康。随着我国经济实力的不断提升，2007 年党的十七大提出在 21 世纪头 20 年全面建设小康社会，但 2012 年我国就超越了这一目标，于是党的十八大后又把工业化、信息化、城镇化、农业现代化确定为“四化”，并赋予其新的内涵。由此可见，从国家整体角度的现代化而言，我国的现代化是一个在不断实现、不断调整、不断提升的与时俱进、动态发展的概念。

在教育领域，1983 年邓小平同志提出教育要“面向现代化，面向世界，面向未来”，这是我国首次提出教育现代化的概念（杨小微，2013）。教育的“三个面向”虽然不同于“四个现代化”，但它为教育事业的改革发展指明了方向。在邓小平同志“三个面向”题词发表两年后，《中共中央关于教育体制改革的决定》颁布。该决定对教育进行了清晰的定位，即“大规模地准备新的能够坚持社会主义方向的各级各类合格人才”。1993 年 2 月，中共中央、国务院印发了《中国教育改革和发展纲要》，该纲要提出“进一步提高劳动者素质，培养大批人才，建立适应社会主义市场经济体制和政治、科技体制改革需要的教育体制，更好地为社会主义现代化建设服务”，“再经过几十年的努力，建立起比较成熟和完善的社会主义教育体系，实现教育的现代化”（中共中央，国务院，1993）。可以看出，该纲要强调的重点仍然是教育为社会主义现代化建设服务，但也注意到了实现教育现代化的重要性。1999 年，我国正处在建立社会主义市场经济体制和实现现代化建设战略目标的关键时期，面对新的形势，我们的教育观念、教育体制、教育结构、人才培养模式、教育内容和教学方法相对滞后，影响了青少年的全面发展，不能适应提高国民素质的需要。1999 年，中共中央、国务院印发了《中共中央国务院关于深化教育改革，全面推进素质教育的决定》。该决定再次重申了“三个面向”的指导思想，提出要“全面推进素质教育，培养适应二十一世纪现代化建设需要的社会主义新人”（中共中央，国务院，1999）。

由教育部制定、国务院批转的《面向 21 世纪教育振兴行动计划》提出“把充满生机活力的中国教育推向 21 世纪”，2004 年公布的《2003—2007 年教育振兴行动计划》强调“把教育摆在现代化建设优先发展的战略地位”（中华人民共和国教育部，2004），这两个计划实际上起到了对《中国教育改革和发展纲要》《国家中长期教育改革和发展规划纲要（2010—2020年）》的承前启后的历史作用。

《国家中长期教育改革和发展规划纲要（2010—2020 年）》不仅明确指出“优先发展教育、提高教育现代化水平，对实现全面建设小康社会奋斗目标、建设富强民主文明和谐的社会主义现代化国家具有决定性意义”，重申了要“按照面向现代化、面向世界、面向未来的要求”，“全面实施素质教育，推动教育事业在新的历史起点上科学发展，加快从教育大国向教育强国、从人力资源大国向人力资源强国迈进，为中华民族伟大复兴和人类文明进步作出更大贡献”，而且十分清晰地将“到2020年，基本实现教育现代化，基本形成学习型社会，进入人力资源强国行列”列为“战略目标”（国家中长期教育改革和发展规划纲要工作小组办公室，2010）。因此，我国的教育现代化“三个面向”一以贯之，既是我国教育改革的核心价值选择，也是坚定不移的奋斗目标。

“十三五”时期，是全面建成小康社会的重要阶段。为加快推进教育现代化进程，依据《中华人民共和国国民经济和社会发展第十三个五年规划纲要》《国家中长期教育改革和发展规划纲要（2010—2020年）》，2017年国务院印发了《国家教育事业发展“十三五”规划》，规划中提出“全面深化教育改革，着力提高教育质量，着力优化教育结构，着力促进教育公平，加快推进教育现代化，推动创新型国家和人才强国建设，为全面建成小康社会和实现中华民族伟大复兴的中国梦作出更大贡献”（中华人民共和国国务院，2017）。

李克强总理在 2017 年 3 月的政府工作报告中专门提出，“制定实施《中国教育现代化 2030》。我们要发展人民满意的教育，以教育现代化支撑国家现代化，使更多孩子成就梦想、更多家庭实现希望”（中华人民共和国中央人民政府，2017），将教育现代化放在国家建设的重要层面。

2019 年 2 月，中共中央、国务院印发《中国教育现代化 2035》，中共中央办公厅、国务院办公厅印发《加快推进教育现代化实施方案（2018—2022 年）》。

二、中国教育现代化进程

按照教育现代化模式，中国教育现代化是近代以来在全球教育现代化的大潮冲击之下开始的，属于典型的后发外生型。从早期的德国、日本到中期的美国和后期的苏联，外国教育思想和教育制度对中国教育现代化的进程和方向产生了重要影响。总结起来，中国教育现代化之路经历了教育现代化萌芽阶段、教育现代化成形阶段和教育现代化发展阶段。

（一）教育现代化萌芽阶段

中国的教育现代化发端于清朝末年（1840—1911）的救亡图存斗争，起步晚于欧美发达国家，大致与日本、印度同时代。中国教育现代化的发端并非源自国家内部因素，而是面对外部挑战自觉回应的结果。面对数千年来未有之变局和数千年来未曾面对之劲敌，统治阶级不得不认真思考中国未来的生死存亡问题。为挽救民族危机，从 19 世纪 60 年代洋务运动起，一些开明的知识分子开始提倡兴西学，创办学习国外先进知识与技术的新型学校，如外国语学校、工业技术学校、军事学校，并派留学人员出国学习。古老的中国大地上产生了一些现代性的因素，但科举制度的根深蒂固使新式学堂数量较少。甲午中日战争以后，当权者通过维新变法，提倡西学，广泛设立西式学堂，废除八股，改革科举制度，推进教育现代化向前迈进了一步。20 世纪初，清政府为维持岌岌可危的统治，不得不实行新政，实行新政期间教育领域也产生了一系列变革：1902 年颁布壬寅学制，1904 年颁布癸卯学制，1905 年废止科举，1905 年设立学部，以管理全国的教育事务，教育管理体制、学校体制、考试制度、课程设置等已初具模式，但与同时代的日本相比，清末中国的教育现代化步伐较缓慢。从 1895 年甲午中日海战中方战败的惨痛中可以看出，日本国家现代化和教育现代化已在提升国家实力方面产生了一定的实效（褚宏启，2000）。这一时期我国教育现代化过程进展缓慢，与当权者的不重视和顽固派的阻挠有着千丝万缕的关系。

教育现代化问题是清末民初社会发展面临的一个重要问题，这与当时特殊的社会转型有着不可分割的联系。代表着中国传统的儒家文明的背后是封闭的小农经济与专制政治，代表着科技文明的西式现代教育的背后则是开放的商品经济和民主政治，这两种社会形态和时代落差的存在，造成中国教育现代化的开端之路充满了艰辛与曲折。

（二）教育现代化成形阶段

清末民初时期，教育思想和教育制度出现了西化倾向，政府在致力于学习西方科技文明的同时，保持中国传统文化，建立现代化教育体系，但二者难以有效结合，经过一番探索，最终于 1922 年确立了以学习西方先进科技文明为中心的壬戌学制，中国现代教育体制基本确立，但还远没有就此走上快速发展的道路。

国民政府时期，推行党化教育，1927 年南京国民政府成立后，党化教育更是被强化，制定了一系列文件，通过各种学校组织教育活动成功地控制了教育。与此同时，中国传统文化几乎消失殆尽，国民党认识到西方科技文明之于推行党化教育的冲突以及恢复传统文化对独裁统治的利益，便于20世纪30年代在教育领域恢复中国传统文化。

1937年，抗日战争爆发，求得民族独立成为最紧迫的任务。在当时的形势下，教育领域对恢复传统文化的呼声越来越强烈。虽然传统文化在教育思想领域占据重要优势，但在教育制度方面，统治者却极力推行西方科技文明，国民党高层参照一些曾留法人士的建议，要求参照法国的中央集权制教育行政模式进行改革，在全国推行大学院和大学区制度，但这种模式在当时专制独裁的统治下却无法行通。在进行教育管理体制改革的同时，国民政府还按照美国模式对学校系统进行调整。同时，许多进步知识分子学习西方先进教育思想，结合国内实际情况开展教育实验也流行开来，如梁漱溟的乡村建设运动实验、黄炎培的划区试办乡村职教试验、晏阳初的农村平民教育试验和陶行知的乡村教育改造实践等就是影响范围比较广的几项。同时，一些比较新潮的教育手段如道尔顿制、智力测验等，也在这一时期被引进中国。

社会转型期的时代落差在国民政府主政时期仍然存在，这个阶段中国教育现代化的特征是中体西用，教育思想和教育制度处于分裂状态，然而教育界向西方学习的潮流已经不可逆转，中体西用事实上成了这一阶段教育现代化问题的核心（梁尔铭，2015）。

（三）教育现代化发展阶段

中华人民共和国成立后，各项事业进入和平建设的轨道，在教育领域，借鉴俄国十月革命后实现社会主义教育事业的现代化的经验，成为中国当时的选择。但这种局面没有持续几年就受到20世纪50年代末的一些左倾的做法的影响，教育的发展受挫，60—70年代更是陷入了低谷。直到1976年以后，教育界开始进行全面改革，确定了教育在国家发展和国家现代化中的战略地位，教育现代化重新步入正轨。

在稳步的对外开放中，我国教育在民主化、国际化、多样化、个性化、终身化等方面已获得飞跃性的发展，但在教育理念、教育管理、教育结构、教师队伍等方面存在一些问题需要解决，尤其是加入世界贸易组织（World Trade Organization，WTO）后，世界教育市场交流和发展频繁，所以中国教育必须加快现代化步伐，积极寻找与国际接轨的机会，主动参与国际教育竞争。总的来说，这一时期中国的教育事业在教育制度化、法律化、市场化等方面为实现现代化打下了坚实的基础。

教育制度的不断改革与创新，为教育工作者释放了自主从事职业探索的空间，为教育现代化事业的发展提供了动力。教育制度是指一个国家或地区的各级各类教育机构与组织的体系及其管理原则，基本的教育制度如学校教育制度、专业设置制度、教育考试制度、学位制度、督导制度等，不同时期的教育制度受当时的政治、经济文化等因素的影响。随着我国现代化建设的不断深入，在坚持深化改革和依法治教的“双轮驱动”下，通过调整、改革学校与政府和社会的关系，完善法治保障，释放了不同层次学校的办学活力，建立起了能够有效支撑教育质量提升的制度体系。

教育法治体系的逐步健全与完善，为教育现代化提供了可靠的支撑，使国家在制定与实施重大教育决策时有法可依、有章可循，教育事业在理性化的轨道上发展得更加迅速。此外，教育法律制度也为教育的合作与竞争提供了一个合理的框架，在确保各项教育资源得到最充分利用的同时，避免了因不良竞争造成的教育资源浪费。

市场机制被引入教育制度体系，很大程度上改变了教育发展的运行机制。市场经济体制改变了教育资源的配置方式，提高了教育事业发展的效率。一方面，在市场经济下各种办学主体的性质多样化，公立教育、民办教育、中外合作办学等的办学活力竞相迸发，人们接受优质教育资源的选择越来越丰富；另一方面，市场经济让个体通过接受教育参与社会竞争实现社会价值的机会大大增加，市场机制的利益分配杠杆又为每个人在教育现代化建设中充分发挥自己的主动精神与创造精神，提供了有效的动力保障（田正平，李江源，2002）。这正是改革开放后中国教育现代化的变迁始终充满生机活力最直接的制度根源。

第三节　中国教育现代化面临的新形势与新任务

在新的经济社会发展背景下，互联网、人工智能、“一带一路”、新旧动能转换、“双一流”等新形式、新概念、新资源进入教育领域，为教育的变革指明了新的发展形势，并提出了目标和任务。教育兴则国兴，教育强则国强。党的十九大报告还提出，建设科技强国、质量强国、航天强国、网络强国、交通强国、数字中国、智慧社会等。如果没有教育的人才、科技和服务的支撑，这些“强国”建设就难以完成。新时代的国家战略和目标需要教育的支持，实现国家现代化，教育要先行。

在现代化进程中，高等教育发展水平是一个国家发展水平和发展潜力的重要标志。到2030年，高等教育领域要努力实现系统转型与功能再造，促进高等教育的内涵发展，基本建成中国特色的高等教育现代化治理体系，整体实现高等教育现代化目标，为2050年全面实现高等教育现代化奠定坚实的基础（中国高等教育学会专题研究组，2017）。

2015年，联合国教育、科学及文化组织第38次大会正式发布《教育2030行动框架》，随后我国于2016年发布《落实2030年可持续发展议程中方立场文件》，以深入推进教育观现代化为主体，启动了“教育2030”行动计划的研究制订工作。作为教育的重要组成部分，高等教育现代化建设成为高等教育发展的重要议题。

一、中国教育现代化面临的新形势

（一）宏观经济社会形势

经过改革开放 40 多年的持续发展，我国国民生产总值超过日本，成为仅次于美国的世界第二大经济体。我国经济发展在保持中高速增长的同时，产业结构不断优化升级，经济增长质量和效益不断提高，传统的粗放型经济生产方式不断被新技术更新。但与发达国家先进的技术革命和产业变革相比，我国必须采取一系列科技、人才战略和举措，以加强技术创新，实现从制造大国向制造强国的战略转变，确保在国际新技术和产业变革中占据有利位置。据统计，2016年，我国城镇常住人口79 298万人，占总人口的比例为57.35%，2015年我国主要劳动年龄人口中受过高等教育的比例为 15.83%（中国产业信息网，2017）。为此，我国高等教育体系需要改革不适应国家现代化发展要求的各种体制机制，释放更大的生产能力，使各级各类高校不仅能够培养数以千万计的高素质产业人才，而且能够造就适应高新技术发展的大批研究型、创造型人才（别敦荣，2017）。

在经济全球化和教育国际化背景下，发展中国家不仅需要加强与发达国家的沟通和联系，也需要根据不断变化的世界形势，积极推动全球化转型升级发展，推动构建更加开放、包容、普惠、均衡、共享的全球化，以使更多国家和更多人民从国际交流与合作中得到好处。为加强与亚欧非大陆及附近海洋的互联互通，建立和加强沿线各国互联互通伙伴关系，我国提出“一带一路”倡议。共建“一带一路”，不仅需要实施许多重大项目，而且需要各国协同攻关，而教育领域的交流与合作是重要的突破口，与沿线国家增进理解，加强教育事业的沟通与合作，扩大人文交流，将直接有利于加快推进沿线国家的现代化发展。

在全球信息技术智能化趋势下，发达国家全面推动信息化革命，以计算机为主的智能化工具所代表的新生产力在社会生产和生活中得到广泛应用。而在教育领域，我们正在迎来教育和学习资源的“战国时代”，借助信息化平台，各种各样的学习方式、教育理念层出不穷，学习突破了时间和空间的限制，学习者的选择性和自主性更强；教学方式从传统的单对多、多对多向影响式和互助式教育转变；学校的形态也发生了变化，云端学校的出现，重构了学校的存在方式。因此，以教育信息化、网络化为支持，必将形成更加有利于全体国民终身学习、现代化学习的新格局。

从全球来看，经济新旧动能转换的趋势越来越明显。新旧动能转换绝非单纯的经济结构的转型升级，也会对新时代发展理念转变和社会结构转型形成助推效应。新的产业升级和发展模式要求高等教育系统要迅速行动起来，对接十强产业，优化专业结构，实施人才分类培养，加强与区域经济的协同创新，汇集高层次人才，建设高端智库，开展战略研究，为产业发展提供决策咨询。同时，要在适应新旧动能转换对人才的需求过程中加速产教融合，调整与改革人才培养的教育理念、培养方式、专业设置，为新旧动能转换提供智力与人才支撑。

（二）高等教育发展形势

截至 2017 年 5 月，全国高等学校共计 2914 所，其中普通高等学校 2631 所（含独立学院 265 所），全国各类高等教育在学总规模达到 3699 万人，高等教育毛入学率达到 42.7%（中华人民共和国教育部，2017），占世界高等教育总规模的比例达到 20%，成为世界高等教育第一大国。但我国高等教育领域仍存在结构与质量、改革与发展等方面的问题，国家从战略高度出台了一系列提高高等教育发展水平与人才培养质量的举措。

地方本科高校转型发展，是关系我国高等教育改革发展全局的一项重大改革举措，是适应国家经济转型升级的要求，也是地方本科高校生存发展的现实需要。地方本科高校转型最为重要的作用是通过促进中国现代职业教育体系的构建，进而促进整个教育体系的现代化（陈锋，2014）。在创新驱动发展、新旧动能转换、“一带一路”等国家宏观经济社会背景下，地方普通高校应把工作重心转到为区域经济社会发展提供科技和人才支撑上来，把办学模式转到产教融合、校企合作上来，把人才培养重心转到应用型和技术技能型人才上来，转到增强学生就业创业能力上来，明确办学定位、凝练办学特色、转变办学方式是加快转型发展、培育发展特色、提升办学实力的路径与选择。

党的十九大报告提出，要“加快一流大学和一流学科建设，实现高等教育内涵式发展”（习近平，2017）。到2020年，若干所大学和一批学科进入世界一流行列，若干学科进入世界一流学科前列；到2030年，更多的大学和学科进入世界一流行列，若干所大学进入世界一流前列，一批学科进入世界一流学科前列，高等教育整体实力显著提升；到21世纪中叶，一流大学和一流学科的数量和实力进入世界前列，基本建成高等教育强国，全面实现高等教育现代化（中华人民共和国国务院，2015）。“双一流”建设为中国高等学校特别是地方高校带来了前所未有的战略机遇和发展机会，地方高校要积极主动顺应高等教育发展的新趋势，推进转型发展，为地方经济文化建设开拓新路径。

二、中国教育现代化面临的新任务

（一）教育现代化的目标

《中国教育现代化2035》中提出的推进教育现代化的总体目标是：到2020年，全面实现“十三五”发展目标，教育总体实力和国际影响力显著增强，劳动年龄人口平均受教育年限明显增加，教育现代化取得重要进展，为全面建成小康社会作出重要贡献。在此基础上，再经过15年努力，到2035年，总体实现教育现代化，迈入教育强国行列，推动我国成为学习大国、人力资源强国和人才强国，为到本世纪中叶建成富强民主文明和谐美丽的社会主义现代化强国奠定坚实基础。2035年的主要发展目标是：建成服务全民终身学习的现代教育体系、普及有质量的学前教育、实现优质均衡的义务教育、全面普及高中阶段教育、职业教育服务能力显著提升、高等教育竞争力明显提升、残疾儿童少年享有适合的教育、形成全社会共同参与的教育治理新格局（中华人民共和国教育部门户网站，2019）。

《加快推进教育现代化实施方案（2018—2022年）》中提出的总体目标为：经过5年努力，全面实现各级各类教育普及目标，全面构建现代化教育制度体系，教育总体实力和国际影响力大幅提升。实现更高水平、更有质量的普及，教育改革发展成果更公平地惠及全体人民，教育服务经济社会发展的能力显著提高，社会关注的教育热点难点问题得到有效缓解，多样化可选择的优质教育资源更加丰富，人民群众受教育机会进一步扩大，学习大国建设取得重要进展（中华人民共和国教育部门户网站，2019）。

（二）教育现代化的主要任务

一是学习习近平新时代中国特色社会主义思想。把学习贯彻习近平新时代中国特色社会主义思想作为首要任务，贯穿到教育改革发展全过程，落实到教育现代化各领域各环节。加强习近平新时代中国特色社会主义思想系统化、学理化、学科化研究阐释，健全习近平新时代中国特色社会主义思想研究成果传播机制。

二是发展中国特色世界先进水平的优质教育。全面落实立德树人的根本任务，广泛开展理想信念教育，厚植爱国主义情怀，加强品德修养，增长知识见识，培养奋斗精神，不断提高学生的思想水平、政治觉悟、道德品质和文化素养。

三是推动各级教育高水平高质量普及。以农村为重点提升学前教育普及水平，建立更为完善的学前教育管理体制、办园体制和投入体制，大力发展公办园，加快发展普惠性民办幼儿园。提升义务教育巩固水平，健全控辍保学工作责任体系。提升高中阶段教育普及水平，推进中等职业教育和普通高中教育协调发展，鼓励普通高中多样化、有特色发展。振兴中西部地区高等教育。提升民族教育发展水平。

四是实现基本公共教育服务均等化。提升义务教育均等化水平，建立学校标准化建设长效机制，推进城乡义务教育均衡发展。在实现县域内义务教育基本均衡的基础上，进一步推进优质均衡。推进随迁子女入学待遇同城化，有序扩大城镇学位供给。完善流动人口子女异地升学考试制度。实现困难群体帮扶精准化，健全家庭经济困难学生资助体系，推进教育精准脱贫。办好特殊教育，推进适龄残疾儿童少年教育全覆盖，全面推进融合教育，促进医教结合。

五是构建服务全民的终身学习体系。构建更加开放畅通的人才成长通道，完善招生入学、弹性学习及继续教育制度，畅通转换渠道。建立全民终身学习的制度环境，建立国家资历框架，建立跨部门、跨行业的工作机制和专业化支持体系。建立健全国家学分银行制度和学习成果认证制度。强化职业学校和高等学校的继续教育与社会培训服务功能，开展多类型、多形式的职工继续教育。扩大社区教育资源供给，加快发展城乡社区老年教育，推动各类学习型组织的建设。

六是提升一流人才培养与创新能力。分类建设一批世界一流高等学校，建立完善的高等学校分类发展政策体系，引导高等学校科学定位、特色发展。持续推动地方本科高等学校转型发展。加快发展现代职业教育，不断优化职业教育结构与布局。加强创新人才特别是拔尖创新人才的培养，加大应用型、复合型、技术技能型人才培养比重。加强高等学校创新体系建设，建设一批国际一流的国家科技创新基地，加强应用基础研究，全面提升高等学校原始创新能力。探索构建产学研用深度融合的全链条、网络化、开放式的协同创新联盟。

七是建设高素质的专业化创新型教师队伍。大力加强师德师风建设，将师德师风作为评价教师素质的第一标准，推动师德建设长效化、制度化。加大教职工统筹配置和跨区域调整力度，切实解决教师结构性、阶段性、区域性短缺问题。完善教师资格体系和准入制度。健全教师职称、岗位和考核评价制度。培养高素质教师队伍，健全以师范院校为主体、高水平非师范院校参与、优质中小学（幼儿园）为实践基地的开放、协同、联动的中国特色教师教育体系。强化职前教师培养和职后教师发展的有机衔接。夯实教师专业发展体系，推动教师终身学习和专业自主发展。提高教师社会地位，完善教师待遇保障制度，健全中小学教师工资长效联动机制，全面落实集中连片特困地区生活补助政策。加大教师表彰力度，努力提高教师的政治地位、社会地位、职业地位。

八是加快信息化时代教育变革。建设智能化校园，统筹建设一体化智能化教学、管理与服务平台。利用现代技术加快推动人才培养模式改革，实现规模化教育与个性化培养的有机结合。创新教育服务业态，建立数字教育资源共建共享机制，完善利益分配机制、知识产权保护制度和新型教育服务监管制度。推进教育治理方式变革，加快形成现代化的教育管理与监测体系，推进管理精准化和决策科学化。

九是开创教育对外开放新格局。全面提升国际交流合作水平，推动我国同其他国家学历学位互认、标准互通、经验互鉴。扎实推进“一带一路”教育行动。加强与联合国教育、科学及文化组织等国际组织和多边组织的合作。提升中外合作办学质量。优化出国留学服务。实施留学中国计划，建立并完善来华留学教育质量保障机制，全面提升来华留学质量。推进中外高级别人文交流机制建设，拓展人文交流领域，促进中外民心相通和文明交流互鉴。促进孔子学院和孔子课堂特色发展。加快建设中国特色海外国际学校。鼓励有条件的职业院校在海外建设“鲁班工坊”。积极参与全球教育治理，深度参与国际教育规则、标准、评价体系的研究制定。推进与国际组织及专业机构的教育交流合作。健全对外教育援助机制。

十是推进教育治理体系和治理能力现代化。提高教育法治化水平，构建完备的教育法律法规体系，健全学校办学法律支持体系。健全教育法律实施和监管机制。提升政府管理服务水平，提升政府综合运用法律、标准、信息服务等现代治理手段的能力和水平。健全教育督导体制机制，提高教育督导的权威性和实效性。提高学校自主管理能力，完善学校治理结构，继续加强高等学校章程建设。鼓励民办学校按照非营利性和营利性两种组织属性开展现代学校制度改革创新。推动社会参与教育治理常态化，建立健全社会参与学校管理和教育评价监管机制（中华人民共和国教育部门户网站，2019a）。

与《中国教育现代化 2035》相配套，《加快推进教育现代化实施方案（2018—2022 年）》中提出了推进教育现代化的十项重点任务：一是实施新时代立德树人工程；二是推进基础教育巩固提高；三是深化职业教育产教融合；四是推进高等教育内涵发展；五是全面加强新时代教师队伍建设；六是大力推进教育信息化；七是实施中西部教育振兴发展计划；八是推进教育现代化区域创新试验；九是推进共建“一带一路”教育行动；十是深化重点领域教育综合改革（中华人民共和国教育部门户网站，2019b）。

三、推进教育现代化的路径

（一）实现教育思想现代化

只有转变教育观念，树立教育现代化的理念，才能正确把握教育现代化建设的目标和方向。现阶段，面对我国教育发展过程中存在的问题和需要改革的领域，要实现教育思想现代化，就要使各级政府和教育主管部门以及社会各界人士了解我国教育发展的形势，认清教育发展的内在规律，认识到教育在国家发展中的重要战略地位，树立起教育现代化的意识。另外，既要总结发达国家教育现代化的经验并学习其中适合我国国情的做法，又要以日本、韩国等邻近国家短期内快速实现现代化的事实为动力，真正树立教育为本、教育兴邦的教育现代化意识。

树立教育现代化的思想具体体现在开放的教育观、多元的人才观、全新的教学观、综合的知识观等方面。另外，要改变传统观念中教育只存在于课堂的思想，注重培养学生的创新思维和批判能力，改变传统的教学方法，把学校教育、家庭教育、社会教育，正规教育、非正规教育，学历教育、非学历教育等途径和方式结合起来，形成全方位的开放教育观、受教育者全面发展的多元人才观、以探究式教学为主的全新教学观等现代化教育思想。

（二）实现教师队伍现代化

教育现代化的根本目的是人的现代化。培养具有创新精神和实践能力的、适合国家现代化发展的人才，提升受教育者的综合素质，首先要有一支现代化的教师队伍，教师队伍是实现教育现代化的核心力量，会影响教育现代化的进程。

实现教师队伍的现代化，首先应重新审视教师的职业认知。教师的主要职责随着时代的变迁和教育的发展不断发生变化，教师应将知识传授者和学生管理者的角色，转变为教学顾问、学生意见的交换者、学生思维的启发者，引导和帮助学生去发现、组织和管理知识，而不是简单地向他们传授既有的知识。此外，应不断提高教师的专业化水平，教师要实现现代化，必须要以不断发展着的时代要求为使命，树立终身学习的理念，不断丰富自身的知识结构，对教学进行深入研究，积极参加各种继续教育培训，提高专业化育人能力。

（三）实现教育体制现代化

教育体制是协调教育过程中内外部关系的规范体系，教育体制包括管理体制、结构体制、投资体制等方面，对教育现代化进程有着重要的影响。长期以来，我国教育体制保持基本不变的状态，与新时代教育事业的发展已呈现出不相适应的状态，导致我国教育事业暴露出一些影响现代化发展的弊端。为此，在实现教育现代化的过程中，要建立现代化的教育体制。

第一，改革管理体制，推进教育治理现代化。发达国家教育运作管理的经验表明，政府的长期控制或者不当的干预不仅会影响教育发展的活力，也会影响教育的发展水平，而市场运作的活力对传统教育的改革具有积极的意义。新时代，转变政府教育管理职能，向学校下放办学自主权；改善管理方式，充分发挥规划、拨款、评价的引导作用；注重以法治化思维推进各级教育规范发展，对于教育治理现代化，促进教育活力释放和质量提升，将会发挥积极作用。

第二，调整教育结构，保障发展质量。结构决定功能，当前我国低、中、高层次教育结构呈金字塔形状，中等以上教育的数量和质量需要调整和改善，我们需要制定全面发展战略，加快调整教育结构，培养高素质的技术技能人才，参与社会创新创业，促进国家现代化建设。提升教育发展质量的标杆是教育质量评价标准，基于标准提高质量是遵循教育规律的体现（曾天山，2015）。在全球化日益推进的进程中，判断一个国家教育办得成功的基准不再是国家标准，而是基于国际上办学质量最好的教育体系。在过去的教育发展过程中，存在超常规发展、先发展后规范、以结果评价代替达标监测、质量提升难以落实等问题，因此急需健全国家教育标准体系。

第三，改革单一投资模式，实行多元化投资体制。在我国，教育经费主要由公共财政支付，导致不同学校特别是不同等级的高等教育之间办学经费差距较大，有的地方高校经费入不敷出，背负巨额债务。民办高校办学经费主要来自学生的学费收入，难以支撑学校多方面的内涵建设投入，这严重阻碍了高等教育质量的提升。在韩国，其公民个人、社会团体等私人教育经费投入约为政府公共经费的两倍，这是韩国高等教育大众化后来居上的重要促进因素。因此，我国必须在制度上保障教育经费的多元化，开辟新的经费筹集渠道，以减轻政府办教育的沉重负担。

四、教育现代化与地方高校转型发展

（一）地方高校是推进教育现代化的重要力量

2016 年，我国有普通本科院校 1237 所，其中，中央部委直属高等学校 115 所，地方本科院校 1122 所，地方本科院校占到全国普通本科高校总数的 90.7%（中华人民共和国教育部，2017）。中央部委直属高校在办学保障、师资队伍、科研实力等方面有着较为优越的条件，在教育现代化进程中有着较为清晰的目标和定位，面临着较少的障碍。而地方高校在发展过程中，长期存在着发展定位不够明确、专业设置趋同化、课程体系较僵化、人才培养体系雷同等问题，这些问题成为地方高校迈向教育现代化的阻力。因此，占据高等学校数量庞大的地方高校的发展问题是教育现代化需要解决的重点问题，地方高校是教育现代化进程中不可忽视的重要力量。

（二）转型发展是高等教育现代化的必由之路

从世界高等教育发展趋势来看，高等教育主要有经济化、全球化和现代化三大发展趋势。高等教育越来越成为影响一国的经济发展实力和综合国力的重要因素，高等教育普及化的进程和速度进入快速发展阶段，而且高等教育普及化进程在毛入学率跨过 50%的门槛值后不会停止，而是会朝着更高的水平发展。据预测，到 2030 年我国将实现高等教育普及化，2050 年高等教育将阔步走在现代化的道路上，而在高等教育现代化进程中，地方应用型高校是主力军。

2013 年教育部启动的应用科技大学改革试点战略研究项目，开启了探索地方高校转型发展路径的序幕。2015 年 10 月，教育部、国家发展和改革委员会、财政部联合出台了《教育部 国家发展改革委 财政部关于引导部分地方普通本科高校向应用型转变的指导意见》，明确了地方高校转型发展的方向、目标、任务和措施。向应用型转型成为新时期地方高校深化改革发展、提升办学质量和水平的时代主题。《中国教育现代化 2035》提出，引导高等学校科学定位、特色发展，持续推动地方本科高等学校转型发展（中华人民共和国教育部门户网站，2019a）。从教育现代化发展进程来看，转型发展是高等教育现代化的必由之路。

现阶段高等教育的转型发展仍面临着一定的阻力，主要集中在三个方面：一是思想认识上的落后和僵化，使得“重学术、轻应用”成为办学者的主导思想，“求统一、排斥多样化”成为影响教育政策制定者的主导思想；二是某些政策产生了错误导向，导致以往的办学重知识而轻能力，脱离了社会的需求，落后于现实发展的需要；三是对高等教育转型发展的理论创新不够、经验积累不够、宣传推介不够，使得高校在转型发展过程中感到焦虑、无所适从。

地方高校转型发展，首先要以问题为导向，突出重点（冯大生，2017）。当前教育现代化建设面临的问题与挑战，特别是社会关注的热点和难点问题有其深层次原因，转型发展必须以这些问题为导向，积极引导高等教育步入以内涵与质量为主旋律的发展轨道。

第二章 教育现代化与高校转型发展的关系

每一个进行教育现代化变革的国家，都不可避免地要直面本国社会发展的具体情境。遵从适宜本土环境变迁的历史规律，是每个国家发展的必然选择，体现了现代化变革的自主选择性。作为中国现代教育发展的基本问题，教育现代化在中国教育史上占有重要地位。从高等教育发展语境来探索教育现代化的路径，已经成为当前我国高等教育综合改革和持续发展，推进高等教育强国和人力资源强国建设的重要内容，而地方高校转型发展是高等教育深化改革的必然要求。

第一节　高校转型发展是教育现代化的必由之路

当今世界，科技日新月异，知识经济飞速发展，教育现代化已经成为世界各国教育改革与发展的主旋律。《中华人民共和国国民经济和社会发展第十三个五年规划纲要》第五十九章“推进教育现代化”，以专章的形式阐述了教育现代化的目标和任务。

一、教育现代化的内涵与基本特征

学术界对教育现代化的内涵、基本特征等问题尚未形成统一的理解，对教育现代化的认识仍是一个见仁见智的问题。教育事业关系到国家兴旺发达，仅凭书本知识、经验主义或长官意志是行不通的，必须要有理论指导和宏观视野。因此，探讨教育现代化的内涵和基本特征，不仅具有理论意义，也具有很强的现实意义。

（一）对教育现代化内涵的理解

1. 现代化的内涵

教育是人类社会特有的活动。作为社会系统中的子系统，教育的变化、发展受到社会大环境的影响与制约。如此，在探讨教育现代化的本质内涵、基本特征之前，我们需要明确什么是现代化。

20世纪60年代，关于现代化的研究兴起于一门社会科学的边缘学科。1960年8月底，在日本箱根举行的近代日本研究会议上，美国学者赫尔（John W. Hall）和赖肖尔（Edwin O. Reischauer）首次提出“现代化”的概念。此后，一些发展中国家的学者开始从本国国情出发探讨现代化理论，打破了理论研究的西化特征，开启了关于现代化研究的多元模式。

我国的现代化研究始于新文化运动前后，成为当时研究的热点。但由于存在认识不足、知识受限等问题，一些人将现代化等同于“西化”。时至今日，随着现代化建设和理论研究的逐渐深入，新的“现代化”概念正在形成。但是对于“现代化”一词的含义，目前尚无定论。罗荣渠先生在《现代化新论》一书中对“现代化”的概念从四个方面进行了概括；李秀林等学者在《中国现代化之哲学探讨》一书中从社会整体角度出发，对现代化的特点进行了阐述；其他研究成果不再赘述。

综合已有研究的观点，我们可以从以下三方面理解“现代化”的内涵：第一，现代化是历史的概念，是一个过程，不同历史发展阶段有不同的标准；第二，现代化是一种水平，是一个国家在经济、技术、文化、民族心理等方面所达到的一种状态；第三，现代化代表着一个社会的整体综合风貌，涉及社会各方面的发展，其核心是人的现代化。

2. 教育现代化的内涵

学术界对教育现代化的内涵众说纷纭，学者从不同的角度阐述了自己对教育现代化的理解。例如，顾明远教授从历史的角度阐述了教育现代化，提出教育现代化是一个教育发展的历史的、动态的过程，是指传统教育向现代教育转化的过程。褚宏启教授在《教育现代化的路径》一书中提出，“教育现代化是指与教育形态的变迁相伴的教育现代性的增长和实现的过程”。它具有动态性、历史性，是教育形态历史变迁的过程；也具有现代性，即在历史变迁中，教育不但发生变化，还伴随着现代化发展提高自身的现代性，是一种“正能量”变化的过程（褚宏启，2013）。

归纳起来，学术界对教育现代化内涵的理解，有以下三种角度：一是从功能的角度界定，认为教育事业是社会事业的一部分，教育现代化是国家现代化建设实现的重要组成部分，通过不断发展的教育手段和不断更新的教育内容，教育为国家培养适应时代竞争和促进国家创新能力提高的新型高素质劳动者，是促进国家发展的智力支撑和人才资源宝库。二是从内容角度界定，认为教育现代化主要是在国家现代化带来先进的思想理念和物质基础的同时，用现代化的教育思维和科学知识更新人们的思想观念和教育理念，从教育思想、教育内容、教学体系、办学条件、师资队伍、教学管理等方面实现教育现代化的变革，并使本国教育不断进步和取得发展成就的过程。三是从历史变迁的角度界定，认为教育现代化是一个随着时代变化而持续发展的过程，是指与教育形态的不断变迁相伴随的教育现代性不断增长的过程，教育现代化则主要包括教育的世俗化、民主化、国际化、科学化等。

（二）教育现代化的基本特征

1. 民主性和普及性

民主性，是指人人都有接受教育的权利，人人都有接受教育的机会。古代和近代社会，教育具有阶级性、等级性等特点，一直是统治阶级和上层社会的特权。伴随着现代文明的发展，教育不再遥不可及，受教人群不断平民化。教育平等或教育公平是社会公平的基石。其具体内容主要包括教育机会的平等、教育过程的平等、教育结果的平等。教育机会的平等就是国家从法律上保障每一位公民都不受任何限制地接受教育。教育过程的平等主要是指教育资源配置、教师质量、条件建设等应该是公平的，师生关系体现出民主、平等。至于教育结果的平等，这自然会受到个人努力程度、智力水平等方面因素的影响，结果因人而异，但应该为每个学生提供适宜的教育，使每个受教育者的潜能都能得到充分发挥，从而达到教育结果的公平。

普及性，是指受教育者的广泛性。《中华人民共和国义务教育法》颁布后，基本保证了适龄儿童的接受义务教育的权利不受种族、年龄、肤色、性别、宗教信仰的限制，可以说是实现了初等教育的普及化。在西方国家，工业文明发展较早，教育普及化程度伴随工业文明的进步不断提高。目前，世界上已有170多个国家和地区普及了义务教育，一些发达国家已经基本上实现了高中阶段的教育普及，高等教育也逐渐迈向普及化阶段。

2. 终身性和全时空性

20 世纪 60 年代，保罗·朗格朗正式提出“终身教育”的概念。现代科技迅猛发展，知识更新瞬息万变，象牙塔之内的教育已然不能适应社会发展变化。人们需要不断学习新知识、接受新事物，跟上时代步伐，才有可能适应新技术带来的社会变革。因此，教育应该贯穿于人生的各个年龄阶段，而不是只限于儿童和青少年时代，教育应当为每个人提供必要的知识和技能。此时教育最大的特点是教会人们如何学习，只有当学习不再只是谋生的手段，而真正成为个人生活的目的和内容的时候，人类自我提高和完善的能力才会不断增强，这也是教育的重要着眼点（顾明远，2012）。

现代技术的进步和发展打破了知识传播的地域限制、时空局限，人们可以随时随地通过多种渠道运用多种方式获得自己想要的知识，年龄已经完全不是学习的障碍，全民学习的时代已经到来。教育的这种时时有学习、处处在学习的特征，使学校教育、家庭教育、社会教育、自我教育充分结合起来，将教育范围扩展到全时空，形成了全时空的大教育观。

3. 个性化和差异化

人是社会的主要成员，人的发展需要与社会要求相适应，这是立足社会的基本，同时人又具有主观能动性，每个人都有不同于他人的特质。工业社会时期，标准化生产盛行，教育作为社会的子系统，受到经济的影响，在统一化大背景下，较多地注重人的共性发展。当人类进入信息网络化社会后，多样化、个性化成为社会主流元素，教育也越来越多地注意到人的个性发展，在满足共性发展的前提之下，重视学生个性发展。只有充分挖掘人的潜能，人的创造性才有可能最大限度地被激活（张溪，2016）。

在现代社会人才结构复杂多样、专业分工越来越细的情况下，社会发展不仅需要高级管理人才、科技工作者，也需要专业技能人才、掌握现代技术的农民等。从个人角度看，世界上没有两片完全相同的树叶，人是有思维的高级动物，人的特点更是千差万别，所以教育要为每一个人提供发展条件，具体是教育内容要适应不同人的兴趣爱好，注重人们不同的特质与发展水平，实施差异化培养，为社会输送各种不同的人才。

4. 国际性和开放性

教育的国际性和开放性，表现在国际的人员交流、财力支援、信息交换上，包括教育观念和教育内容、学分学历互认、教育机构的国际合作和跨国的教育活动等方面（顾明远，2012）。当今世界，全球化涉及的内容已经远远超出经济范围，文化、教育等无不受到全球化的影响。科学技术迅猛发展，国与国之间的交往与联系更加密切，综合国力的竞争更多体现在人才与科技上。教育作为培养人的社会活动，就需要跟上国际化进程，表现在国际人员的交流不断加强、教育信息交换频繁、教育机构的国际合作力度不断加大、教育学位的互认程度增加、教育的全球化和国际性日益凸显等方面。当然，具有国际视野、懂得国际法则、熟悉国际形势与动态、具有国际交往能力的人才是现代教育国际化培养的目标。

现代教育应该是开放的，走出去是发展的重要路径，因此积极吸收国外文明成果，了解国外优秀文化，学习国外先进技术，都需要教育进一步加大开放力度，在开放中取其精华，去其糟粕，更主要的是要加以吸收内化，为我所用。

二、高等教育现代化的内涵与特征

党的十八届三中全会提出推进国家治理体系和治理能力现代化这一深化改革的总目标后，引发了学术界对“教育治理体系和治理能力现代化”的深入探讨，高等教育治理体系及治理能力的现代化自然就成为高教界的紧迫任务。何为高等教育现代化，高等教育现代化有哪些要素和特征？这是建设高等教育强国和实现高等教育治理能力现代化必须回答的问题。

（一）高等教育现代化的内涵解读

2013 年，主题为“高等教育现代化：改革、质量、责任”的高等教育国际论坛在宁波举行，此次论坛是关于高等教育现代化的专题探讨，代表性的观点如下。

第一，中国高等教育学会会长瞿振元教授从高等教育现代化的意义及其与高等教育要素的关系出发，对高等教育现代化做了比较全面的阐述，即高等教育现代化要求我们要以先进的教育思想和理念为指导，使高等教育与经济、社会的现代化发展相适应，达到现代世界高等教育先进水平，培育出满足现代经济和社会建设要求的新型劳动者和高素质人才。高等教育现代化是宏观与微观的统一，也是目标与过程的统一，要求在思想理念、规模、结构、质量、效益、公平、体制、机制等各个方面全面实现现代化。

第二，中国科学院中国现代化研究中心主任及中国现代化战略研究课题组组长何传启先生在其“国家现代化战略中的教育现代化”的报告中，基于对“现代化是18世纪以来的一种国际竞争”，以及“现代化是人类文明的一种前沿变化”的认识，认为教育现代化是教育系统的现代化，是18世纪以来的一种教育变迁和国际竞争。它包括现代教育的形成、发展、转型和国际互动，教育要素的创新、选择、传播和退出，以及追赶、达到、保持世界教育发展先进水平的国际竞争和国际分化……教育现代化就是现代教育发展达到世界先进水平及追赶和保持这种世界先进水平的行为和过程。

在此次论坛的讨论中，有一个耐人寻味的问题，五位外国嘉宾即经济合作与发展组织（Organization for Economic Co-operation and Development，OECD）教育司时任副司长安德烈亚斯·施莱克尔、澳大利亚墨尔本大学马丁学院项目主任哈米什·科茨、印度教育规划和管理国立大学教授柬德哈拉·提拉克、日本名古屋大学国际开发研究科教授米泽秋吉、澳大利亚学者玛丽安·塔库尔，他们在主论坛或是分论坛的发言均没有涉及高等教育现代化这个概念。作为特邀主旨发言人，为何他们没有按照论坛的聚焦点“高等教育现代化”来发言呢？实际上，在这些国家没有“高等教育现代化”这个概念。在查阅文献过程中，笔者发现美国、英国也没有关于高等教育现代化的直接和具体表述。OECD没有高等教育现代化的概念表述，有高等教育发展的概念，其衡量高等教育发展的指标体系如表2-1所示。

表2-1　OECD高等教育发展指标体系

一级指标	二级指标	三级指标/项
教育机构产出和学习的影响（9项二级指标）	成人的受教育水平	6
	中等教育完成率和高等教育升学率	5
	高等教育完成率	4
	15岁学生的科研能力	5
	PISA2006学生测评中的科研态度和动机	7
	学习的参与如何影响就业的参与	4
	教育的收益	3
	教育投入的激励措施	4
	教育的社会效益	7
教育投入（经济和人力资本）（7项二级指标）	生均教育支出	5
	教育投入在国家财富中的比例	4
	教育投入中的公共和私人投入	3
	公共教育投入总数	1

续表

一级指标	二级指标	三级指标/项
教育投入（经济和人力资本）（7 项二级指标）	高等教育个人承担和公共资助	4
	教育资金支出的来源	2
	影响教育投入水平的因素	3
教育的机会、参与和发展（3 项二级指标）	教育的参与	6
	学生的国际流动	6
	从学习到工作的转变质量	2
学习环境和教育组织（5 项二级指标）	学生课堂学习的时间	2
	生师比和课堂规模	3
	教师工资	2
	教师如何获得评价和反馈及其影响	5
	如何使教师的信念、态度和行为符合标准	1

我国学者眭依凡教授在《高等教育现代化的理性思考》一文中，通过中西对比，较为详细地探讨了有关高等教育现代化的基本理论问题。他提出高等教育现代化是以国际高等教育最高水平、最先进状态为参照的目标体系和追求，是具有时空局限性的相对概念，能反映未来某阶段或现实高等教育发展的最高水平及其综合实力的最强状态。

值得注意的是，高等教育现代化是很多要素参与表述的复杂状态和进程，不是一个孤立的、抽象的概念，某个单一的高等教育术语是无法全面描述高等教育现代化及其进程的。无论从目标还是进程来看，高等教育现代化都是一个集群概念，即由一组高等教育要素构成。

（二）高等教育现代化的特征

一般来讲，概念的论述会触及事物特征，因为特征本来就是用来描述概念的。高等教育现代化的特征绝不是其内部独立要素的反映，而是高等教育内部及其外部诸多具有共性的特殊关系的体现（眭依凡，2014）。

高等教育现代化是精英高等教育与普及高等教育的结合，既有数量发展的要求，更强调质量提升；高等教育现代化既是高等教育未来发展目标的指向，也是高等教育发展进程的状态；高等教育现代化来源于国际竞争实力和国家现代化建设需要，又引领、服务于国际竞争，并成为国家现代化建设的一部分；高等教育现代化是建立在本土基础上的高等教育国际化；高等教育现代化不仅关系到高等教育宏观治理体系的现代化，又是作为高等教育实施者——大学治理能力的现代化，是两者的结合，缺一不可；高等教育现代化是高等教育理念现代化和高等教育内容、手段、方法现代化的结合等。高等教育的普及化、高质量、善治结构、国际化、信息化，是反映高等教育现代化的指标，成了高等教育现代化不可或缺的组成部分（别敦荣，王严淞，2016）。

三、地方高校转型推动教育现代化发展

当前社会发展迅速，科学技术的快速变革推动社会现代化程度越来越高。走出象牙塔的大学活跃在社会中心，高校与社会“剪不断、理还乱”的休戚相关关系早已成为共识。针对飞速发展的社会，高等院校要适应当前社会的发展，培养出符合现代化社会要求的高素质人才，能承载社会赋予的责任。时代在不断变化，这就要求地方高校为了能够适应时代的发展进行转型。

（一）地方高校转型发展的基本问题

1. 转型高校的基本特征

地方高校的转型发展必须注重高校的“地方性”。转型高校主要具有以下特征：第一，面临转型发展的地方本科高校主要是近年来由专科高校升格为本科高校的学校。第二，转型中的地方本科高校面临着战略转型、跨越式发展和不断达标及提升的紧迫需求。由于升格为本科高校的时间较短、办学软硬件条件不足、专科管理体制束缚和所处地理位置的限制，这些地方本科高校的发展不尽如人意，面临着学科基础较为薄弱、专业设置体系不够健全、人才培养模式固化、内部管理体制不健全、发展缺乏显著的特色、社会知名度不高等一系列的问题。其在发展的过程中，要不断探索，以逐渐适应高等教育的内外部发展规律和需求。

2. 地方高校转型发展的方向

明确地方本科高校的特点之后，我们还必须明确地方高校转型发展的方向何在。地方本科高校的转型发展需重视“地方性”“应用型”。所谓“地方性”是指转型发展必须围绕地方经济社会发展的需要，以服务地方经济社会的发展为学校转型发展的目标地位。地方本科高校的转型发展必须坚持地方特色，人才的培养须与地方的需求相契合，科技创新须与地方产业的发展相契合，全方

位做好对地方的教育服务政策咨询、科技服务、文化服务和信息服务，真正与区域经济社会协调发展。地方高校与地方经济社会发展能否实现协调发展，关键要看人才培养的类型与质量。所以，在学校专业设置和人才培养方面，高校不能追着热点跑，也不能固守所谓的传统本科高校古道，必须在把握区域人才需求的基础上，结合自身发展优势、特色和变化趋势，确立学科专业发展的方向和目标，提高专业设置和人才培养的针对性和契合度，真正做到具有“地方”特色。

同时，转型发展需重视“应用型”。关于地方高校朝什么方向转型发展，国家的导向很明确，那就是引导一批普通本科高校向应用技术型高校转型，以应用技术大学类型为办学定位的地方本科院校（简称应用技术大学）等单位发起成立的应用技术大学（学院）联盟，即是向此方向转型的倡导者和实践者。目前的职业教育体系是“断桥”，桥的一边是中职到高职的职业教育，另一边是培养应用型科研人才的专业硕士学位教育，中间缺失了本科层次的职业教育，引导一批普通本科高校向应用技术型高校转型，可以弥补中间断裂的环节，从而贯通中职、高职和专业硕士甚至专业博士学位教育，建成畅通的现代职业教育体系大桥。最后，职业教育体系和学术性教育体系并行，形成类似于德国“双元制”的现代高等教育体系。因此，地方本科高校向应用技术型高校这一目标转型，实质上就是向本科层次的职业教育这一高校类型转型。与之相适应，地方本科高校的人才培养目标也就要重新定位，要向高素质技术技能型人才培养目标转型。

（二）地方高校转型推动教育现代化发展

高等教育是整个教育系统的重要组成部分，在教育现代化发展进程中能够提供最强劲、最活跃的智力支持与动力援助，具有强大的引领、导向与服务功能。诚然，任何事物都会带有鲜明的时代烙印，高等教育现代化不仅是现代教育发展的必由之路，也是现代社会发展到一定阶段的必然要求。

地方高校已经成为我国高等教育体系的重要组成部分和持续推动高等教育实现大众化的关键载体，是服务区域经济社会发展的重要支撑和实现高等教育由大变强的突破环节，是促进区域经济转型的重要依靠和培育输送区域产业人力资源的主要来源。

地方本科高校绝大部分生源来自地方，已成为我国高等教育大众化的重要推动力量。在我国城市体系中，市及所辖县（市）的人口和面积分别占全国的 79.90% 和 97.40%，新办本科院校的发展将大大提高市、县（市）和广大农村人口接受高等教育的比例（李化树，黄媛媛，2011）。除西藏、青海两地外，新建本科院校已遍布 29 个省（自治区、直辖市），2013 年从全国现有的 333 个地级城市来看，新建本科院校分布于其中的 178 个地级城市，占有率高达 53.5%（王玉丰，2013）。一方面，从区域布局看，绝大部分地方本科院校是所在市的唯一本科高校，其通过培养行业人才，为区域企业提供人力资源支撑；通过繁荣哲学社会科学，提升区域文化软实力；通过产教融合、校企合作和协同创新，构建区域科技创新体系，是区域经济社会发展的直接动力源。另一方面，从区域高等教育结构模式来看，地方本科高校是省域高等教育“金字塔式”结构的宽泛基础，是建设高等教育强省（自治区、直辖市）的新生力量，亟待通过转型发展提升办学实力和竞争力，打造高教强省（自治区、直辖市）和内涵式发展新的增长极。

未来一个时期，我国经济实现可持续发展的关键是进行需求结构、供给结构和要素驱动结构的战略调整。其中，要素驱动结构调整是促进经济增长由主要依靠物质资源消耗向主要依靠科技进步、劳动者素质提高和管理创新转变的关键。而要素驱动结构调整主要依赖高等教育加速培育和积累人力资本，尤其需要面向行业企业生产一线的高级应用型专门人才。当前，各地区高级应用型技术人才数量短缺、劳动力市场供不应求的局面普遍存在。2010 年，关于全国 116 个城市人力资源市场供求状况的持续监测表明，从供求对比来看，各技术等级的求职者均供不应求（均在 1∶1.5 以上），特别是高级技能人才仍然较为短缺（均在 1∶1.8 以上）。按照《国家中长期人才发展规划纲要（2010—2020 年）》的要求，到 2020 年，全国技师和高级技师的总需求量达 1000 万人左右（陈锋，2014）。潘懋元（2006）曾提出：“地方新建本科院校应该可以办成职业技术型本科，或者是应用型的专业本科。”地方高校通过紧跟区域人力资源需求的转型发展，可以将人才培养的价值取向由传统“本科-学术人才”的单向式人才质量定位，逐渐分化为“本科-学术人才、本科-应用人才、本科-职业人才”的多向式人才质量定位，从而消解本科生就业的结构性矛盾，满足区域劳动力市场对高级应用型技术人才的多样化需求（陈锋，2014）。

从某种意义上讲，背景即是事物在某种状态或条件下的作用。通过以上分析，无论是从地方高校自身功能层面还是从国家出台高校转型发展政策来看，地方高校在高等教育体系中均占据重要位置，同时适应经济社会发展，培养各种人才，这都是推动高等教育现代化不可或缺的重要方面。高等教育作为整个国民教育体系的重要组成部分，地方高校自然在推动教育现代化进程中发挥着应有的价值与作用。同时，高校转型最重要的作用是通过促进中国现代职业教育体系的建构，进而促进整个教育体系的现代化。

第二节　地方高校转型发展的重点与趋向

地方高校转型发展既是我国高等教育结构调整和增强我国高等教育体系竞争力的内在规律和要求，也是我国经济结构转型和社会持续发展的重大战略举措。地方高校转型有利于培养更多创新型和应用型人才，有利于解决高校毕业生过剩与技能人才短缺之间的矛盾，有利于更好地服务于地方经济。所以，地方高校转型发展的重点和趋向表现在基于建设应用型高校目标上的教育发展理念、办学体制机制、人才培养模式等的转变，以及师资结构的重组与优化。

一、地方高校转型发展的重点

（一）教育发展理念的转变

理念是人的意识层面的东西，是主体通过理性、正确的认识获得客观事物的本质，是主体在思想领域对于客观世界的反应和再现；理念是一种积极的、能够指导实践活动产生所期待结果的思想认识或观念看法，能够为主体改造客观世界指明方向，起到导向作用，理念呈现的内容应该具有可实践性或可操作性。由于时代环境的变化，高等教育形态会发生相应的转变，教育理念也会随之发生相应的改变，地方高校发展理念的转变是以地方高校的改革和发展为指向和服务对象的。

1. 高等教育理念的变迁

从发达国家的发展历程来看，高等教育大致经历了三个阶段，包括精英化阶段、大众化阶段和普及化阶段，不同发展阶段，高等教育理念存在着巨大的差别。精英化阶段，高等教育是少数人的特权，科学技术在社会生产和生活中发挥的作用有限，高等教育的目的是传播人文知识，而不是生产应用；大众化阶段，越来越多的社会阶层人士获得接受高等教育的机会，主要有科学教育、权利教育和多样化教育等；普及化阶段，完全改变了高等教育与社会的关系，高等教育与社会紧密联系、息息相关，高等教育侧重于培养实践中的应用型人才。社会现代化水平越高，对高等教育的依存度越高，地方高校作为培养高级实践型和创新型人才的基地，应转变办学理念，增强地方高校的适应能力和活力。因此，高等教育要与时俱进，及时把握各行各业人才需求的变化，对人才培养方案进行不断调整和完善，保障服务社会的功能。在地方高校发展过程中，受多种因素影响，精英教育观念深入人心，成为指导办学的重要基础，所以大部分地方高校一味地追求培养学术型人才，认为培养应用型人才就是降低身份，有失学校的社会声誉。在长期的错位认知的影响下，地方高校发展步履维艰，对高而全的不懈追求，牵制了大量财力、人力，但是效果甚微。在转型发展、内涵建设的大背景下，有些地方高校开始转变发展思路，但是传统办学思想根深蒂固，一时难以转变，掣肘了地方高校转型发展的步伐。

2. 地方高校教育理念的共识

由于还没有完全从教育发展理念上了解、认可甚至认同“地方高校转型”这一概念，当前部分地方高校在选择发展之路时颇感困惑和举棋不定。因此，要在理念上认清何为应用技术型高校，其在高等教育序列中处于什么样的地位，应用技术型高校与本科序列中应用型职业学院存在什么样的联系，应用技术型高校是否等同于应用型本科高校，从根本上实现教育发展理念的转型，区分应用技术型高校、应用型大学与本科层次职业教育。

依据社会主义市场经济的要求，应确立现代大学“应用型教育”理念。“应用型教育”强调教育的现代化、社会化、产业化和终身化，要求教育发展必须适应经济发展方式转变和产业结构调整要求，创新高等教育发展理念。应用型教育要求培养学生适应社会需求的核心能力，与行业企业结成紧密的战略同盟，主张投资主体多元化，政府、行业企业、社会各界及教职员工均可参与地方高校发展建设。所以，我们必须改变传统教育理念，发挥应用型高等教育在提升国民素质、建设人力资源强国、构建终身教育体系和学习型社会等方面的重要作用。

（二）办学体制机制的转变

1. 地方高校办学体制改革与创新

地方高校在体制上的转变，主要在于突破校企合作瓶颈，激发办学活力，提高人才培养质量。部分地方高校混合所有制改革的实践证明，混合所有制有利于推进管、办、评分离，提高高校内部治理效率，从而建立现代大学制度。当前地方高校在体制机制方面的转型主要有两种方式：一种是地方公办高校引入社会资本；另一种是地方民办高校引入国有资本。

地方公办高校通过改制引入民营、个体等社会资本，创建混合所有制高校，充分激发混合所有制高校的潜力，其模式主要为“公有为主，民有为辅”。这种模式不会改变公办高校的法人属性，政府对地方高校的财政补贴方式不变，地方公办高校教师的待遇不变。此举有利于地方公办高校吸引社会资本参股，激发社会力量参与公办高校建设，打破垄断壁垒，引入市场机制，对公办高校资源进行合理配置。当前地方公办高校进行混合所有制转型，主要有以下三种途径：第一种是二级学院层面的混合所有制办学。例如，江西省 2016 年投入 2000 万元支持建设 4 所混合所有制二级学院，福建省 2016 年试点支持公办职业院校与企业合作举办混合所有制性质的二级学院。第二种是地方公办高校改制为混合所有制高校。由举办者组织清算，将部分股权转让给学校管理者或教职工，从而推动办学机制的创新。以苏州工业园区的职业学院为例，其原属于公办地方高校，先后经过三轮改制，形成由企业集团、学院管理团队和相关政府部门组成的混合所有制办学模式。第三种是地方公办高校兼并濒临倒闭的民办高校。地方民办高校以校舍、设备等折合成股份并入地方公办高校，形成地方混合所有制高校。以厦门理工学院为例，其通过兼并民办的厦门软件职业技术学院，实现了混合所有制办学。

地方民办高校通过自身办学特色和渠道，引入国有资本组建混合所有制高校。这类混合所有制高校的办学特色是“民有为主，公有为辅”，其相对优势是产权相对清晰且机制灵活。其主要办学形式有以下两种：第一，国有资本参股地方民办高校。以前民办高校很难享受到与公办高校平等的待遇，其办学经费主要来源于学费收入，基本上没有财政补贴和生均经费补贴。当前随着各地民办教育扶持政策的出台，民办教育开始享受到财政扶持。地方民办高校引入国有资本，一般针对具有良好社会效益的职业院校注入国有资本。以南通理工学院为例，其原为一所普通民办专科学校，后引入国有资本 1000 万元，最终的股权结构变为第一大股东江海科技开发公司持股 58.64%，第二大股东原举办者个人持股 36.36%，国有资本持股 5%，后该校经事业单位法人认证并升格为地方普通本科高校（陈斌，唐永泽，2015）。第二，地方民办高校托管经营不善的地方公办职业院校。近一个时期，我国高等教育适龄人口逐年减少，个别公办职业院校出现生源危机，地方政府会将招生困难的公办职业院校以股份的形式出售给地方民办高校，持有国有股份的民办职业院校改制成为混合所有制高校。以齐齐哈尔工程学院代管公立的黑龙江甘南县职教中心为例，齐齐哈尔工程学院通过派驻管理团队的形式，在黑龙江甘南县职教中心植入先进的管理理念。

2. 地方高校办学机制改革与创新

从工作组织方式看，机制是组织内部关系与作用的运作方式，机制是高校内部管理与运作的有效方式。对于一所地方高校尤其是一所高等职业院校而言，高校办学机制包括内部机制、外部机制和交叉融合机制。机制改革与创新，会使高等职业院校的管理更加畅通有效。

第一，在内部机制创新方面，尽管高校的内部循环机制在循环中不断改善，但自身的问题无法完全通过内部循环得以解决，也无法应对层出不穷的新矛盾，办学体制的改革尤其是实行混合所有制办学后，也促使办学机制调整范围扩大到协调不同利益主体之间的关系上。高校内部机制改革的研究侧重于办学体制改革后高校内部机制的治理问题。内部机制的改革创新主要体现在两方面：一方面，管理机制逐渐向院、系两级教学管理机制转型。高校为促进院系的自我发展，逐步将教学管理权下移至院系。高校的任务是宏观管理，确定战略发展方向，健全规章制度，注重评估检查。院系的任务是加强教学管理队伍的建设，进行针对性的教学管理工作，进而实现责、权、利的统一。另一方面，监督机制向内外结合、双向联动机制转型，主要通过召开联席会议或行业企业座谈会的形式，将行业企业与学校密切联系起来，共同做好高校监督和管理工作。

第二，在外部机制创新方面，地方高校转型必须要适应市场经济的发展，因而必须在高校引入市场竞争机制。虽然党委会（董事会）领导机制、二级学院管理机制、教职工会监督机制之间存在相互制衡的关系，为高校的运转奠定了基础，但高校治理不仅要依靠内部治理结构，还要依靠外部管理机制来完善。当前外部管理机制主要有省部共建机制、厅校共建机制、地校共建机制、职教集团机制等若干机制。省部共建机制主要集中于“985 工程 ”高校、“211 工程”高校及教育部与省级政府共建高校，该机制不会改变原高校的办学体制和管理体制，部委主要从专业和行业的角度给予政策支持，省级政府主要从基础建设、人才引进方面给予支持。厅校共建机制主要是厅（局）与高职院校联合共建，是地方行业部门支持教育、拓展教育资源的机制。厅校共建机制往往与原高职院校办学机制类似，地方厅（局）是高校的主管单位，也是办学单位。地校共建机制主要是高职院校所在地的政府与学校联合办学，是一种支持教育、拓展教育的办学机制。职教集团机制是把企业、行业组织和高职院校融合在一起，形成校、地、企、行业的混合办学模式，这种混合办学模式的特点是联合办学、责任共担、资源共享。

第三，在交叉融合机制创新方面，建立无缝对接的管理机构和工作平台，积极探索地方政府与行业企业共建混合所有制高校的模式。有些地方高校为深化校、企、地三方合作，实施“六个百”校企合作工程，即高校同企业建立百个生源基地、百个大学生实习实训基地、百个大学生社会实践基地、百个学生就业基地、百个专业教师培养基地和百个行业名师基地。同时，一些地方高校设立创新设计和实施企业制学院、订单班等新型人才培养平台，由地方政府和行业企业共建院务委员会，共同开展人才培养、品质管理、培训合作等工作，这类平台专业性强、内涵丰富。

（三）人才培养模式的转型

1. 创新型人才培养模式

当前全球范围内综合国力的竞争，归根结底是人才尤其是创新型人才的竞争，谁能够源源不断地培育、吸引、凝聚创新型人才，谁就可以在国际竞争中处于主动地位。我国经济发展步入新常态，社会经济发展要求以技术进步推动产业升级，而应用型创新人才对于促进经济结构调整和产业转型升级发挥着至关重要的作用，这就迫使高等院校不仅要培养具有高深学问的精英型人才，还要培养能够适应生产现代化发展需要的应用型创新人才。

地方高校的转型与发展可以定位于依托社会时代环境和地方经济发展战略需求而衍生的高校系统性变革。高校的基本职能是人才培养，故高校的系统性变革必须依托于社会经济发展对人才的需求。因此，地方高校转型的重点是人才培养模式的转变，也就是教与学的问题。例如，地方高校将要给予学生怎样的教育？培养学生哪些方面的能力与素质？采取怎样的模式培养学生？

地方高校将自身定位为区域创新体系的关键角色，其创新型人才培养需要增强学生的创新意识、创新思维、创新能力以及创新精神等。当前国内高校处于加速发展阶段，积累了一定的办学经验且初步实现了预定目标。因而，在创新型人才培养模式上，应创新人力资源管理，从学科重组、人才培养重组等方面出发，结合相应的社会资源，以创新型领军人物为依托，完善现有创新实践平台的构建，推动高校转型与创新型人才培养相互促进，在推动高校转型发展的同时，优化创新型人才培养方案。有的高校制订了大学生创新创业实施方案、学分认定管理办法，鼓励和引导学生参加“互联网+”大学生创新创业大赛，建立了创新学分积累、转换和支持休学进行创新创业的制度，将创新创业纳入人才培养的全过程。同时，以自动化专业人才创新培养方案为例，引导和鼓励学生积极参与全国智能车竞赛、国际水中机器人竞赛、“西门子杯”中国智能制造挑战赛等。

2. 应用型人才培养模式

我国高等教育规模宏大，但存在着结构性矛盾突出、同质化倾向严重、创新能力和服务能力不足等问题，地方高校在结构、质量和效益方面还跟不上经济社会发展的步伐，与经济发展新常态、经济结构调整和产业升级的要求不匹配。经济社会发展的需求带动地方高校向应用型高校转型，凸显了应用型教育的功能，形成了具有明确定位的特色学校，能更好地服务于经济社会发展，从而促使地方高校按照产业发展的趋向设置学科专业，引导地方高校走需求导向、内涵发展、注重质量的发展之路，促进产教融合、产学研合作，推动应用型人才培养改革，提高地方高校的办学活力。

《国民经济和社会发展第十三个五年规划纲要》把“推动具备条件的普通本科高校向应用型转变”的内容列入“推进职业教育产教融合”一节，从中可以看出其将高校转型与职业教育结合起来。《现代职业教育体系建设规划（2014—2020年）》提出“建立高等学校分类体系，探索对研究类型高校、应用技术类型高校、高等职业学校等不同类型的高等学校实行分类设置、评价、指导、评估、拨款制度”（中华人民共和国教育部等，2014）。新分类的重点是应用型高校，以地方本科高校、民办本科高校、独立学院为重点，办学定位为服务地方或行业，人才培养方案以应用型人才培养为主。应用型人才培养的目标偏重于使学生获得在经济部门或产业领域从事生产、管理或服务所需要的知识、能力或技能，满足区域对高技术人才的需求。

地方高校改革应用型人才培养方案是学校深化改革内涵发展、主动满足地方需求、增强学生创业就业能力的必然要求。应用型人才培养的逻辑起点是科学知识与技术，指向是学以致用，应用型人才培养的目标主要是通过不断学习新知识、新技术和新方法，使学生创造性地分析新情况、解决新问题。其中，实践能力的培养是应用型人才培养的关键，使学生在教师的指导下掌握胜任职业岗位的基本技能和基本经验，具备相应领域的综合职业能力和全面素养，具有较强的创新意识和创新能力，在专业理论知识和实践技术技能等方面具有应用性和复合性。在研究能力方面，要培养学生运用有关知识、技术和技能，创造性地完成符合生产实际要求的工作，在研究过程中，能在理论知识的指导下，综合运用相关职业技能解决实际工作中遇到的问题。

（四）师资结构的重组与优化

1. 构建校企师资合作机制

校企协作办学能够实现知识要素、技术要素、生产要素的相互渗透，形成一个综合培养体系。通过该体系，校企双方通过协作实现教师的学习、观摩及训练。校企双方的协作，使专业知识与企业的生产计划、设计、生产组织及管理实现无缝对接，从而对教师的教学科研进行有实践意义的指导，并产生知识重组与更新的创新动机。校企合作外在的表现形式主要有合作教学实习、合作科研、合作工程项目等，但最重要的是确定合作路线。教师强调通过理论逻辑研究，实现具有系统性和简约性特征的理论课程教学，但企业员工具有的实践经验和简约化应用能力主要通过在实践中学习获得。校企师资合作机制能够实现教师与企业员工之间知识、信息、技术与能力的共享与依赖，实现结构的均衡。

在校企之间进行结构化组合的过程中，企业的作用体现在主导应用的需求结构和技术实施过程中：第一，向教师和学生提供实际应用架构，包括企业项目的生产计划流程、项目的设计与开发、企业生产的软硬件条件等。第二，企业可以向学校提供实践基地，使教师和学生能够在生产实践中理解学习。第三，企业员工可以通过自身的实践经历言传身教，为教师与学生传授相应的知识与技能，将企业中的团队协作精神带入学校。通过一系列的学习实践活动，校企双方在应用技术与知识方面达到共享，实现了教师的实地学习、观摩与训练的高度统一，最终通过对实践的理解，创新知识并改变教学方法。

2. 改革教师评价机制

高校教师评价一般是对教师工作价值及发展潜能做出的判断与评价的教育活动，其目的是促进教师的个人发展，促进高等学校教师整体素质的提升，为高校培养高素质人才服务。

传统上，地方高校对教师的评价主要集中于表象，主要强调教师教学规范与标准，忽视了教师的授课方法与效果；强调教师科研成果的数量与发表质量，忽视了科研成果的社会生产转化和推广应用。上述评价机制直接导致的后果是教师在课程设计中注重规范标准，忽视了所授课程的实际应用，不利于学生对学科知识结构的理解和应用，也不能将科研成果在学习实践中向学生推广应用。然而，教师评价体系是一项系统工程和民生工程，关乎着高校教学水平的提升。

在地方高校转型过程中，改革教师评价机制是必不可少的，侧重点应在于提高教师教学过程中理论教学与实践教学方面的主观能动性，实现教师在教学、科研和社会服务三方面的均衡发展。改革教师评价机制侧重于两个方面：一方面，对教师课程教学的评价应覆盖整个课程小组，教师的实践教学能力是不同背景下教师接受综合教育的结果，是一个相互协作的教学系统；另一方面，对教师个人的评价应从学生对知识的掌握程度和学生的实际学习能力两个方面评定，而不是从教师所教授课程的规范化和标准化方面进行评定。科研成果的实际应用价值及推广价值也应作为高校教师评价的重要参考内容。

3. 实施高端人才引进战略

随着高等教育进入“走以质量提升为核心的内涵式发展道路”阶段，各高校普遍确立了“人才强校”理念，在国家和省级系列人才计划项目的引领下，实施人才引进与培养并举的战略，初步建成了一支以高水平教师为骨干，能基本满足教学科研要求的队伍。但与此同时，就实际情况分析，地方本科高校在教师队伍结构整体优化方面尚存在明显不足，师资恰恰是制约地方本科高校成功转型的瓶颈。

地方高校向应用型高校转型过程中，对实验教学设备进行大量投入，但很多崭新的教学实验设备未得到充分利用，实验设备闲置现象在地方高校十分普遍，其中最重要的原因在于缺乏具备高水平实训技能的教师，导致地方高校在理论教学和实践教学上产生了脱节。从目前地方高校向应用型高校转型的进度来看，引入高水平的实践教学能手，是弥补当前地方高校实践教学不足的关键。地方高校引进的高水平应用型教师，应具备以下两方面的能力：①具备应用性知识结构，能够将实践经验转化为知识创新，而且能够适应日新月异的技术创新创造的实践环境的变化；②具有良好的沟通表达能力，能够将实践中的经验教训实时准确地表达出来。应用型教师在教学中扮演着重要角色，能够从实践教学中归纳理论知识，在地方高校转型中，其在理论与实践教学中能够起到沟通桥梁的作用，特别是能够弥补地方高校在实践教学中师资结构上的不足，有利于应用型人才培养目标的实现。

4. 加强“双师型”教师队伍建设

与传统学术型大学相比，应用型大学的师资队伍建设对高校提出了更高要求，即在传统师资队伍建设的基础上，应加强“双师型”教师队伍的建设。2000年，教育部高等教育司在高职高专教育教学工作评价体系中提出，“双师型”教师需要符合以下条件之一（康小孟等，2017）：①有两年以上基层生产、建设、服务、管理第一线本专业实际工作经历，能指导本专业实践教学，具有中级或以上教师职称；②既有讲师及以上的教师职称，又有本专业实际工作中的中级及以上的专业职称；③主持（或主要参与）两项及以上应用性研究项目，研究成果已被企业或事业单位实际应用，具有显著的经济社会效益。随着时代的发展，社会转型期经济、产业、行业结构也在不断更新，历史赋予了“双师型”教师不同的时代内涵。但不可否认的是，“双师型”教师队伍的建立是以高职高专院校为基点提出的，其在刚开始并未引起本科高校的重视，因此公办本科高校在师资队伍建设过程中更看重学历结构、学位结构以及高层次人才尤其是高层次学术人才的引进和培养。而在面向实践、面向职业、面向职位，强调专业实践能力、技能等级、专业素质的“双师型”教师的引进、培养方面，基本处于被动的局面，高校自身并不具有积极性。

相比而言，由于民办本科高校大多是由高职院校升格而来的，因此其更重视“双师型”教师的引进和培养，其对于什么是“双师型”教师、“双师型”教师的认定标准是什么，如何解决“双师型”教师专业技能差、缺少企业实习锻炼机会以及“双师型”教师来源单一、高校化的困境，如何将高技能、高职称、富有实践经验的高层次人才引入高校等一系列问题，都进行了深入的思考与探索。在实践摸索中，民办本科高校“双师型”教师队伍建设已经初见成效，走在了公办高校的前面。例如，早在2010年，南宁学院的前身邕江大学就出台了《双师素质教师资格认定及管理办法》，该办法指出，将通过鼓励青年教师考取专业技能等级证书和职业资格证书，选派教师到企业兼职或工作，聘请行业专家及一线技术能手承担实践教学任务等方式，有计划地培养“双师型”教师队伍（邕江大学，2010）。2017年，山东英才学院所拥有的524位专业课和专业基础课教师中，具备专业（行业）职业资格证书或任职经历的教师高达248人，占47.33%（山东英才学院，2017）。目前，建设一支师德高尚、规模适当、结构合理、实践水平高、专业能力强、具有开拓创新能力的“双师型”教师队伍，已成为民办本科高校实现转变发展方式、培养高水平应用型人才的关键和突破点，这也必将促使民办本科高校在推进转型发展中发挥引领和带动作用。

二、地方高校转型发展的趋向

转型是地方高校发展的重要途径，而提高人才培养质量，是高校工作的永恒主题和根本任务。围绕“培养什么样的人”和“怎样培养人”的问题，地方高校适应经济社会发展需求和高等教育改革大趋势，通过开展产教融合创新实验项目、加强中外应用技术教育国际合作，实施创新创业教育等途径，走转型发展之路，提升人才培养质量和社会服务能力，取得了可喜的成绩。

（一）产教融合创新实验项目

为提高高校适应和引领经济发展新常态、服务创新驱动发展的能力，促进高等教育供给侧结构性改革，支持、促进地方高校转型发展，教育部学校规划建设发展中心设立了高等学校产教融合创新实验项目，依托强大的研究平台、专业团队、合作伙伴和校企合作网络的优势，以提升高校价值链为核心，整合产业链、创新链、教育链，为转型发展高校提供系统的解决方案，推动高校科学定位，加快资源整合与突破创新，实现高校办学实力、技术创新能力和科技服务能力的加速提升。项目基地学校有河北民族师范学院、营口理工学院、钦州学院、兰州文理学院、滇西应用技术大学。

该中心通过监测诊断、专家咨询、培训辅导、研究开发等方式，为学校发展提供智力支持和资源服务，帮助其制订学校的转型发展实施方案和路线图；进一步完善学校治理结构，改革人才培养机制和流程；围绕区域经济社会发展所对应的产业链，推进学科专业体系建设，培育战略性新型产业的专业集群，提升高校服务区域经济的能力；推动人才培养机制、流程和课程体系改革，创新人才培养模式；引入境内资源和境外合作伙伴；开展基地学校领导干部培训和教师培训，推进高水平师资队伍建设；培育地方政府智库，组建区域协同创新中心、创新创业基地；搭建政校、校企、校校、校研合作平台；建立并完善教育质量监测体系和质量保障体系。

（二）中美应用技术教育

“为深入落实我国‘十三五规划’教育现代化发展战略，积极适应引领经济发展新常态，推动地方本科院校转型发展，构建符合中国国情的应用技术教育生态体系，教育部学校规划建设发展中心与美国应用技术教育联盟（GCC）共同开展中美应用技术教育‘双百计划’”[①]，旨在实现100对中美应用型高校的深度合作以及100对中美校企深度产教融合。

“‘双百计划’的特点是采用平台对平台的模式，实现精准合作和协同共享；帮助项目院校建设有竞争力的学科专业集群超级平台，推动学校的系统化改革，包括治理机制、专业和课程开发、人才培养模式、学习成果验证、创业

① 中美应用技术教育“双百计划”. http://www.csdp.edu.cn/onepage78.html[2019-01-19].

创新能力等，全面激发学校改革创新的活力，更好地服务于区域经济发展；通过校企合作、校地合作和国际合作，接入本地的技术创新体系和全球化的技术生态圈，不断做强以产教融合为主要特征的价值链。”①

“‘双百计划’于 2016 年 5 月正式启动，6 月份被纳入第 7 轮中美人文交流高层磋商会议成果，8 月份确定了首批 14 所试点院校和 28 所项目培育院校，目前已启动了试点院校的签约合作。美国应用技术教育联盟方面也与 120 多所美方高校、20 多家美国企业以及美国工程与技术认证委员会、美国工程师教育协会等行业协会建立了工作联系，将主要围绕先进制造、绿色能源、绿色食品、生物医疗、大数据等领域为国内院校提供师资、课程等资源，帮助院校实现转型发展的目标。”①

对于首批 14 所实施条件成熟度较高的试点院校，该中心要求学校按照选定的专业方向与美国应用技术教育联盟制订具体实施计划，明确合作思路，配备相应资源，健全合作保障机制。该中心对项目进行监督和评估，对于达到预期效果的试点院校转为项目正式院校，参与中美应用技术教育联盟体系建设，予以重点培植。对于 28 所实施条件有待提升的培育院校，该中心要求学校要认真做好项目合作准备工作，并与所在省（自治区、直辖市）的教育主管部门加强沟通，积极争取政策指导和资源支持。各院校在项目推进的过程中，注重进一步明确和完善学校的转型发展战略，通过引进国外先进的应用技术教育课程体系，建设有竞争力的学科专业集群，推动学校的系统化改革，激发学校的创新活力，更好地服务于区域经济和产业发展。

“双百计划”与辽宁科技学院建设特色鲜明的应用型大学、培养创新型应用人才的目标高度契合，是学校实现“弯道超车”、走转型发展与特色发展之路的强力助推器。该校与美国应用技术教育联盟合作，打造新型国际化人才培养模式，助力学校整体转型。

（三）创新创业教育

地方高校抓住转型发展的契机，越来越多高校重视培养学生的“双创”精神，坚持“地方性、综合性、应用型、高水平”的办学定位和德才兼备、三业（学业、就业、创业）贯通、能力为重、个性发展、全面成才的育人理念，积极融入国家创新驱动发展战略，培养学生的创新创业精神，主动服务地方经济社会发展。

---

① 中美应用技术教育“双百计划”. http://www.csdp.edu.cn/onepage78.html[2019-01-19].

很多学校把深化创新创业教育改革作为转型发展的工作重点，其中，周口师范学院确立了全方位的创新创业教育改革、全覆盖的创新创业能力培养、全过程的创新创业指导服务、全链条的创新创业孵化体系的“四位一体”的创新创业教育理念。

周口师范学院构建了“1234”创新创业教育模式。其中，“1”是指以“一体化”统领，把创新创业教育融入办学理念、人才培养方案、教学实践环节、育人文化之中，全体教师参与，面向全体学生，贯穿于学生培养全过程。“2”是指推进线上线下课程融合，提供创新创业线上咨询支持，做好创新创业线下教育培训。“3”是指建立部门分工合作的责任机制、创新创业队伍建设机制、保障激励机制。“4”是指搭建双创孵化的实训平台、帮扶平台、科技创新平台、电子商务平台。在实践中，“1234”创新创业教育模式显著提高了学生的创新创业能力和学校的人才培养质量。

为推进“双创”教育，周口师范学院积极完善相关制度体系，出台了一系列文件，例如，制定了学生创新实践学分认定与管理办法，将创新创业教育工作纳入学校人才培养全过程；制定了学校科研创新基金管理办法，设立大学生科研创新基金项目，为条件较为成熟的创业计划项目提供资金支持。学校还相继出台了科研成果孵化专项基金管理办法、科技成果转化管理办法、大学科技园建设与发展指导意见、落实大学生创业引领计划的实施方案等，并对在创新创业活动中取得突出成绩的指导教师和学生给予表彰和奖励。

1. 依托教学创新平台，推进创新创业教育

该校积极探索各部门合作加强实践育人的工作机制，提高实践教学所占比例，打造了“平台+模块+课程群”的课程体系。学校面向全体学生需求，设立了由通识教育、专业教育、素质能力拓展和实践教学构成的四大平台课程，各专业再根据专业方向设置不同的模块和课程群，并贯穿于学生 4 年培养全过程。

目前，学校以项目化教学开展的“为地方而设计”“艺术实践周”等教学活动，都取得了可喜成果。其依托高水平协同创新和应用技术研发平台，积极推进创新创业教育。

2. 依托专业孵化平台，孵化创新创业成果

学校成立了河南省首家由高校主导的省级大学科技园，依托大学科技园先后申报并获批了省级科技企业孵化器、省级众创空间、省级电子商务创业基地、省级大学生创新创业中心和省级青年创新创业示范园等 6 个省级创新创业孵化

平台，从而构建了“创业种子+创业苗圃+创业孵化器+创业加速器”的全周期创新创业生态服务链条体系。

该体系为创业者和创业团队提供了创新与创业相结合、线上与线下相结合、技术与资本相结合的新的创新创业服务模式，并已经在农业科技、智能控制、电子信息、文化创意和电子商务等领域孵化了一批优秀的创新创业项目，培养了一批优秀的创新创业团队和具有一定市场竞争力的创业企业。

未来，学校将以“构建一套较为完善的创新创业服务体系、培育一批有市场前景的创新创业种子项目、孵化一批信誉好并且有市场发展潜力的高新技术企业、营造一个舒适和谐的创新创业环境与氛围，打造一组服务双创的工作亮点与特色”的“五个一”创新创业教育工作目标为指引，抢抓转型发展机遇，加大创新创业教育改革力度，持续探索创新创业人才培养新模式，进一步培养和提高师生在创新创业和服务社会方面的能力（周口师范学院，2017）。

第三节　地方高校转型发展存在的问题和制约因素

地方高校转型发展是教育部的工作要点，这项工程成为上至教育主管部门下到地方高校的重点任务，都在做规划、搭平台、搞试点，推动了地方高校转型发展的理论研究与实践探索。当然，在看到进展的同时，我们也要看到困难与问题，了解其拥有的优势和存在的不足，以在前进的道路上取得事半功倍的效果。

一、地方高校转型发展存在的问题

我国地方高校转型发展是经济社会发展到一定阶段的必然产物，是高等教育大众化和建立现代职业教育体系的要求，是高等教育供给侧结构性改革发展的需要，教育部等三部委联合印发的《教育部 国家发展改革委 财政部关于引导部分地方普通本科高校向应用型转变的指导意见》，以文本形式确定了地方普通本科高校转型已成为国家专项教育政策。时至今日，从转型实践情况来看，大多数地方高校都已认识到转型是学校解决自身发展矛盾的内驱力，转不转的犹豫徘徊、畏惧观望已基本不存在，而是进入到了转什么、如何转的焦虑阶段，以及对转型路径与发展道路的积极探索期。然而，转型发展是我国地方高校的实践活动，既缺少理论方面的指导，又没有现成的路径可以参照。于是，在实践过程中出现了不少困惑和亟待解决的问题。要想在转型发展方面获得预期效果，就必须重新回到转型发展的认识起点，重新思考作为转型发展主体的地方高校有何为与能何为，重新审视转型过程中的问题与阻碍。

（一）观念问题：地方高校转型必须澄清本质性问题

地方高校自升本之日起就注定要与转型发展产生千丝万缕、延绵不绝的关系。在短短十几年时间里，地方高校经历了从专科到本科，又从传统本科向应用型本科的转变，在这个过程中会经历办学定位、办学理念等方面的转向，难免会有很多纠结与矛盾、焦虑与徘徊。根据研究者对三所地方普通本科高校和四个层次调查对象所做的实证研究，包括校级领导、院（系）领导、普通教师及教学管理人员在内超过三成的调查对象，对转型发展背景、应用技术类型高校基本特征、转型原因、转型发展方向及前景等存在思想认识上的混乱与误区，对何谓“型”、何谓“转型”、何谓“转型发展”、转向何方等存在认识偏差。

总结起来，“型”可以理解为通过一定的方法而达成的固定样式或楷模。而在地方高校转型发展中，对“型”的认识存在偏差，简单地认为“型”就是指一种人才培养的规格、类型、方式。我们认为，地方高校转型首先要弄清楚以下几个方面的问题：第一，方向何在？即要转向的这个“型”是什么，转向何方；第二，方法何在？即有什么方法和途径可以到达，方法很关键；第三，原因何在？要问为什么要转型，不转行不行，转型的意义很重要；第四，共识何在？全校上下是否对这个“型”达成了共识以及形成了高度一致的看法，转型的基础和环境很重要。

何谓转型的认识偏差？主要是主观地认为转型会使学校社会地位、影响力、价值、声誉等蒙受损失。转型就是从一种形态转向另一种形态，可能是由一种制度转向另一种制度，由一种发展模式转向另一种发展模式，或者由一种发展定位转向另一种发展定位。地方高校转型应该体现主体性、自觉性、自为性的特点。主体性是指地方高校转型发展的角色认识，自觉性是指地方高校对转型发展的意义与作用的自我认识，自为性是指对新建本科高校转型发展的使命的认识。地方高校在转型发展过程中要充分发挥转型主体的作用，调动转型过程中各利益相关者的积极性与能动性，达到转型发展自觉，寻找转型发展的突破口，实现地方高校转型发展自为。

何谓转型发展的认识偏差？主要是错误地认为转型发展是一次自上而下

的“国家行动”，可以依靠国家政策等外部力量成功实现。其实，转型是学校的一种战略规划，发展是最终目的，转型发展就是通过制定转型战略规划，确定转型路径或方式，达到学校健康、稳定、特色、可持续发展的目的。如果把第一次转型看作地方高校的“原始积累”阶段，那么第二次转型就是实现从“新建”到“新型”的跃迁，从“新建”到“创业型”的转变。转型发展的本质就是创造新型，就是举全校之力进行的一场持续变革运动和无固有模式可参照的创业活动。地方高校转型创造就是要高度重视市场需求，通过对高等教育的市场细分，确定与高校实际相符的发展定位，构建特色办学模式和育人模式，走创业型大学发展道路（董立平，2014）。

（二）实践问题：地方高校转型亟须实现核心要素的变革

地方高校转型从根本上说是一个由内而外自我规划与定位的自主发展过程，但在实际转型过程中，部分高校依旧在观望，期望以等待和依靠外在力量实现转型，处于一种被动转型的慵懒状态，存在转型发展核心要素变革滞后的重要问题。

1. 课程体系改革力度不大

“不同类型大学的办学定位与目标是通过学科、专业与课程的定位与目标来实现的。专业是学校人才培养的基本单位，课程是专业的细胞，课程建设是学校教育的心脏。学校定位、人才培养定位、学科专业定位都是最终通过课程定位来体现的，应该实现这四者的有机统一。”（董立平，2014）目前，从现实情况来看，地方本科高校很多已经意识到课程体系改革对学校转型发展、提升内涵建设的重要性，但是往往徘徊在理念之上，在具体的实施操作中，尚未贯彻到与人才培养相关的一切活动之中。

第一，从课程体系设置来看，定位存在偏差。当然，在高校的发展中，课程体系的设置会经过多次探讨、论证与修正，那时多注重系统性与完整性，高校转型发展更多强调应用性、技能性，应用型人才培养则强调市场性、前瞻性，这些都是以往课程体系所忽略的地方，也是现在课程体系改革中必须要明确重视的观念问题（刘娜，2008）。

第二，从课程内容来看，由于这些高校之前基本按照传统的升本路线发展，基本定型的课程体系凸显了学术型本科课程内容的特点，强调学科本身的系统性、知识的连贯性，对学生的要求主要集中在全面系统地掌握学科所有知识，大多采用统一的“规划教材”。从实际情况来看，一方面，很多地方本科高校的公共课内容趋于保守。本科教育基本由通识教育与专业教育并列组成内容模块，通识教育在于培养学生的人文素养，使学生形成科学的世界观、正确的人生观。可是，在很多高校所提供的通识教育课程中，生搬硬凑的痕迹很明显，甚至有的为全面发展而“全面”地应付。同时，为学生提供的课程门数众多，内容涵盖面广，但是考究起来，与学校转型发展的要求相脱节，有的则远远落后于转型发展的要求。另一方面，专业课内容较为陈旧。学生获取知识的能力是目前很多地方高校课程设置所体现出来的最大功能，相比只是让学生掌握知识，这是一大进步。然而，在社会经济结构升级发展中，分析问题、解决问题的能力，特别是创新能力是人适应社会竞争应具备的，也是社会对人的发展提出的新课题。知识具有时效性，这是不可否认的事实，在知识大爆炸时代，如何尽量传授给学生较为前沿的专业知识，对培养学生的专业素质具有至关重要的意义，对于这一点，很多地方本科高校都存在欠缺。

第三，从课程实施来看，改革创新程度有待进一步提高。传统的教师讲、学生听的授课方式，在通识教育课程中合理应用还是可以的，但是如果在实践课中运用过多，则很容易培养出眼高手低的学生。在考试中，这些学生或是谈起来头头是道，实际到工厂里进行操作，则显得力不从心。再者，高新技术的迅速发展，改变了人与人之间的关系，改变了人们的生活、学习方式，这给传统教学方式带来了巨大挑战，正应了一句古语“变则通，不变则壅”。在山东省地方本科高校的课程实施中，存在重理论课轻实践课的问题。在课程体系中，实践课程所占比例提高，不过有些学校的实践课并没有真正发挥作用，有的就是教师讲完如何操作即可，有的实践基地或是实验室配备比较齐全，但没有得到切实应用，实践性环节薄弱。“在校期间，缺乏有组织的校外实践活动。而毕业实习是分散实习，实际效果一般。在毕业生自主择业的过程中，基本上都是以动手为主，企业不愿意接受没有实践能力的学生，开放式办学的路子多年来一直未能形成，造成学生从事专业实习较少，实践能力较差的现实状况。”（任广新等，2010）在这种情况下，学生的知行分离，理论研究功底不深，动手操作技能也不足，就业时则面临着“高不成低不就”的尴尬境遇。

2. 师资队伍适应性不强

梅贻琦先生言：“所谓大学者，非谓有大楼之谓也，有大师之谓也。”这句话是高等教育界的经典语录，成为大学研究的基本共识。我国高校在经历扩招、合并、追求内涵发展之后，教师是核心的要素资源，但是面对转型发展的形势与任务，仍存在以下几个方面的问题。

第一，地方高校在新教师选聘上基本是从校门到校门，“985 工程”“211 工程”院校毕业、出国留学经历、发表论文质量以及核心论文数量成为很多高校在选聘教师时的重要观测点。事物是矛盾的统一体，在选择教师时坚持以上标准，同样有其利弊所在。一方面，他们接受了研究型大学系统扎实的学术训练，思想活跃、知识系统，且积极性、主动性、创新性较强，为提高高校学科专业的教学水平与科研水平提供了活水源泉。另一方面，在研究型大学接受教育，潜移默化后，自觉或不自觉地会沿用研究型大学的教学方式，受理论研究思维影响，容易忽视培养学生的实践能力、应用能力、就业能力，惯有教学方法不适应应用型人才培养规律，甚至有些人会排斥、贬低企业实践，进而从行为上抵制校企合作和学生到企业实习和实训。

第二，在已经形成的比较稳定的教师队伍中，存在“重学历，轻能力”及教师专业实践能力低的问题。很多教师几乎没有在一线行业或企业实践的实战经验，实训教学、现场指导能力薄弱，可以说是“清一色”的理论型师资队伍。很多教师的知识更新迟缓，实践能力难以适应培养要求，这种师资队伍难以培养高质量的应用型人才。目前，很多地方本科高校已经认识到这个问题，开始理性看待招聘“院士”“长江学者”，以及花上百万元引进所谓的“高层次化”教师这一做法，开始注重面向社会，从企业行业招聘、引进优秀的技术人才和管理人才，到学校做兼职或专职教师，虽说还处于比较艰难的探索期，但其做法还是非常值得肯定和借鉴的。

第三，现有的教师评价、培训制度有待完善。地方高校沿袭传统本科高校发展路线，对教师队伍的评价也多是集中在学历、学位的高低，发表学术论文、出版著作的数量与质量上，对教师的企业经历、职业资格考核较少，更顾及不到将技术转换为现实生产力的专业实践能力、技术开发和技术服务能力。另外，地方高校对教师的培训重视程度基本不是问题，但培训方式、培训内容有待进一步革新，师资队伍迫切需要从单一的封闭结构转变为有企业技术人员参加的专兼结合的开放结构。目前，高校教师培训多涉及理论提升，方式多为听课、听报告、讲座等，这种方式适合研究型教师，而对教授实践性课程的教师则并不是完全适合，这些教师更需要切实的企业行业经历与实际操作。因此，鼓励教师到企业挂职锻炼，邀请企业行业知名技术专家、管理专家到学校进行讲座，是非常必要和可行的。

第四，高层次和高水平教师及教学科研团队相对集中分布于少数重点高校，导致地方普通高校特别是新建本科高校很难形成明显的人才优势，相应的学科专业难以组建处于一定领先地位的教学科研团队，从而对学科专业发展前沿及产业升级与技术进步的动态把握和跟进必然存在一定的滞后，相应地也会在一定程度上影响专业课程体系建设和教学内容的更新，以及实践教学环境的建设与改造，从而影响应用型技术人才培养。

事物的发展是前进性与曲折性的统一，要建设一支“双师型”、专兼结合的教师队伍，不是一朝一夕就能完成的。为此，建立并完善新的职业教师入职和评聘、考核机制，教师深入企业实践锻炼培训制度，教师开展技术开发和技术服务的制度，吸引优秀企业人才参加职业教育人才培养制度，是实现从“清一色”学术型教师队伍到“双师型”教师队伍转变的重要途径。

3. 管理结构存在失调现象

由于国情以及历史原因，我国的高校管理权掌握在政府手里，甚至在某一历史阶段，高校俨然就是政府的附属机构，政府未能遵循高等教育发展规律对高校实行管理。近些年，在国家出台了一系列的法规政策之后，高校逐渐获得一定的自主权，但是在实际运行中，仍然存在一些问题，成为制约地方高校转型发展的因素。

从高校与政府的关系来看，地方高校一般都是省属高校，实行的是省级教育管理部门—学校—教务处—院（部）这种自上而下的与社会缺少联系的纵向垂直的“闭门办学”管理方式，在这种管理模式下，地方本科高校与当地政府没有管理的交集问题，更谈不上参与地方政府事务，以及履行为地方政府建言献策之责任。由此，转型发展中要求的服务面向，则成为一大问题。

从学校内部管理来看，长期以来我国高校基本采用科层制管理模式，这种方式的优点是工作效率高，但存在一些弊端。一方面，行政权力强势于学术权力。一般来说，高校管理者被划分为相应的行政级别，从科级到部级不等，层级不同，权力大小自然有别，当行政权力与学术权力集为一体时，两权不能实现平衡，并且普遍存在行政权力过多干涉学术事务的问题。另一方面，学院的自主权较少。虽然有的高校实行“学院制”，希望可以激发二级学院的自主性，但是在实际运行中，学校却不舍得放权。二级学院在专业设置、课程选择、聘用教师等方面没有话语权，基本唯学校的命令是从，还是学校决策的执行者而非学院发展的决策者，这种有名无实的状态限制了二级学院的灵活性与创造性，无益于学校转型发展。

二、地方高校转型发展的制约因素

找到问题是解决问题的基本前提条件，分析问题产生的原因，有助于更快更好地解决问题。以上本书详细论述了地方高校转型发展所面临的几大困难，通过挖掘问题，我们发现，以下五个方面是制约地方高校转型发展的主要因素。

（一）理论层面：理论研究创新不够

从学术研究方面看，其实在2000年之前就有人提到高校转型的问题。2000年以后，伴随着高等教育大众化的深入，更多学者开始探索和研究高校转型发展，直到2013年从国家政策的层面提出高校转型发展这一问题，学术界对此的研究才算是进入“春天”。关于高校转型发展内容的研究不断增加，参与人员也越来越多，研究方式不断更新，尤其是近两年研究热情达到空前。但是，在查阅、分析相关文献时，我们发现关于高校转型发展的背景、困境、路径等重复性研究颇多，理论创新研究不足。

从教育角度来讲，高校转型最为重要的作用是通过促进中国现代职业教育体系的建构，进而促进整个教育体系的现代化。现代职业教育体系主要解决三个问题：一是普通教育和职业教育的衔接与沟通；二是职业教育的层次结构；三是职业教育与经济社会发展的关系。这三个方面是一个统一的整体，是联系在一起的，不能分割来看。目前，人们偏向从一个维度去理解这个问题，存在认识的误区。比如，在转型属性问题上，纠结转型的属性是职业教育还是高等教育，这只是从职业教育单方面看高校转型发展；有的将高校转型发展看作是现在职业教育新的升学方式，这只是从职业教育上升通道来看高校转型发展；还有的认为这样做太功利化、实用化，这只是从教育与劳动力市场的关系来看高校转型发展……所以如果只从一个角度去看这个问题，就容易产生偏差。实际上，从现代职业教育体系建设本身来讲，这三个问题是统一的。但是从目前的教育领域来看，关于高校转型发展的这些问题，并没有比较全面的、系统的理论阐述。

从政策方面来看，高等教育发展总的政策方向是清晰的，虽然针对转型高校具体的政策和制度设计还在完善之中，但这也是理论研究不断完善的过程。而高等学校的发展要把握高等教育发展的大方向，不要过多地受到一些短期政策的影响。从地方高校发展来讲，哪些高校有大的受益，有大的发展？还是那些把握住了大方向并且坚定不移地贯彻落实了的高校。

从地方高校来看，长期以来，地方高校对办学时间较长的公办本科高校（也称老牌公办本科高校）重学轻术，重理论轻实践，重知识输入与创造、轻知识输出与应用的因袭与效仿在短时间内难以扭转，对转型发展缺乏理论研究，对如何进行转型发展缺少战略规划，对应用技术大学及应用技术型人才培养缺乏深入思考，担心转型之后自己会被“降格”，且对转型发展条件及环境缺少预判，使得转型发展实践较为滞后。

实事求是地说，引导部分地方高校转型，理论上还存在较大空间。在十余年的办学探索中，许多地方本科高校的成功办学经验也值得我们去总结。实践走在理论的前面，是当前地方高校转型的现实处境。

（二）思想层面：观念认识存在偏颇

众所周知，儒家文化强调等级观念，突出表现为“学而优则仕”的“官本位”思想，这对国人的影响较大。比如，社会上常以做官与否、官职高低作为衡量一个人社会地位、生命价值大小的尺度，反映在教育领域则普遍存在“重学轻术”“重普教轻职教”等观念问题。

“办什么样的学校”“怎么办好学校”是一所学校的办学理念中必须明确和解决的核心思想问题。实际上，精英教育已经深深影响或者内化为地方本科高校的办学思想。长期以来，应用型人才容易培养，学术型人才难以培养，培养学术型人才则能为学校带来好声誉，在这种观念的引导下，就产生了重点大学培养学术型人才，非重点的地方高校培养应用型人才的观念。于是，很多地方本科高校在“办什么样的学校”的问题上，一味地奉行精英化教育，盲目攀高求全，这种“办学情结”一时很难改变。即使目前国家开始主导高等教育结构的调整，但是传统的办学理念与模式已成为地方本科高校的办学思想，它的存在是制约地方本科高校转型发展的一大障碍。“地方本科高校要转型发展，其办学理念由追求精英化教育向办好应用技术型高校转型已势在必行。”（许青云，2014）

然而，观念的冲突也是多方面的，既有上述社会文化因素的影响，也有高校内部认知因素以及家长、学生意愿的影响。高校内外发展的压力，造成了大学教育理念与教育目标的偏差与错位，功利化主义倾向是被诟病最多的问题之一。无论社会还是个人都最关心高等教育的功用价值，凸显出浓重的短期功利主义色彩。在以就业为导向的思潮下，当结构性失业成为社会的一大问题时，就出现了“读书无用论”的谬论，这是典型的扭曲的高等教育价值观。在这种情况下，地方本科高校转型发展需要在高等教育理念层面来重新认识文化素质教育和应用技术教育的关系。

另外，家长和学生宁愿选择三本院校，也不愿意选择职业技术院校，普遍认为学习实用技术低人一等，这种择校观也是制约地方本科院校转型发展的一大因素。在高等教育大众化阶段，家长、学生就是教育的消费者，消费者对“产品”“服务”的选择，在很大程度上影响着高校的办学定位与发展路径，尤其是相对缺少政府财政经费资助的地方新建本科院校以及没有财政支持的民办本科高校。

现实生活中，用人单位包括一些企业在选聘大学毕业生时，名校、高学历要求成为盲目的追求点，考察毕业生实际技能的意识薄弱。照此下去，如若只是从解决当前大学生就业难的问题出发，把学校教育价值仅仅理解为找到一份好工作，以这样的导向来推进地方本科高校转型，就必然会偏离正确的高等教育理念和大学精神。

（三）政策层面：顶层设计不完善

地方高校要转型发展，已经成为不争的事实，因此“要不要转型”的问题已经没有多大的论证意义，“转到哪”“如何转”是关系地方本科高校转型发展的重要课题。政府、产业界是地方本科高校转型发展的重要利益相关者，尤其是在我国，政府与高校的关系比较微妙，政府的行为对高校转型发展将产生重要影响和指导作用。欧洲发达国家应用技术大学的建立，无一不是在政府主导、行业企业积极参与、学校主动转型发展中实现的。因此，我国地方本科院校转型发展，不是单项改革措施的简单相加，也不是简单的更名，而是整体性、系统性的改革，必须明确转型发展的目标和标准，推动转型高校的实质性改革创新。

“国家顶层设计和各级政府的统筹规划，按照国家高等教育结构调整的总体目标，制定具体的转型发展时间表和路线图，建立相应的配套政策体系”（张应强，蒋华林，2014），是推动地方高校转型发展的基本保障。然而，从实际情况来看，地方政府虽然积极倡导地方本科高校转型发展，但是由于财力等原因，在对地方本科高校转型发展的具体支持上存在欠缺。

地方高校转型发展与当地经济发展、产业结构调整密不可分，经济与教育有着相互影响的联动关系，因此在政府的发展规划中，既要注重经济建设也要体现教育发展。目前，部分地区缺乏专门的关于地方本科高校转型发展的相关政策文件，即使大家都知道政府重视高校转型发展，但是没有文件为地方本科高校转型发展明确地位，这种思想重视的保障作用就会大打折扣，甚至成为只喊口号的行为，无据可依，无法可循，由此导致很多地方本科高校在转型发展中无所适从。

“中央和地方政府教育主管部门是地方本科高校转型发展的政策制定者和‘业务指导者’，从目前相关政策设计思路看，政府在强调放权的同时仍然掌控着核心权力”，影响了地方本科高校转型发展，如果仅仅依靠政府的外在推动，而不发挥自身的主动性，转型发展会是一件更加困难的事情（张应强，蒋华林，2014）。问题是，很多地方高校已经从“要我转”转变为“我要转”，但是由于管理体制问题，这些高校缺乏相应的专业设置、教师评聘等办学自主权，严重制约了其自主性、灵活性的发挥。

地方高校转型发展，必须要突出和加强实践教学这一环节。众所周知，很多实践教学对硬件条件的要求极高，仅此一项就大大增加了学生培养成本，势必会导致学校支出高于其他类型高校。在现有情况下，仅靠学校通过各种途径，如校企合作争取赞助、发动校友捐赠、进行技术转让等筹集资金是远远不足以支撑学校转型发展的。以山东省为例，2014 年，山东省教育厅和山东省财政厅下发《关于公布 2014 年普通本科高校应用型人才培养专业发展支持计划获资助专业名单的通知》，为 24 所本科高校提供资助费，每所学校得到 300 万元的专业资助费。可见，在地方本科高校转型发展中，山东省政府会给予一定的经费支持，但是相比高校转型发展的需要来讲，政府的政策支持和经费资助还有很大的提升空间。

（四）制度层面：制度保障不到位

制度具有根本性、全局性、稳定性和长期性。全面深化改革、推进科学发展，离不开完善的制度保障。引导地方高校转型发展，关键是要着力解决转型发展过程中“束缚过多、动力不足”的问题，通过体制改革激发地方和高校改革创新的积极性，推进高等教育分类管理，加快高等教育结构调整，推动高等教育和职业教育沟通衔接。目前，地方高校转型发展恰恰面临着制度建设不完善、制度保障不到位的问题。

一是现行评估制度的制约。在我国教育体系中，高考升学率是基础教育的指挥棒，而利益机制和评价标准是高校办学的指挥棒。为保证高等教育质量，教育部设立评估中心对高等教育机构的师资、设备等各种办学因素进行评估，以五年为周期向社会公布全国高校教学质量评估情况。诚然，政府评估制度对高校教学质量是一种监控和鞭策，但是对于制度这把双刃剑，用不好容易产生问题。比如，“评估标准体系单一化，院士、教授、博士点、重点学科、获奖项目、基金课题、论文等等的数量是公认的主要标准，专业教学指导委员会制定的教学规范同时适用于 985 高校和新设本科的同一专业”（陈锋，2014）。这种统一化的标准，不能体现不同层次、不同类型高校的性质，甚至会引导高校自觉或不自觉地朝同样的方向发展，出现千篇一律、同质化现象就不足为奇了。另外，高校教师考核制度也存在较大问题。教师职称晋升制度习惯用学术型高校的职称评审标准来衡量应用型高校的教师，对专业教师的聘任、考核多侧重以评价科研项目和发表论文为主，这对“双师型”教师队伍的建设也是不利的。

二是招生考试选拔制度的制约。高考招生制度是教育制度的重要组成部分，对教育社会功能的有效发挥起着重要的导向和影响作用。它不仅关系到高等学校选拔什么样的合格新生，广大考生平等享有受教育权的实现，而且对普通高中有着重要的导向作用，关系到如何促进学生德智体全面发展。高考招生制度承担着巨大的社会责任，因此广为社会各界关注。我国是人口大国，在资源相对不足的情况下，通过考试选拔人才具有一定的合理性与公平性，这是无可厚非的做法。但是，高考弊端也是不可回避的话题，我国现有高考招生制度的体制性弊端逐渐凸显。我国现行的高考招生制度从主流上可概括为“统一考试+分省录取”模式。从考试形式看，是一次性的全国统一考试；从录取体制讲，实行的是国家统一招生政策，由地方招生考试委员会（或地方招生考试机构）组织高等学校在省（自治区、直辖市）的行政范围内按高考成绩录取新生；从计划体制看，实行中央政府统一控制全国高等学校年度招生的总规模。各高等学校在国家及上级主管部门核定的年度招生计划内，制订分专业招生计划和分省（自治区、直辖市）的招生数。

知识性题目在高考中所占比例比较大，更多的是对学生知识储备量的考查，而学生的发展潜力以及个性等素质通过考试考量不出，很多高校反映学生高分低能，发展后劲儿不足，更不用谈及满足高校对学生的特殊要求了。

三是现代大学制度不完善。潘懋元教授说：“大学要完成其使命，还有许多制度方面的问题需要解决，而且没有现成的解决方案。开展现代大学制度研究，促进大学制度现代化，是我国大学完成其使命的需要。”（潘懋元，2001）现代大学制度的重要性已经得到充分的认识，但是其涉及面比较广泛，关系到高校与政府的关系、高校与社会的关系以及高校内部管理结构的完善与改革，在学校实际运行中，仍存在一定的制度性问题：第一，政府职能转变不够，职责落实不到位；第二，中介组织和机构不完善；第三，高校章程建设相对落后；第四，高等教育法律法规不健全。这些问题的存在，增加了地方本科高校转型发展的困难。

（五）实践层面：政府角色转换有困难

从计划经济到市场经济的转型，实际上是一种全社会成员共同参与、相互博弈的社会公共选择和制度变迁过程。在这个过程中，政府相对于其他一些社会成员或利益集团来说，其发挥的作用更具主导性；或者说，主导市场化改革顺利进行，是转型经济中政府的一项基本任务或职能。因为在制度的公共选择和变迁这种典型的“集体行动”中，需要有一种“选择性激励”机制，在这种机制的推动下，某种特殊集团才有可能首先采取制度创新行动，从而使制度转型得以最终实现。特别是在一个“国家”层次上的社会所进行的宏观制度体系（所谓“体制”）的改革或转型，起到这种制度创新带动或主导作用的，一般是作为公共利益的代表、拥有公共权威和对外不可侵犯“主权”的政府。简言之，就一个国家的制度转型来说，它一般是在政府的主导下，社会成员对更优制度体系的公共选择；从计划经济到市场经济的转型，当然同样离不开政府的主导作用。

政府在制度变迁或改革中的主导作用，仅是指其作为权威的公共机构能够真正从社会公共利益出发，顺应制度变迁的大趋势和社会大多数成员对新的更优制度安排（如市场经济体制）的需求或要求，及时提出可供选择的改革方案及政策措施，能够将改革的力度与社会可接受程度恰当地结合起来，从而使改革沿着正确的方向、以恰当的方式顺利推进。

当前我国正在实施前所未有的产业结构调整，这一调整催生了对具备融合信息技术特性的新一代高技能劳动者即新型蓝领以及基于互联网环境的现代服务业从业者的巨大需求，这些人从哪里来？大学显然为此并没有做好充分的准备。基于此，教育部等适时颁布了《教育部 国家发展改革委 财政部关于引导部分地方普通本科高校向应用型转变的指导意见》，及时抓住了当前的焦点问题和主要矛盾，为地方高校深化改革和转型发展提出了方向性建议。如果把这次转型发展的改革任务比作一场战役的话，代表中央政府的教育部就相当于“元帅”，地方政府是“司令”，各有关地方高校则是各条战线上的作战部队。该指导意见的出台，表明了“元帅”已经发起了决战的号角。究竟该如何作战，还得靠“司令”的具体指挥。

但是，在地方高校转型发展的实际过程中，我们看到，政府角色定位与转换存在偏差或是较大困难，并没有实现以管、办、评分离为核心的治理改革，使得制度活力的释放大打折扣。以管、办、评分离为核心的治理改革是地方高校转型发展的关键环节，其重点是要厘清政府、学校以及社会三者之间的关系，使得三方重要利益相关者通力合作，共同服务于高等教育改革发展，彻底改变政府多重身份角色。因此，要切实落实高校的办学自主权，探索建立能够助力我国经济结构调整、促进社会发展的新型高等教育管理规则体系和监管模式。

第三章

山东省高校转型发展的探索与成效

山东省是教育大省，山东省高等教育发展迅速，在政府与高校的共同努力下，高校转型发展的思路日益明确、政策环境不断完善、基础不断夯实，转型发展取得了较为显著的阶段性成果。

第一节　山东省高校转型发展的思路与政策

根据教育部等三部委联合发布的《教育部 国家发展改革委 财政部关于引导部分地方普通本科高校向应用型转变的指导意见》中提出的基本思路，结合山东省实际，省政府和有关部门提出了地方高校转型发展的整体思路和相关政策。

一、山东省高校转型发展的基本思路

2016年，山东省相关部门在发布的《推进高水平应用型大学建设实施方案》等文件中提出，政府层面，要研究制订本科高校转型发展指导方案，引导一批本科院校向应用型高校转型，督促应用基础型本科院校选择部分学院或专业，对接产业需求，培养高素质应用型人才；高校层面，应用型大学名校立项建设单位应突出应用特色，率先实现转型，发挥示范带动作用。省属本科院校的发展要适应地方社会经济发展的要求，坚持应用为本的办学定位，通过招生计划倾斜、专项资金支持等支持高校主动适应地方行业产业和经济社会发展需求；要强化应用型专业建设，构建与产业发展相适应的学科体系和课程结构，丰富

教学形式、强化实践教学，为社会提供更多具有先进性、应用性价值的科技成果，培养应用型人才（山东省教育厅，2016d）。

（一）围绕中心目标，落实转型路径

“十三五”时期，我国要全面推进政治、经济、文化、民生建设以及生态文明建设，转变经济发展方式、调整优化产业结构、实现产业转型升级。作为我国经济大省，山东省顺应经济结构转型调整的大趋势，逐步实现了省内一体化经济的快速发展，迈入工业化、信息化、城镇化、市场化、国际化的新阶段。黄河三角洲高效生态经济区、山东半岛蓝色经济区、新旧动能转换“十强”产业领域等重大发展战略的实施，需要大批高素质应用型人才来支撑，这就要求山东省地方高等学校要加快综合改革与创新发展，为实现山东省经济文化强省的战略目标提供人才和智力支持。

山东省地方高校要坚定不移地走内涵提升、特色发展道路，抓住机遇，围绕“适应经济发展”这一中心目标，各应用型高校要依据自身实际，积极主动地制定转型发展的目标，选择更加适宜的路径，培养大批高素质应用型和技能型人才，产出一批具有自主知识产权的科技创新成果，并加快向行业和企业推广转化，发挥应有的经济和社会效益。

（二）夯实支撑点，助推转型发展

多样化的办学形式、多元化的办学体制、多层次的办学门类、鲜明的办学特色已经成为促进山东省高等教育改革的关键力量，在落实创新型省份建设、人才强省战略以及新旧动能转换重大工程方面发挥了重要作用。在转型发展过程中，一方面，山东省高校的转型发展应依据自身的办学传统、办学条件的不同，选择适合自身发展的路径；另一方面，外部环境和政策的扶持是促进山东省高校转型发展的保障和条件，将以招生计划倾斜和专项资金支持等形式支持各类型高校主动适应行业产业和地方经济社会发展的需要，强化应用型学科专业建设和人才培养。

为夯实高校转型的支撑点，山东省积极制定各项政策措施。2010 年，山东省委、省政府发布的《山东省中长期教育改革和发展规划纲要（2011—2020）》提出，按照应用基础人才、应用人才、技能人才三个培养方向，重点建设 3—5 所应用基础型人才培养的特色名校、10—15 所应用型人才培养特色名校、20 所技能型人才培养的特色高职高专院校。随后，省教育厅等部门颁布《山东省高等教育内涵提升计划（2011—2015 年）》《关于印发推进高水平应用型大学建设实施方案的通知》等文件，提出了对不同类型的高等学校制定不同的办学标准、人才培养规格和质量评价体系，促进高校科学、合理地定位，涌现出一批有特色的学科专业。2013 年，山东省教育厅和山东省财政厅组织开展了山东省民办本科高等教育特色名校建设工作；2016 年，山东省财政下达高水平应用型大学建设奖补资金 3 亿元，按重点专业 400 万元、培育专业 150 万元的奖补标准，支持全省 41 所本科高校 100 个应用型专业建设，用于师资建设、人才培养、基础条件建设等；在“十三五”期间，山东省财政还整合相关资金，加大投入力度，统筹安排 20 亿元，推进高水平应用型大学建设，引导、支持高校以高素质应用型人才培养为目标、以专业建设为着力点，强化学校特色，提高人才培养质量，增强服务经济社会发展的能力，推动一批特色专业和若干所大学向高水平应用型方向转型发展，努力进入全国前列（席敏，2016）。

（三）聚焦关键领域，实现转型突破

推进山东省高校转型，实现产教融合式发展，需要聚焦关键领域，重点做好“三个构建”，即构建与产业发展相适应的学科体系、课程结构和专业设置；构建能够纳入行业产业生产一线的实践教学方式和模式；构建科研成果转移转化示范区，为社会提供更多具有应用性、可操作性、先进性的科技成果。

在学科建设方面，将努力寻找学科专业建设与服务社会相结合的关键点，实现学科专业建设的发展与创新，切实将应用型专业建设作为实现山东省各高校转型发展的助推器，提高转型发展的实效，积累转型发展的经验，不断提高应用型人才培养的质量。

在专业布局方面，要改造和提升传统专业，紧跟行业发展；瞄准紧缺专业，培育新兴专业；整合优势资源，做大做强优势专业。同时，加强课程设置方法、路径的转型，使得课程设置更具应用性和时效性，有利于培养出与行业需求相适应的高水平应用型人才。

在实践教学方面，遵循实践教学与技能培训相融合、教学内容与职业任务相结合、技能提高与岗位需求相结合的思路，允许和鼓励各高校因地制宜、因优势学科专业制宜，灵活地开展实践教学的创新工作，实现各类型高校个性化的转型。

二、山东省推进高校转型发展的政策环境

山东省地方高校要推进深度转型发展，需要以政府为主体制定相关政策，

政府、高校、社会及企业相互合作，不断完善和落实政策措施，为转型发展提供良好的政策环境。

（一）“双一流”建设政策

2015 年 10 月，国务院印发《统筹推进世界一流大学和一流学科建设总体方案》，要求“以一流为目标、以学科为基础、以绩效为杠杆、以改革为动力”（中华人民共和国国务院，2015），加快建成一批世界一流大学和一流学科，以 2016 年为开端，以 5 年为一个周期，与国家五年建设规划同步实施。至今，“双一流”建设已经走过了 3 年多的历程，2017 年“双一流”建设高校和学科专业名单公布，山东大学、中国海洋大学入选一流大学 A 类，中国石油大学（华东）石油与天然气工程和地质资源与地质工程两个学科、中国海洋大学海洋科学和水产两个学科、山东大学数学和化学两个学科入选一流学科。

1. 启动“双一流”建设方案

山东省紧跟国家“双一流”建设步伐，启动了省级“双一流”建设方案和相关政策。一方面，对于进入国家“双一流”建设方案的高校及学科给予配套支持；另一方面，鼓励省属高校创造条件，争取进入省级“双一流”建设行列。“双一流”建设有助于应用型高校加强内涵建设，办出特色，增强自我发展的能力。

2016 年，山东省政府在发布的《山东省国民经济和社会发展第十三个五年规划纲要》提出，要积极贯彻落实国家提出的世界一流高校和一流学科建设的总体规划方案，积极扶持驻鲁高校一流高校和一流学科建设，重点扶持 6 所左右省属高校和 20 个左右的优势学科进入国内一流高校和一流学科建设领域。到 2020 年，力争在全省高校内建成 60 个左右的高水平重点应用型专业，争取进入全国同类专业排名前 10%，进入全国应用型本科高校综合排名前 10%的本科高校达到 10 所左右，积极推动 40 个左右高水平应用型专业，适应现代农业、先进制造业、战略新兴产业、现代服务业等经济社会发展的需求（山东省人民政府，2016a）。

为支持国家“双一流”建设，山东省将给予获批的一流学科每科 1 亿元的重点扶持，支持获批一流高校和一流学科建设，充分发挥高校的人才培养功能，培育优秀人才，服务于全省、全国乃至世界经济社会发展。启动一流大学及一流学科建设，有利于整合山东省优势教育资源，形成发展合力，促进山东大学、中国海洋大学、中国石油大学（华东）等驻鲁高校实现高水平大学建设目标，培育一批能够进入世界一流行列的学科专业。为推动省属高校发展，争取进入国内一流高校和一流学科建设名单，山东省主要从以下几方面规划“双一流”建设方案：第一，将学科建设作为一项重点。其主要通过整合省属科研院所及高校科研资源、创新科研项目经费管理、人才以及资源配置管理向重点建设学科倾斜，最大限度地发挥学科建设投入的边际效应，扩大高校在人才引进、资源配置等方面的自主权。第二，在“双一流”高校治理领域，坚持党委领导下的校长负责制，明晰党政任务分工，健全学术管理体系，发挥学术委员会在学科建设、学术评价、学术发展等方面的作用，实现治理能力现代化变革。第三，完善绩效考评，实行年度报告、3 年中期评估和 5 年期满考核验收相结合的办法，引入教育部学位与研究生教育发展中心学科评估排名、ESI 排名以及世界知名大学排行榜等第三方评价体系。第四，根据社会需求和产业发展的布局，增加工学、农学、新兴学科、交叉学科，提升医学、教育学类的办学层次，包括实现差异化的发展，整合理学、文学、哲学、艺术学等科类的专业，强化学科，淡化专业，提升办学层次。

2. 加大“双一流”建设财政投入

省级“双一流”建设所需的资金由地方财政统筹安排。2016 年，山东省人民政府印发《推进一流大学和一流学科建设方案》，提出在“十三五”期间，山东省财政将加大财政投入力度，多渠道筹集资金 50 亿元，支持“双一流”建设（山东省人民政府，2016b）。2017 年，山东省财政下达高校“双一流”建设奖补资金 7.3 亿元，按照自然科学类 2500 万元、人文社科类 1100 万元的标准，对全省遴选出的 32 个一流学科（《山东省一流学科审核认定结果名单》）给予奖补支持，资金用于学科平台建设、学科梯队建设、科研活动、人才培养、学术交流合作及日常费用等方面，奖补资金纳入学校部门预算批复，提高年初预算批复率，加快预算执行进度（山东省人民政府门户网站，2017）。2018 年，山东省财政下达“一流大学和一流学科”建设奖补资金 7.15 亿元，按自然科学类 2500 万元、人文社科类 1000 万元的奖补标准，对全省 32 个省级一流学科给予奖补，支持学校进行学科平台建设、学术交流、人才培养、学科建设运行等（姜洪建，2018）。

2016—2018 年，山东师范大学、山东财经大学、山东农业大学、山东科技大学、青岛大学等公办大学，山东英才学院、山东协和学院等民办大学都积极争取专家指导，不断优化学校学科专业布局，强化人才培养质量，提升自身办学质量，力争紧跟国家“双一流”建设步伐、引领山东省“双一流”建设，这极大地推动了山东省地方高校的转型发展，有利于对大批高素质应用型人才的培养。

（二）高等教育综合改革政策

为推动山东省高校特色发展、争创一流，提高人才培养质量，提升智力支撑，服务经济社会发展，2016年山东省委办公厅、省政府办公厅印发《山东省委办公厅、省政府办公厅关于推进高等教育综合改革的意见》。该意见主要从完善高校治理结构，推进现代大学制度建设；改革用人制度，扩大高校办学自主权；转变发展模式，提高办学质量与水平；立德树人，深化教育教学改革；师德学养，加强教师队伍建设；扩大开放，拓展丰富教育资源；加大财政投入，完善高等教育综合改革保障机制等几个方面，提出推动山东省高等教育综合改革的意见。《山东省委办公厅、省政府办公厅关于推进高等教育综合改革的意见》的制定，为山东省高等教育的改革与发展指明了方向，有利于人才培养质量的进一步提升。同时，该意见提出要深化教育教学改革，培养的人才应该是具有创新能力、全面发展的人才，应该是创新型、实践型、复合型的高层次人才。可见，《山东省委办公厅、省政府办公厅关于推进高等教育综合改革的意见》的实施与山东省高校转型发展的方向和步调一致，进一步为山东省高校转型发展奠定了政策基础。山东省贯彻落实该文件的精神，做到了以下三个“一致性”。

1. 指导思想的一致性

山东省高等教育综合改革与山东省高校转型发展指导思想一致。深入贯彻党的十八届三中全会精神，按照建设现代职业教育体系、实行高等教育分类管理的要求，面向“山东半岛蓝色经济区”“黄河三角洲生态经济区”“一圈一带”的重大战略和山东省经济社会发展的需求，高等教育综合改革和转型发展都必须明确高素质应用技术型人才的培养目标，使学生既要具备扎实的科学知识，又要勇于参加实践，提升实践动手能力，同时要培养学生的人文素养，提升个人品质，注重培养学生的创新精神和创业能力。二者均需以深化开放办学、推进校企深度融合为主要路径，按照统筹规划、整体推进、突出重点、分项建设、目标责任、质量保障的基本思路，坚持开放发展、创新发展和特色发展，不断增强应用技术型人才培养以及服务区域经济社会发展的能力和水平，为建成高水平应用型大学奠定坚实基础。

2. 实践目标的一致性

山东省高等教育综合改革的政策性实践目标是办好“人民满意的教育”，提供多样化、公平、高质量的教育，其中一个重要的体现就是推动山东省地方本科高校转型发展。2015 年印发的《教育部 国家发展改革委 财政部关于引导部分地方普通本科高校向应用型转变的指导意见》提出，高校办学应服务地方经济社会发展，培养应用型和技术技能型人才，增强学生的就业创业能力，积极做好产教融合。一方面，地方本科高校转型发展有助于产业结构的升级，优化经济发展结构；另一方面，有助于高校毕业生就业压力的缓解、社会的和谐稳定。在山东省高校转型中，必须做好顶层设计、制度性规划，统筹社会需求，根据高校的办学特色和具体发展情况，制订发展方案，并积极落实，推进高等教育供给侧结构性改革。转型发展是普通本科高校发展的必由之路，并非职业院校升格的“偏方”，更不是高校之间争资源、要资金的噱头。

3. 改革内容的一致性

《山东省委办公厅、省政府办公厅关于推进高等教育综合改革的意见》内容丰富、涉及面广，对于山东省高校转型发展具有重要的支撑作用，主要表现在以下四个方面。

一是转变发展模式，提高办学质量和水平。该意见提出要“建立人才需求预测分析机制，优化专业宏观布局”。预测分析人才需求，需要根据社会的需求和产业发展的布局，根据经济社会发展的实际需要，鼓励新兴学科专业的发展。同时，该意见提出“加快完善高校科技创新体系”。高校科技的创新发展要以需求为导向，创新科研组织方式，搭建产学研合作平台，加强学科与行业产业的对接，推动科研成果转化，服务于经济社会发展，才能真正成为创新驱动发展的支撑力量，推动高校的转型发展。

二是坚持立德树人，深化教育教学改革。该意见提出，“改进教学内容和方式”，“建立多元育人模式”。高校培养的学生是基础深厚、知识面宽广、适应性与能力强的学生，不仅要激发学生的学术探究热情，扩大学生的知识面，而培养学生对实践的热情，提高学生的综合素质和适应能力，进行精深的专业教育，同样重要。对于研究生教育，要实施研究生教育质量提升计划，着力培养创新型、实践型、复合型高层次人才。同时，该意见提出“强化创新创业教育”，创新创业教育课程体系、标准、内容与学科发展前沿和行业标准要对接，要促进专业教育和创新创业教育的有机融合。可见，无论是职业教育层面、普通本科教育层面还是研究生教育层面，高等教育综合改革要培养的人才都体现了高校转型发展的要求和目标。

三是加强对教师的培养培训，特别是要加强对教师实践教学能力的培养。高校需要的教师不仅是理论水平高、科研能力强的教师，在高校转型发展的背景下，高等教育综合改革要提升教师水平，还必须加强教师的实践教学能力建设，提升“双师型”教师比例。因此，要完善教师到企业和基层一线实践锻炼制度，将其作为职称评审的重要依据，扩大高等学校与行业、企事业单位人员互聘的实施范围。

四是扩大对外开放，深化产教融合、校企合作。该意见提出，要“推进市校合作共赢”，“鼓励校企合作办学”。推进市校合作共赢，设区的市要支持驻地高校发展，高校应主动对接地方经济社会发展和产业需求，优化学科专业结构，提高服务地方经济社会发展的能力。同时，要鼓励校企合作，支持高校深化产教融合，促进人才培养、科研创新、学科专业建设与产业发展相互融合，全面增强教育服务经济社会发展的能力。

4. 实践与服务的一致性

山东省高等教育综合改革不断深化，在客观上服务并推动了高校的转型发展。在高等教育综合改革中，山东省重视整合并培植优质高等教育资源。2016 年 11 月，山东省内燃机研究所并入山东交通学院；2017 年 3 月，山东省化工研究院并入青岛科技大学；2017 年 5 月，泰山医学院、山东省医学科学院、山东省立医院整合组建成齐鲁医科大学（筹），齐鲁工业大学和山东省科学院组建成新的齐鲁工业大学。这些优质资源的整合，推动了山东省高等教育的综合改革，提升了大学的综合建设水平。

为建设制造大省，山东省在高等教育领域不断发力。2017 年，山东省新增 102 个本科专业，其中工学专业最多，几乎占到新增专业的一半，而这些工学专业涉及高新技术产业和互联网产业的最多。新的齐鲁工业大学力求建设成在国际和国内有影响力的工业大学，并紧密融入国家蓝黄两大战略[①]、山东省会城市群经济圈、西部经济隆起带战略，服务于山东省新旧动能转换重大工程，服务于山东省经济社会发展。

---

① 蓝黄两大战略指《山东半岛蓝色经济区发展规划》与《黄河三角洲高效生态经济区发展规划》，是两大国家级战略，对山东省今后经济的发展有着深远影响。山东半岛蓝色经济区和黄河三角洲高效生态经济区将成为“十二五”规划期间山东省经济发展的重要引擎。

（三）多元合作办学政策

“多元合作办学”是由政府、学校、行业协会和众多企业共同参与的一种新型合作办学模式，适合行业发展特点和人才培养需要。多元合作办学考虑多方利益，政府、学校、行业协会和企业共同参与其中，特别是行业协会和企业的参与，有利于高校人才培养更加符合经济社会发展的需求，与高校转型发展的目标不谋而合。

1. 探索混合所有制法人产权制度

《山东省“十三五”教育事业发展规划》提出，要深化高校办学体制机制改革，鼓励多元主体通过组建职业教育集团的形式，开展职业院校股份制或混合所有制改革试点，通过混合所有制办学模式，开展校企联合招生、联合培养，充分发挥混合所有制在高等职业教育治理中的作用。2016年，山东省下发《关于公布职业院校混合所有制改革试点项目的通知》，主要通过深化职业学院办学体制机制改革，激发职业教育办学活力，将山东海事职业学院混合所有制办学实践项目等9个项目立项为山东职业院校混合所有制改革项目，推动了职业院校混合所有制的发展（山东省教育厅，2016c）。

明晰产权制度是现代高校进行混合所有制办学的基础，也是构建合理有效的法人治理结构的前提。混合所有制院校内部治理结构的建立和健全，在本质上就是基于配置效率和激励效率，对归属学校法人的产权、事权进行认定和分配。通过设立相关机构和责任人，明确相关机构和人员的权利、责任和义务，使相关产权及事权得到有效分解和落实，意味着学校对登记在其名下的财产拥有完整的产权，并受到法律的保护。根据国务院及山东省政府关于加快现代职业教育体系建设的要求，在职业学院实现国有资本、集体资本和社会资本双向进入、双向融合，以股份制、混合所有制等形式整合汇聚优质资源。通过现代职业学院建设，实现以学校章程为办学基础、与多元化办学产权结构相适应的现代职业学校治理结构，出资人、决策者、管理者和教职工等权益相关人之间建立学校运营与权力配置的一种组织结构，以及通过这种组织结构形成的由责权利划分、制衡关系和配套机制等规则构成的有机整体。法人产权制度是法人治理结构的基础，通过法人产权制度能够实现高校公益性与市场性的统一，推动职业院校治理结构和治理体系的现代化。

2. 创建资源共建共享发展机制

按照山东省委、省政府的部署要求，山东省教育厅根据全省“10+1”新旧动能转换重大工程项目需求和产业发展布局，充分发挥专业建设指导委员会、职业教育集团、国际教育合作交流三大平台的作用，深化校企合作，培养高素质技术技能型人才，主动对接和服务全省新旧动能转换。其中，在职业教育集团改革试点方面，积极建立政府主导、行业指导、院校和企业广泛参与的产教融合对话平台，通过龙头企业、骨干院校的资源整合，吸引各社会主体参与高等教育建设，按照市场导向、利益共享、合作共赢的原则，实现职业教育多样化发展。目前，山东省已建成12个省级职业教育集团，125个其他各级各类职教集团（山东省教育厅，2017），涉及工业制造、冶金、轨道交通等诸多行业，实现了职业教育全产业链的覆盖，覆盖企业包括联想集团、浪潮集团、微软等国内外知名企业，培养了一批符合山东省企业生产需求的本土化人才。通过教育资源的重组，建立高等教育和职业教育培训体系，促进了山东省尤其是沿海中心城市高等教育的发展，共建共享高水平理工院校（分校区），为山东蓝色经济区的建设创造了集群效应和提供了强有力的人才资源保障。

3. 推动地方本科高校合作联盟建设

2014年，山东省教育厅、山东省人力资源和社会保障厅联合下发《关于开展高等职业教育与技师教育合作培养试点实施方案的通知》，首批确定山东省8所高职院校和8所技师学院开展试点工作。类似这种校级之间的合作也可以推广到地方本科高校的合作中。本科高校联盟建设是地方普通高校为顺应内涵发展的新要求，主动与其他学校、政府、企事业单位建立双边或多边的合作机制。以“山东高校创新创业发展促进联盟”的创立为例，其涵盖了山东师范大学、山东建筑大学、齐鲁工业大学、青岛大学、山东农业大学、鲁东大学、山东英才学院等24所省内本科高校，同时覆盖了山东广东商会、山东四川商会、山东天津商会、山东大学校友企业商会等16家商会，拥有诸如山东建筑大学学子创业园、山东财经大学大学生创业园、山东英才学院省级大学生创新创业孵化基地等7个高校创业孵化基地。该联盟的成立为凝聚高校和社会力量、共同推动山东创新创业教育提供了一个平台，形成了创新创业教育、协同创新共育人才的新格局。

（四）高水平应用型大学转型政策

2016年，山东省教育厅、财政厅联合发布《推进高水平应用型大学建设实施方案》，目标主要为培养高素质应用型人才，促进人才培养与产业优化升级、经济转型发展紧密对接，为山东经济文化强省建设提供人才保障、智力支持和科技支撑。为解决部分地方本科高校办学定位与社会经济发展需求脱钩、专业设置不合理、专业教师不能胜任应用型人才培养任务等问题，真正建成高水平应用技术型大学，必须推动山东省地方高校转型发展。

1. 制订高水平应用型大学建设实施方案

山东省高水平应用型大学建设主要从建设高水平实践教学能力师资队伍、高素质应用型人才、应用技术成果、应用型人才培养平台等几个方面确立了应用型大学建设目标。在建设高水平实践教学能力师资队伍方面，山东省争取在建设期内实现“双师型”教师比例达到40%以上，企业或行业专家兼职教师达到25%以上，促进人才培养与产业优化升级、经济转型发展紧密衔接；培养大批高素质应用型人才，制定产教融合、协同育人的人才培养模式，实现专业链与产业链、课程内容与职业标准、教学与生产过程对接；产出一批高水平应用技术成果，建立科技成果转化和知识产权运营机制，积极融入以企业为主体的区域、行业技术创新体系；建成一批高水平应用型人才培养平台，在“十三五”期间建成20个左右的省级及以上应用型人才培养平台，建成开放共享的综合实验教学中心、创新创业教育示范中心、工程技术研究中心等人才培养平台。

同时，为推进高水平应用型大学建设的落实，在《推进高水平应用型大学建设实施方案》中，山东省提出三项推进措施：第一，强化财政经费支持。在“十三五”期间，省财政将加大投入力度，加强资金统筹，多渠道筹集资金20亿元，积极支持高水平应用型大学建设。2016年，为每个立项建设专业拨付经费400万元，为每个培育建设专业拨付经费150万元。第二，创新管理机制。立项建设高校应按照责、权、利相统一的原则，进一步扩大专业所在学院人、财、物等方面的自主管理权；探索实行合约管理，形成规范的专业建设管理机制。第三，实行绩效考评。根据建设目标和建设任务建立考核指标体系，实行年度报告、3年中期评估和5年期满考核验收制度（山东省教育厅，2016a）。

2. 高等教育特色名校建设工程

为解决高等教育面临的办学模式单一、同质化倾向明显、学科专业结构不能适应经济社会发展等问题，2011年，《山东省教育厅 山东省财政厅关于山东省高等教育名校建设工程实施意见》出台，开启了山东省特色名校建设工程，在地方高校中遴选一批应用基础型、应用型和高素质技能型人才培养三类特色名校进行重点支持和建设，推动了高素质应用型人才的培养，服务了山东省地方经济社会的发展。

至今已遴选两批人才培养特色名校立项建设单位，共55所普通高校。其中，第一批遴选应用基础型特色名校立项建设单位 5 所，应用型特色名校立项建设单位 10 所，技能型特色名校立项建设单位 13 所。第二批应用型人才培养特色名校立项建设单位 5 所，技能型人才培养特色名校立项建设单位 7 所。自筹建设应用基础型人才培养特色名校立项建设单位 2 所，省部共建人才培养特色名校立项建设单位 1 所，应用型人才培养特色名校立项建设单位 3 所，技能型人才培养特色名校立项建设单位 5 所。民办本科高等教育省财政经费支持的立项建设单位 2 所，自筹经费建设的立项建设单位 2 所。①

3. 实施新旧动能转换专业对接产业资金支持计划

2018 年，《山东省财政厅 山东省教育厅 山东省科学技术厅关于印发教育服务新旧动能转换专业对接产业项目实施意见的通知》发布，文件中规定：2018—2022 年实施新旧动能转换专业对接产业资金支持计划。一是专项资金支持专业建设。省财政将加强资金统筹，加大投入力度，2018 年筹集资金 6 亿元左右，积极支持专业对接产业项目实施，面向省属公办本科高校遴选建设 50 个左右优势特色专业（群），对纳入立项建设范围的专业，自然科学类每个专业（群）支持资金 1200 万元；人文社科类每个专业（群）支持资金 500 万元。驻鲁部属高校和民办本科高校可参照本项目立项要求自主确定建设专业，所需经费分别从省财政支持部属高校相关项目经费和支持民办高校相关项目经费中统筹解决。二是引导基金支持产业发展。省里设立对接“十强”产业的新旧动能转换引导基金，积极对大学科技园、科技成果产业化企业及产教融合社会资本合作方予以支持，发挥基金的导向和带动作用，引导产业和专业对接融合、协同创新、共同发展。三是多渠道筹资推进项目实施。所属高校应统筹各项资金来源，加大对立项专业的投入力度，同时积极争取国家有关部委、地方政府和相关企事业单位特别是所对接产业的政策和资金支持，多渠道筹集建设资金，确保项目顺利实施（山东省财政厅等，2018）。

4. 应用型大学建设实践

为落实高水平应用型大学建设落实，推动高校转型发展，提高人才培养质量与规格，真正服务于山东省经济社会发展，山东省大力深化校企合作，推动学生创新创业教育、“双师型”教师队伍建设工作。

---

① 这部分数据是根据山东省教育厅公布的数据，对两批人才培养特色名校立项建设单位进行分类整合得出的。

2016年，山东省启动校企合作示范化认定工作，截至2017年8月，前后认定了两批50所（个）示范化院校和企业（单婷，2017）。这50所（个）示范化院校和企业通过协同育人、取长补短，积极适应山东省新旧动能转换、促进经济结构性调整对技术技能型人才培养的需求。校企共同搭建合作平台，发挥企业在实践操作技能方面的优势，统筹理论与实践相结合的人才培养方案，合力制订课程方案、优化应用型教学、完善师资结构、整合实践教学资源；在院校日常教学管理中融入企业管理和企业文化，打造校企一体化联合培养模式，通力合作，重点培养学生的兢兢业业、克己奉公、鞠躬尽瘁、精益求精等职业操守和工匠精神，培养一批具有高素质技术能力的应用型人才，实现高校人才供给目标与企业人才需求的衔接，为山东省新旧动能转换提供人才服务。

2016年，《山东省人民政府办公厅关于贯彻国办发〔2015〕36号文件全面深化高等学校创新创业教育改革的实施意见》发布，目的在于培养规模宏大、富有创新精神和勇于投身实践的创新创业型人才，到2020年基本建成科学先进、广泛认同、具有山东特色的高校创新创业体系，形成学生可持续发展的创业教育长效机制。该文件主要从改革人才培养模式、加强创新创业教育基础能力建设、完善创新创业教育政策保障及服务体系等几个方面对深化高等学校创新创业教育改革提出了实施方案。

第二节　山东省高校转型发展的基础条件

山东省是教育大省，其高等教育发展也具有一定的特色和优势，深入推进地方本科高校转型发展，对于深化高等教育改革，为地方经济社会建设做出更大的贡献，是十分重要的。

截至2017年，山东省共有普通高等学校145所，其中本科院校67所（含11所独立院校），高职（专科）院校78所（山东省人民政府，2018b）。山东省高校的转型主要以地方本科高校的转型为核心。一般而言，地方本科高校主要包括三种类型，即老牌公办本科高校、新建公办本科高校以及新建民办本科高校。新建公办本科高校主要是与部委主管院校相对应，由省市主管的以财政性经费为主举办的公办本科层次的高校群，具体指1999年后新建的地方公办本科高校。民办本科高校主要是指经国家批准的、具有法人资格的、国家机构以外的社会组织或个人，利用非国家财政性经费投入，面向全社会举办的，纳入国家统招计划的民办高等教育机构（中央政府门户网站，2005），而且其办学水平已达到培养统招本科生的要求，能够招收全日制本科生（不含独立学院）。

为保证研究的可靠性和有效性，下面深入探讨山东省各类型高校转型发展的实践之路，特采用分层抽样的方法对不同类型高校进行研究，对办学目标、专业设置、人才培养模式、师资队伍建设、校企合作等情况进行分析，有利于掌握山东省各类型高校转型发展的现实条件，挖掘、破解各类高校在转型发展中的优势与存在的难题，积极构建符合高校自身发展的办学“新常态”。

一、山东省高校基本情况分析

山东省现有的57所本科院校（除独立学院）中，包括3所部属高校（山东大学、中国海洋大学、中国石油大学），26所老牌地方本科高校分别是山东师范大学、山东科技大学、山东财经大学、齐鲁工业大学、山东农业大学、青岛科技大学、泰山医学院（齐鲁医科大学在筹）、山东建筑大学、济南大学、山东中医药大学、曲阜师范大学、聊城大学、青岛大学、青岛理工大学、临沂大学、青岛农业大学、山东理工大学、烟台大学、鲁东大学、济宁医学院、山东体育学院、山东艺术学院、滨州医学院、山东工商学院、山东工艺美术学院、潍坊医学院；16所新建公办地方本科高校分别是济宁学院、山东女子学院、山东政法学院、齐鲁师范学院、山东青年政治学院、山东农业工程学院、山东管理学院、泰山学院、潍坊学院、山东警察学院、菏泽学院、山东交通学院、德州学院、枣庄学院、滨州学院、潍坊科技学院；12所新建民办本科高校分别是山东英才学院、青岛滨海学院、烟台南山学院、山东现代学院、齐鲁医药学院、潍坊科技学院、青岛工学院、齐鲁理工学院、山东协和学院、青岛黄海学院、山东华宇工学院和青岛恒星科技学院（山东省统计局，2017）。

如表3-1所示，这些院校分布于15个市，其中济南市23所，青岛市10所，潍坊市4所，烟台市和泰安市各3所，济宁市、滨州市、淄博市和德州市各2所，临沂市、日照市、枣庄市、聊城市、菏泽市、东营市各1所，包含综合类、医药类、理工类、政法类、师范类、财经类、体育类、艺术类和农林类9种学科类型。

表3-1　山东省地方本科高校地区分布表　　单位：所

地市	部属高校	老牌公办地方本科高校	新建公办地方本科高校	新建民办地方本科高校	合计
济南市	1	10	8	4	23
青岛市	1	5		4	10

续表

地市	部属高校	老牌公办地方本科高校	新建公办地方本科高校	新建民办地方本科高校	合计
烟台市		2		1	3
潍坊市		1	2	1	4
临沂市		1			1
济宁市		1	1		2
淄博市		1		1	2
日照市		1			1
东营市	1				1
泰安市		2	1		3
滨州市		1	1		2
枣庄市			1		1
德州市			1	1	2
聊城市		1			1
菏泽市			1		1
合计	3	26	16	12	57

资料来源：根据各高校官方网站学校概况数据统计

笔者在 57 所地方本科高校中选取 9 所本科高校作为主要研究对象，其中，老牌公办地方本科高校 3 所，分别是山东财经大学、济南大学、聊城大学；新建公办地方本科高校 3 所，分别是山东交通学院、山东政法学院、潍坊学院；新建民办本科高校 3 所，分别是山东英才学院、青岛滨海学院、山东协和学院。通过对山东省各类型高校的办学目标、专业设置、人才培养模式、师资队伍建设、校企合作等基本情况进行分析，旨在挖掘各类型高校转型发展过程中拥有的基础条件和已取得的成绩，进而探索适合山东省各类型高校转型发展的实践之路（表 3-2）。

表 3-2　样本地方本科高校基本情况表

院校	升本时间	所在地	学校类型	类型	主管部门
山东财经大学	—	济南市	财经	公立	财政部 教育部 山东省人民政府
济南大学	1978 年 12 月	济南市	综合	公立	教育部 山东省人民政府
聊城大学	1981 年 7 月	聊城市	综合	公立	山东省教育厅

续表

院校	升本时间	所在地	学校类型	类型	主管部门
山东交通学院	2002 年 3 月	济南市 威海市	工科	公立	山东省交通运输厅 山东省教育厅
山东政法学院	2007 年 3 月	济南市	政法	公立	山东省教育厅
潍坊学院	2000 年 3 月	潍坊市	综合	公立	山东省教育厅
山东英才学院	2008 年 4 月	济南市	综合	民办	山东省教育厅
青岛滨海学院	2005 年 3 月	青岛市	综合	民办	山东省教育厅
山东协和学院	2011 年 4 月	济南市	医药	民办	山东省教育厅

资料来源：根据各高校官方网站学校概况数据统计

二、山东省高校转型的现实条件

山东省高校转型不仅符合高等教育和现代职业教育协调发展创新格局建立的根本要求，也是山东省各类型高校寻找自身发展路径、突破自身发展瓶颈的有效途径。在深化产教融合、校企合作，推进应用型人才培养模式改革，加快现代职业教育体系建设过程中，山东省各高校拥有良好的内生动力与发展机制，并在实践探索中为各类型高校的转型发展以及培养高水平、高层次的应用型人才奠定了坚实的基础。

（一）办学目标

一般而言，高校办学目标主要包括人才培养目标、办学特色、办学层次、办学规模、办学定位等内容。具有针对性的办学目标，能够提高高校人才培养的质量和水平，明确学校的发展方向，使高校根据办学目标的要求进行学科建设、设置专业、制订人才培养方案、开展校企合作。如表 3-3 所示，目前山东省高校的办学目标基本处于宏观层面，是从战略的角度提出高校发展的长期目标。例如，聊城大学、山东政法学院、潍坊学院分别以“质量立校、人才强校、学术兴校、特色亮校、开放活校”，“错位竞争，特色发展”，“教学立校、科研兴校、人才强校、特色名校”为指导，提出了具有自身特色的发展目标。山东财经大学的办学目标则包含了人才培养、科学研究、社会服务三大职能，即其作为一所地方性的财经类高校，将办学目标定位为“为山东省培养高层次的财经人才，成为经济研究的重要基地，以及为地方和国家经济发展”服务，其办学目标体现出该校特色，即培养财经类的应用型人才（山东大学合作发展网，2015）。山东交通学院作为山东省唯一一所以培养路、海、空、轨等交通专业人才为主的普通高等学校，其办学目标定位为培养一线工程师和管理人员，建成山东省应用型人才培养特色名校（王原，2013）。从中可以看出，山东财经大学和山东交通学院皆是根据学科类型对本校的办学目标进行提炼，具有一定的针对性与可操作性。相比而言，山东英才学院的办学目标更具有层次性、合理性，其从学科类型定位、办学层次定位、人才培养目标定位、服务面向定位等方面提出了自身的发展目标。

表 3-3　样本地方本科高校办学目标统计表

院校	办学目标
山东财经大学	以应用型人才培养为主、特色鲜明、优势突出、国内一流、有较大国际影响的多科性教学研究型大学，成为山东省高层次财经人才培养和经济研究的重要基地，为地方和国家经济社会发展做出新的贡献
济南大学	中长期发展目标是建成一所综合性、开放式、国际化、有特色的高水平大学
聊城大学	以区域经济社会发展需求为导向，围绕立德树人这一根本任务，坚持办学兴校以教师为本、教育教学以学生为本、学校管理以服务为本的办学理念，坚持“质量立校、人才强校、学术兴校、特色亮校、开放活校”的发展战略，解放思想、改革创新，全面推进转型发展、内涵发展、质量发展、特色发展，争创一流，努力实现学校各项事业的新跨越，为创建国内一流地方综合性大学，建设被社会广泛认可、人民满意的大学而努力奋斗
山东交通学院	以培养一线工程师和管理人员为目标，建成山东省应用型人才培养特色名校
山东政法学院	实施“错位竞争，特色发展”战略，坚持科学发展、内涵发展、特色发展，突出服务国家法治建设、区域经济社会发展的应用型人才培养办学定位，以本科教育为主体，以法学学科为龙头，多学科协调发展，建设应用型人才培养特色名校
潍坊学院	按照“抓基础、上水平、创特色”的总体要求，紧紧围绕提高人才培养质量这一核心，认真实施“教学立校、科研兴校、人才强校、特色名校”战略，加快现代大学制度建设，深化教育教学综合改革，不断推动学校内涵发展转型提升，加快建设应用型人才培养特色名校，为办好人民满意的大学而努力奋斗
山东英才学院	以应用型本科教育为主，兼顾高职专科教育。培养专业知识扎实、实践能力较强、文化素养良好、具有创新精神和社会责任感的高素质应用型人才。立足济南、面向山东，为区域经济和社会发展提供人才支持
青岛滨海学院	以“创民办清华”为宏伟蓝图，确立了三步走发展战略：第一步，至 2022 年建校 30 周年，综合实力在省内本科院校中达到中等以上水平，成为山东省民办本科高等教育特色名校和全国民办高校名校；第二步，至 2042 年建校 50 周年，成为国内一流名牌民办大学和全国知名高校；第三步，成为中国“民办清华”，以坚实的步伐向百年名校迈进

资料来源：根据各高校官方网站学校概况数据统计

综上所述，山东省各高校根据自身的办学历史、办学传统、学科类型等多方面现实条件，从大学三大职能出发，提炼出具有自身特色的办学目标。此外，不论是具有深厚学术氛围、良好学术条件的老牌公办地方本科高校还是具有灵活体制机制优势的新建民办本科高校，都提出以培养应用型人才为主要目标。从中可以看出，山东省各地方高校在思想上已开始由“建设高水平研究型大学”逐步向“建设高水平应用型大学”转变，为开拓深度转型发展路径打下了良好的基础。

（二）培养模式

1998 年，教育部出台的《关于深化教育改革，培养适应 21 世纪需要的高质量人才的意见》指出，人才培养模式是学校为学生构建的知识、能力、素质结构，以及实现这种结构的方式，它从根本上规定了人才特征并集中地体现了教育思想和教育观念。人才培养模式的建立是高校根据办学目标、人才培养目标，制订培养方案，确定培养途径，选择培养方式，建立培养管理制度和人才培养评价体系的过程。

就山东省高校而言，人才培养模式基本包括订单式、“四位一体”（专业设置模式、课程模式、实践模式、师资培养模式）、产学研结合、以就业为导向、双证书制人才培养等。例如，山东财经大学拥有国家级应用型会计人才培养模式创新实验区、省级国际商务人才培养模式创新实验区。山东政法学院是山东省“三三三”制法学应用型人才培养模式改革实验区，该校按照理论教学与实践教学相结合、学科教育与职业教育相结合、学习过程与就业目标相结合的思路，建立了科学合理的、满足学生多元化需求的人才培养体系，构建了理论性、实践性和职业性高度融合的课程体系；通过采取分类培养、复合培养、订单培养、联合培养等培养模式，培养学生的职业能力，满足学生个性发展和全面发展的需要。山东英才学院对学前教育专业提出了“一专多能”的人才培养目标，即掌握学前教育专业的基本理论、基础知识和基本技能；具备从事学前教育工作所需要的科学文化教育能力、艺术教育能力、健康教育能力、双语教育能力、教育管理能力，探索出了学、研、园、用一体化的人才培养体系。

综上所述，山东省各类型高校在构建应用型人才培养模式的过程中，根据各优势专业、品牌专业，探索出了适合自身发展的人才培养路径，为地方本科高校的转型发展提供了借鉴和经验。需要指出的是，无论是老牌地方本科高校还是新建地方本科高校，其在探索具有针对性、特色性的人才培养模式时，更多是采取“以点带面”的方式，即以优势学科、优势专业为龙头，通过建设专业群带动其他相关专业的发展，这在一定程度上为该类型高校实现跨越式发展提供了有利路径。

（三）专业建设

专业建设是山东省各高校实现转型发展的关键因素，是关系到高校人才培养、学生就业方向及质量的教学基本建设。相比学科建设而言，专业建设更具有微观性特征，它是以地方经济发展需求为基点，以地方经济、产业结构调整为导向，以人才培养模式和课程设置为核心，以提高高校教学质量和水平为根本点的一项系统工程。专业建设包含确定专业培养目标、专业培养方案、专业设置、课程设置、教材建设、教学计划等多方面的内容，其中专业设置是专业培养目标的根本体现，是进行课程设置、制订教学计划、确定教学大纲的根本出发点，是高校办出特色的关键。如表 3-4 所示，在数量方面，基本呈梯次分布，即老牌地方本科高校数量最多，新建民办本科高校数量最少。其中，老牌地方本科高校以本科专业为主，综合类高校和其他类型高校存在着数量上的显著区别，如济南大学、聊城大学本科专业数量多达 90 多个，而山东财经大学仅为 60 个。新建民办本科高校主要以专科专业为主，3 所高校在数量方面差距不大，而新建公办本科高校处于过渡阶段。数量上的梯次分布基本与山东省招生政策的倾向性保持一致。在质量方面，老牌地方本科高校具有明显的优势，如山东财经大学拥有国家级特色专业 7 个，包括财政学、会计学、国际经济与贸易、信息管理与信息系统、工商管理、经济学、金融学。济南大学的机械制造及自动化、应用化学、计算机科学与工程、材料科学与工程 4 个专业为国家级特色专业，山东政法学院则没有国家级特色专业。值得注意的是，尽管 3 所新建民办本科高校都没有国家级特色专业，但其凭借着灵活的体制机制优势，以及始终以就业为导向的办学理念，在近几年的发展过程中，特色专业建设颇有成效。如山东英才学院的学前教育专业具有“国家教学名师”“国家万人计划教学名师”“国家级本科教学团队”“国家级精品课程”“国家级实验教学示范中心”；山东协和学院的护理学、临床医学等专业是省级特色专业；青岛滨海学院的金属材料工程、应用韩语、机电一体化技术等专业，不仅是省级特色专业，也是颇具就业竞争力和影响力的专业。

表 3-4　样本高校专业设置基本情况表　　单位：个

院校	本科专业	国家级特色专业	省级特色专业
山东财经大学	60	7	11
济南大学	92	4	16
聊城大学	95	4	12
山东交通学院	59	2	7

续表

院校	本科专业	国家级特色专业	省级特色专业
山东政法学院	20		4
潍坊学院	68	2	9
山东英才学院	34		3
青岛滨海学院	43		5
山东协和学院	30		4

注：山东政法学院本专科专业共为34个

资料来源：根据各高校官方网站学校概况数据统计

总之，山东省地方本科高校在专业建设方面坚持需求导向、与时俱进、系统科学的原则，在专业培养目标设置、课程设置、评价标准等方面锐意改革，逐渐凸显出独特个性，有的以培养财经类人才为主，有的以培养工程类人才为主，将专业建设与市场人才需求紧密结合。

（四）师资队伍

山东省各类型高校的转型发展，离不开数量适中、结构合理、梯度完善、高水平教师队伍的建设。与传统学术型大学相比，应用型大学的师资队伍建设更加注重“双师型”教师队伍的建设。就目前而言，山东省各类型高校在师资队伍规模、师资队伍结构、高层次教学队伍建设方面已经初具成效。

一是在师资队伍规模方面，专任教师600人以下的是山东政法学院；专任教师600—1000人的有山东英才学院、山东协和学院、青岛滨海学院；专任教师1000—2000人的有山东财经大学、聊城大学、山东交通学院、潍坊学院；济南大学专任教师数达到2100人。山东省地方本科高校专任教师数量基本在1000人左右，山东政法学院的专任教师规模最小，这与其作为单科类高校有一定关系。相比而言，部属高校——中国海洋大学的专任教师数量为1560人，仅就数量而言，地方高校和部属高校相差不大。此外，从升本时间比较，升本时间较晚的高校，教师规模较小，山东协和学院2011年升为本科院校，其专任教师数量仅高于山东政法学院；从学校类型比较，综合类大学的专任教师规模明显高于单科类和多科类高校；从地域分布比较，并不具有显性特征。

二是在师资队伍结构方面，公办地方本科高校高级职称教师比例基本在40%—50%，新建民办本科高校则维持在30%—40%，存在显著差距，这与民办、公办高校在人才引进政策、教师福利待遇、教师地位方面存在差异关系密切。山东财经大学拥有的博士学位教师比例最高，达39.4%，大部分公办本科高校基本维持在 20%—30%，而中国海洋大学目前有专任教师 1560 人，其中 60%的教师具有博士学位。从目前来看，与部属高校相比，山东省地方本科高校教师队伍建设空间很大。笔者在对民办本科高校进行统计时，将具有硕博士学位的教师比例进行了整合统计，基本在 50%—70%，山东协和学院最低，仅为 51%。这说明与公办地方本科高校相比，民办地方本科高校在高学历、高层次人才引进方面处于落后地位。

三是在高层次教学队伍建设方面，老牌公办本科高校位于前列。山东财经大学拥有山东省教学名师 16 人，济南大学拥有山东省教学名师 10 人，3 所新建公办本科高校共拥有山东省教学名师 10 人，老牌高校是新建高校的 2 倍多，而民办本科高校共拥有省级教学名师 6 人，是新建公办本科高校的 60%。相比而言，中国海洋大学仅中国科学院院士、中国工程院院士、“千人计划”特聘教授、“长江学者”特聘教授就有 32 人（中国海洋大学，2017）。与部属高校相比，无论是老牌地方本科高校、新建公办地方本科高校还是民办本科高校在高层次人才引进、培养方面都处于落后地位，老牌地方本科高校更占据优势（表 3-5）。

表 3-5　样本高校师资队伍建设情况表

院校	专任教师/人	高级职称教师比例/%	研究生学历教师比例/%	省级教学名师/人	国家级教学名师/人
山东财经大学	1899	52.3	39.4	16	
济南大学	2100	46.6	34.4	10	1
聊城大学	1910	41.2	24.6		
山东交通学院	1008	44.3	17.8		
山东政法学院	500	39.5	23.0	3	
潍坊学院	1358	48.4	91.5（博硕士）	7	
山东英才学院	970	35.0	74.0（博硕士）	4	1
青岛滨海学院	946	33.4	69.3（博硕士）		
山东协和学院	643	31.2	51.0（博硕士）	2	

资料来源：根据各高校 2017 年官方网站学校概况数据统计

值得注意的是，山东省高校尤其是新建本科高校更注重“双师型”师资队伍建设。对于面向实践、面向职业、面向职位，强调专业实践能力、技能等级、专业素质的“双师型”教师的引进、培养和建设，山东省已经由思想、观念层面的重视，转向了实际操作层面的重视，这为地方本科高校实现转型发展奠定了坚实的基础。

（五）校企合作

从阶段上看，校企合作分为前期合作、后期合作、全程合作等；从形式上看，包括高校自身建立自有企业，高校与企业合作建立实习实训基地，企业与高校联合办学、共同培养人才，企业与高校合作建立科研机构或承担科研项目等；从合作模式上看，则包括了“三明治”模式、“项目—基地模式”、大学科技园区模式、继续教育工程模式等（周欣，2011）。山东省各高校在深化校企合作、创新应用型人才培养模式方面，立足各自的办学传统、办学目标、优势学科发展现状，借助山东省建设经济文化强省的有利优势，结合国内外高校开展校企合作的经验，始终坚持以教育教学改革为龙头，以提高教育教学水平为根本目的，积极创新校企合作的方式和路径，探索出各具特色的校企合作模式。

老牌公办地方本科高校以山东财经大学为例，2013 年 4 月，山东财经大学通过与山东省工商联合会合作的形式，与济南圣泉集团股份有限公司等多家企业进行了产学研方面的合作，以搭建产学研合作创新平台为基础，在进行企业、行业发展现状调研，企业技术、管理咨询，项目研究、政策研究，企业项目策划规划，学生实践、人才培养等方面进行了全面的合作与交流，通过校企合作，一方面有利于山东财经大学培养应用型人才，增强学生技能，拓展高校社会服务的范围和渠道，提高其办学质量与水平；另一方面有利于企业的发展和壮大，是一种双方“互赢模式”，尤其是地方高校与民营企业之间的交流与合作，更有利于解决民营企业面临的核心竞争力低、高科技人才缺乏等问题。

新建公办地方本科高校以山东交通学院为例，山东交通学院的金融学、信息与计算科学、应用物理学等专业皆建立了“校企联合培养项目”，如金融学的金融外包方向与济南网融信息科技有限公司签订了合约，联合培养金融外包人才，其人才培养采取“3+1”模式，即前 3 年在山东交通学院进行基本理论课程的学习、基本技能的培养，第四年在济南网融信息科技有限公司进行实践锻炼，在 4 年的教育过程中，教学方法打破了以往“传授—接受”的方式，采用开放式、互动式教学模式，并全面推行了“双证书”制度。2014 年，山东交通学院计算机科学与技术专业又与惠普公司开展合作，联合培养“软件开发”与“软件测试”IT 专门人才，人才培养模式改为更为灵活的“2+1+1”模式，即前两年学生在高校学习基础理论课程,第三年学习惠普公司的专业限选课程,第四年经过双向选择和选拔考试的方式,合格的学生可进入惠普基地进行专业、项目实训和企业实习。

新建民办地方本科高校以山东英才学院为例,山东英才学院高度重视校企合作工作,将校企合作工作作为推进产教融合的动力和源泉。在组织机构方面,为加大校企合作的力度、保障校企合作工作的顺利开展,其专门成立了校企合作领导小组,在学校校长的带领下,实行二级学院负责制。在具体实施过程中,学校主动对接行业企业需求,把企业的用人标准引入到人才培养过程中,先后与山东银座·英才幼儿园(集团)、中国重汽集团济南桥箱有限公司、青岛海信电器股份有限公司、LG 浪潮乐金数字移动通信公司等单位合作,在探索的过程中,形成了校企合作班、技术人才交流、共建实验实训班、培训合作、承接企业生产加工项目、共建校内创业孵化基地、科研合作、校外实习实践、海外社会实践和就业等多种校企合作模式。可以看出,山东省地方本科高校在校企合作方面取得了实质性进展。

第三节　山东省高校转型发展的阶段性成效

伴随着我国经济、社会转型期的到来,高校面临着改革、发展和转型的紧迫形势,山东省各高校在传承自身优良传统文化的基础上,以转型发展为指导,坚定不移地走内涵提升、特色发展道路,遵循科学规划、精心设计、稳步提升、彰显特色的理念,为山东省高水平应用型大学的建设奠定了基础,并取得了阶段性成效。

一、办学目标明确,转型需求强烈

就目前山东省各类型高校的办学水平和整体状况而言,各高校尤其是新建地方本科高校(含公办和民办)已逐步由以“提升层次”为目的的转型,过渡到以“职业发展”为导向的转型。对于此类高校来说,转型发展不仅是一场涉及原有办学传统、办学定位、办学格局及思路的调整和改革,也是高校自身立足当前、着眼长远、转变观念的过程。此类高校深知,要想在日趋同质化、一体化的高等教育体系中寻找发展出路,办出特色,就必须改变以往盲目追求速度、提升层次的发展路径，实现转型发展。新建地方本科高校是所有类型高校中转型需求最强烈的群体之一，尽管与具有浓厚学术氛围、深厚学术条件的老牌地方公办本科高校相比，在办学条件、办学底蕴、师资水平等方面还存在一定的差距，但其根据自身的办学历史、办学传统、学科类型等多方面现实条件，从大学的职能出发，提炼出了具有自身特色的办学目标，并且都明确提出了要以培养“应用型人才”为主要目标，并将服务地方经济作为高校的重点服务范围。从中可以看出，新建地方公办本科高校在思想上已开始由传统的“建设高水平研究型大学”向“培养应用型人才”转型。

新建地方本科高校由于转型需求强烈，因此在制订人才培养目标和方案，创新人才培养模式方面，更加注重与当地社会经济发展需求相适应，更强调“以市场为导向”，更易形成差异化的发展战略，形成办学特色。通过近几年的发展，新建地方本科高校已逐渐摸索出了具有自身特色的发展道路，始终把“校地互动”“校企互动”作为发展战略和发展模式，不断推动高校应用技术改革，创新人才培养模式，在推进“应用型办学”的道路上，新建地方本科高校后劲儿十足。尤其是新建民办本科高校，其依托灵活的体制机制优势、丰富的创办“应用型”高校的经验，在转变办学思路、改善办学条件、优化师资队伍等软硬件条件的基础上，在应用型办学的道路上以符合“地方本科”高校为当地经济社会发展服务的目标定位，探索出了一条颇具特色的转型发展之路。

高校的办学体制机制主要包括办学保障体制机制，办学决策、执行和监督体制机制，办学用人体制机制，办学育人体制机制，办学质量保障体制机制等（王宝根等，2013）。民办高校灵活的体制机制优势主要包括其拥有市场主体的进取性、内部运行的高效性、外部适应的快捷性等，能够帮助民办本科高校在转变办学思路、办学理念、办学内涵、办学职能时构建董事会、校行政、校党委、教职员工间的沟通协商机制，统一思想，达成共识；在优化学科专业设置、建立“双师型”教师队伍、创新人才培养模式和校企合作方式时，根据人才市场的需求设置和调整专业与课程，根据人才市场和劳动力市场供给的新变化建立灵活的用人制度和工资制度，根据区域经济社会发展现状和行业企业的需求开展校企合作，培养应用型人才。所以，新建民办本科高校在转型发展的道路上，灵活的办学体制机制使其办学目标更明确，更致力于培养高素质的应用型人才。

二、专业建设科学合理，灵活性强

专业学科建设是高校进行教育改革和发展的核心，通过专业学科建设可以促进高校特色专业、优势学科的发展，推动高校教材、课程等方面的改革，更新教学内容，提高教学质量；能够改善高校教师队伍的师资结构，提高教师的师资水平和学术能力，促进高水平实验室、研究中心、工程中心等的建设，为硕士、博士学位点建设打下坚实的基础；能够提高教育教学水平、科研水平和高校的整体实力。新建地方本科高校专业学科建设的状态和成就体现了该类型高校的整体办学水平和核心竞争力，可以促进高校自身的师资队伍建设，进而促进教育教学改革，实现科研、教学、产业的全面发展。新建地方本科高校依托深厚的办学基础、科学的学科专业设置，以及多样化的合作模式，在创办应用型高校的道路上取得了一定的成绩。这一方面有利于促进该校优势学科、特色学科的发展，吸引更多高层次、高水平的人才，改善学科专业结构，进而提高高校培养应用型人才的技能和水平，扩大高校为地方经济社会发展服务的范围；另一方面也能够为知识经济时代培养更多所需要的掌握多种技术或综合技术的复合型人才、具有多学科背景的综合性人才。

如果说学科建设是高校转型发展实施的龙头和抓手，专业建设则是高校发展的一个基础性和根本性的环节。“学科—专业”的一体化建设，对于新建地方本科高校实现健康、有序、可持续发展，具有至关重要的作用。尽管新建地方本科高校受传统观念、办学条件、国家和地方政策的影响，但在学科建设方面与传统老牌高校相比，并不具备先天优势。加之此类高校在学科建设方面的自主权有限，导致其在学科建设上处于“高不成低不就”的尴尬处境。但由于大部分新建地方本科高校是由原来的专科学校升格、合并而来，其专业尤其是本科专业基本是依托原有优势专业建成的，因此该类高校的专业建设具有发展空间，且与当地产业发展的结合更加紧密，灵活性更强，能够发挥地方高校的优势，办出特色。例如，2017 年 1 月，山东省教育厅公布了高水平应用型自筹经费立项建设专业（群）名单，潍坊学院的特殊教育、电子科学与技术、计算机科学与技术、设施农业科学与工程、化学工程与工艺等 5 个专业群榜上有名，连同前期公布的会计学、机械设计制造及其自动化等两个培育专业群，潍坊学院高水平应用型立项建设专业群已经达到 7 个。

专业是课程的有机组合，好的专业需要优质课程的支撑，因此课程建设是特色专业建设的关键点和决定因素之一。与老牌地方本科高校受传统历史条件制约不同，新建地方本科高校在课程建设方面主动性强，更能发挥主观能动性，实现学生和社会需求的有机结合。山东省各新建地方本科高校根据各行业企业的岗位需求“因岗施教”，逐步打造出了有影响力的品牌专业和课程。例如，2013 年山东交通学院以人才培养特色名校建设为契机，构建了路、海、空、轨综合交通学科专业结构和交通建设类、综合运输类、载运工具设计制造类三大专业群，全面开展了“调研—规划—实施—反馈”（investigate-planning-do-feedback）的精致化人才培养方式改革，举全校之力提高了应用型人才培养质量。山东政法学院实施了本科教学质量工程，狠抓内涵建设，逐步构建特色教学体系，着力打造了课堂教学课程体系、网络课程体系、实践实训课程体系、素质拓展课程体系等 4 个课程体系。

三、人才培养模式多样，特色鲜明

关于人才的培养并不存在固定模式，因此从不同视角分析，人才培养模式就具有不同的含义。一般而言，人才培养模式是指在一定的现代教育理论、教育思想的指导下，按照特定的培养目标和人才规格，以相对稳定的教学内容和课程体系、管理制度和评估方式，实施人才教育过程的总和。与研究型大学主要培养科研人才不同，应用型高校以培养大量实用型的技术人才为己任。新建地方本科高校以自身院校办学目标为指导，在制定人才培养目标、确定培养方式、实施人才培养评价等方面，紧紧围绕“应用型人才”培养这一主旨，不断创新人才培养模式。通过分析可以看出，新建地方本科高校在探索具有针对性、特色性的人才培养模式时，多是采取“以点带面”的方式，即以优势学科、优势专业为龙头，通过建设专业群带动其他相关专业的发展，进而形成优势和重点学科，从而实现人才培养模式的改革和创新。在一定程度上，这为该类高校实现跨越式发展提供了有利路径，也有利于对具有统一性、整体性、通用性的应用型人才培养模式的探索。

新建地方本科高校在人才培养目标制定方面，与老牌公办地方本科高校强调多样化的人才培养目标具有显著区别，其明确提出要培养适宜地方的应用型人才。由于新建地方本科高校建校时间都较短，在专业建设、课程设置方面的灵活性更强，受办学传统、办学历史的影响较小，因此其人才培养目标、人才培养方案的制订与实施，培养管理制度的建立完善以及人才培养体系的构建，更具灵活性和可操作性。新建地方本科高校的人才培养结构更能够主动与地方经济以及社会对技能型、应用型人才的多元化需求结构相适应。

新建地方本科高校创新了传统的人才培养模式，从课程设置、教学方式改革、人才培养方案修订等微观层面入手，进行教育教学改革，逐步形成了自身的人才培养特色。例如，2016 年底，山东省内燃机研究所整建制并入山东交通学院，两家单位合并后，山东交通学院整合了双方在资源设施、技术设备、人才队伍等方面的优势，实现了学校在汽车及内燃机领域人才培养、科学研究、社会服务等方面量的飞跃和质的提升，为山东省交通设施与装备制造业向强省转变发挥了更大的推动作用。山东省内燃机研究所整建制并入山东交通学院，是山东省全面深入推进高等教育综合改革背景下的一次勇敢尝试，为山东省高等教育改革提供了经验，对于进一步完善治理机构，创新人才培养模式，优化科研体制机制，做出了示范，提供了标杆；对于增强学校的办学实力和竞争力，加快建设特色鲜明的高水平应用型大学，具有重大的意义。

四、“双师型”教师队伍建设初具规模

高校作为相对灵活和独立的高等教育组织，其对市场需求、学生需求变化能够做出及时的反应，能够主动适应日益变化的企业行业需求。在近几年的发展中，山东省新建地方本科高校致力于培养面向市场、面向生产一线的，具有较高实践能力和应用能力的应用型技能人才，其针对市场需求、行业企业对人才新的需求，逐渐探索建立了内生、互惠、长久的人才培养模式和教学方式。在这一过程中，山东省各新建地方本科高校逐步意识到师资队伍建设对应用型人才培养理念、模式、途径的重要性。应用型大学主要是培养面向生产、服务、管理等一线的应用型人才，其实质是以就业为导向，以培养高校学生的技术技能为关键。这种高校办学理念和办学模式要求课程具有可操作性和实用性、学科专业紧跟行业产业需求。因此，从人才培养目标到人才培养模式，从教学内容到师资队伍，都要求其不再是传统意义上以培养“高深学问”为己任的精英教育的压缩。所以，与传统学术型大学相比，应用型大学的师资队伍建设对高校提出了特殊要求，即在传统师资队伍建设的基础上，加强“双师型”教师队伍的建设。

1998年国家教育委员会在《面向二十一世纪深化职业教育教学改革的原则意见》中提出了职业学校要加强“双师型”教师队伍建设的要求。高校教师不仅要具有专业的学术知识和理论知识、基本的教育技能，还需要具有较强的实践操作指导能力，具有在行业企业实习、实训、工作的经验。这就要求我们建立起一支知识渊博、经验丰富，既有理论又能实践，既能从事技能教学又能从事相关行业在职人员培训，既具有学术专研精神又掌握专业前沿技术，富有改革创新精神的“双师型”教师队伍。

新建地方本科高校更重视对“双师型”教师的引进和培养，对于“双师型”教师的认定标准是什么，如何解决“双师型”教师专业技能差、缺少企业实习

锻炼机会，“双师型”教师来源单一、高校化的困境，如何将高技能、高职称、富有实践经验的高层次人才引进入高校等一系列问题，都进行了深入的思考与探索。在实践摸索中，新建地方本科高校“双师型”教师队伍建设已经初见成效，走在了老牌高校的前面。例如，山东政法学院拥有100余名兼任律师的“双师型”教师，多位教师在省仲裁委员会、省立法咨询委员会担任委员。2014年，山东英才学院所拥有的524位专业课和专业基础课教师中，具备专业（行业）职业资格证书或任职经历的教师多达248人，占47.33%（山东英才学院，2014）。目前，建设一支师德高尚、规模适当、结构合理、实践水平高、专业能力强、具有开拓创新能力的“双师型”教师队伍，已成为新建地方本科高校转变发展方式、培养高水平应用型人才的关键和突破点，这也必将促使地方新建本科高校在推进转型发展中发挥引领和带动作用。

五、深化校企合作，坚持无缝对接

2015 年，教育部、国家发展改革委、财政部联合出台的《教育部 国家发展改革委 财政部关于引导部分地方普通本科高校向应用型转变的指导意见》明确指出，转型的关键是明确办学定位，把转型思路真正转到服务地方经济社会发展上来，转到产教融合及校企合作上来，转到培养应用型技能人才上来，转到提升学生的就业专业能力上来。陈永斌（2014）指出，地方本科院校转型在本质上是强调通过学校外部市场的力量、产业的趋导、氛围的浸润来反推与调适其内部办学目标、人才培养模式等，为政产学研用合作扫清体制机制障碍，实现外部行业资源在地方高校人才培养中的深度附着，构筑地方应用型本科院校的独特办学优势。从中可以看出，推进产教融合、校企合作是地方本科院校转型发展的主要路径，是决定地方本科院校转型效果的关键。校企合作作为院校实现办学目标、人才培养目标的重要条件和保障，是新建地方本科高校深化教育教学改革、促使高校教育适应地区经济社会发展需求、培养应用型技术人才的重要途径。唯有坚持产学研深度融合，深化校企合作，才能真正实现高校与区域行业产业需求的无缝对接，进而形成共享优质教育资源、共同培育应用型人才的格局。

山东省各地新建本科高校根据各自的办学传统、办学目标、优势专业发展现状，借助各区域经济发展优势，结合国内外高校开展校企合作的经验，在省政府和省教育厅、财政厅等部门的支持和帮助下，始终坚持以教育教学改革为龙头，以提高教育教学水平为根本目的，积极探索和实践校企合作的方式和路径，从实践中探索出了各具特色的校企合作模式。具体而言，山东省新建地方本科高校已开展的校企合作方式主要有以下几种：创办实体企业，实现由模拟、仿真教学到真实业务教学的转变；引企入校，与国有大中型企业、民营企业合资共同开发智力资源；开设订单班，实施订单式的人才培养模式，校企合作方共同依据职业岗位需求和标准制订教学计划、人才培养方案，设置课程及考核标准；实现校外实习基地和校内实训基地的有机结合，创新一体化的教学模式；进行短期社会实践，为学生搭建就业平台；开设企业大讲堂，承接企业研发项目，引进行业企业先进的技术和设备等。

山东省新建地方本科高校除探索多样化的校企合作方式外，还通过建立校企合作管理机制、“校企融合”的办学模式、“模块化”的教学新机制等方式进一步深化了校企合作，坚持在办学模式、教学理念、课程设置及教学方法等方面实现与行业企业的对接。只有实现校企双方的深度合作，建立“双主体”的校企合作模式，才能进一步推动地方本科高校的转型发展。

总之，山东省各类型高校尤其是地方新建本科高校的转型发展，应实现办学目标、人才培养模式、学科专业建设、师资队伍、校企合作模式的转变。办学目标的转变关键在于办学理念的转变，人才培养模式的转变则应摒弃传统的“以理论教学为主、以教师为主、以课堂为主”的培养方式，学科专业建设的改变应以岗位和职业需求为导向，师资队伍的转变应以“双师型”教师队伍建设为突破口，校企合作模式的转变则是实现高校转型发展的关键和纽带。山东省各类型高校在转型发展的过程中，基本具备了转型发展的基础和条件，其都意识到了建立应用型人才培养目标的重要性，在师资队伍数量、特色专业建设方面也取得了一定成绩，校企合作逐步具备了自身特色。但不可否认的是，受传统观念、办学传统、办学条件、国家政策等多方面因素的影响，山东省地方本科高校转型发展之路依旧存在着诸多困境，可谓任重而道远。因此，借鉴其他省（自治区、直辖市）以及国外著名高校转型发展的模式和路径，有利于进一步探索本省高校转型发展之路，在转型发展方面取得一定的成效。

第四章 部分省市高校转型发展的路径与启示

我国地方高校转型发展，实质上是高等教育进行的供给侧结构性改革，以适应经济社会发展对应用型人才的迫切需要。近年来，部分省市地方高校按照国务院和教育部的有关部署和要求，推进地方本科高校向应用型高校转变，积累了一些好的经验和做法，值得推广和借鉴。

第一节 安徽省高校转型发展的路径与启示

1997 年，安徽省高等教育整体呈现出了规模小、数量少、层次低、底子薄、结构不合理的现状。为了解决这一问题，安徽省委、省政府提出要刻不容缓地发展高等教育，由此安徽省高等教育规模开始迅速扩大，但安徽省的经济社会发展对当地高等教育多样化的需求与当时高等教育趋同发展的矛盾变得日益突出。为了缓解这一矛盾，2003 年，安徽省一批新建本科院校开始提出地方性的应用型办学定位，全省自下而上纷纷开展向应用型转变的探索和实践。到 2008 年，安徽省又提出“科学定位、分类指导、多元发展、特色办学”这一新的发展方针（中华人民共和国教育部门户网站，2016），创立了应用型本科高校合作联盟。2009 年，安徽省又开展省级示范性应用型本科高校立项的试点建设，拉开了全省应用型高等教育体系建设的序幕。到 2014 年，安徽省牵头成立的长三角地区应用型本科高校联盟，已经成为联盟抱团发展的典范（中国教育新闻网，2017）。

一、安徽省高校转型发展的政策环境

安徽省能够成为推进地方高校转型发展进程较早，并能够取得颇有成效的

先进典型，与其提出“封闭办学、盲目求全、单打独斗”的办学方式，积极开展“开放合作、特色鲜明、抱团发展”的改革方式，是密不可分的。这些举措在推进安徽省高校转型发展的工作中，具有举足轻重的作用（储召生，2010）。

首先，安徽省提出“资源共享、优势互补、合作办学”的转型原则。这一原则的提出，是为了充分发挥安徽省应用型本科高校联盟优质教学资源的示范和辐射作用，进一步提升地方高校办学的水平和效益，更好地适应安徽省经济建设和产业发展对人才多样化的需求，培养具有较宽知识面、较强社会适应能力的应用复合型人才。

其次，颁布《安徽省高校（部分）联盟学生修读辅修专业、双专业和双学位实施办法（试行）》。这一办法的制定是为了优化省内高等教育的资源配置，降低地方高校办学成本，从而使有限的教育资源发挥最大效益，有利于新建本科院校积极争取国家和地方的政策与资金支持，促进应用型本科高校联盟进一步发展。

再次，颁布《安徽省应用型本科高校联盟实践教学小学期制管理条例（暂行）》。该条例的制定是为了进一步提升安徽省应用型本科院校的办学效益与竞争力，培养能够满足地方经济文化发展所需的应用型高素质人才。

最后，达成《安徽省应用型本科高校校企合作宣言》。这一宣言的达成是为了实现安徽省应用型本科高校与用人企业之间的紧密合作，共同完成应用型人才从成长到价值实现的全部过程,共建责任和利益双担共赢的校企合作平台。

安徽省达成的一系列共识和制定出台的相关政策文件，有力地保障了当地应用型高校联盟改革和探索活动的顺利实施，为深入推进高校转型的深入发展提供了良好的政策环境。

二、安徽省高校转型发展的探索与实践

（一）合肥学院的转型突围之路

1. 借鉴德国经验，找准办学定位

1985 年，中国、德国两国开展了各种政府间合作，其中包括的一项内容就是按照德国应用科学大学的办学模式在我国进行应用型大学建设。合肥联合大学（合肥学院前身）随即成为安徽省和德国下萨克森州协议共建的对象高校，与德国 5 所应用科学大学开展建设合作。在建设过程中，德国下萨克森州无偿向合肥联合大学援助 400 万马克，用来帮学校建立 10 个工程类专业实验室；合

肥联合大学也先后派出近百位教师赴德国学习进修，近距离感受德国式应用型教育，进修归来的教师成为后来合肥学院应用型人才培养模式改革的中坚力量。

该校在借鉴德国应用科学大学的办学经验后提出了自己的办学定位——“地方性、应用型、国际化”。在未来合肥学院建设过程中，全校上下秉承这一办学定位，将服务重点聚焦于学院周边的企业和合肥市地方经济的发展；在学院的人才培养目标、定位、路径上，更加注重理论与实用维度，进一步完善实践教学体系，强调真抓实干，到生产一线就能发挥应有的作用；在学院的对外办学合作上，更加重视的是能够深入研究和提炼国际上一些成功的人才培养的经验与关键要素，从而为学院发展提供借鉴。

2. 实施模块化教学方式，突出应用能力培养

合肥学院自 2005 年开始重点研究制订能够体现现代应用型特点的人才培养方案，力图做好人才培养的“顶层设计”，总体目标就是要培养适应现代化发展的应用型人才。基于对应用型人才培养目标的认识，这种培养模式必须发生由“知识传授为主”向“能力培养为主”的根本性变化，重在培养学生的理论知识应用能力、技术实践能力和创新能力。

合肥学院针对不同专业学生的就业去向，分别到各个行业的企业进行调研，分析了各个岗位对技术能力的需求，确定清晰的能力培养目标，然后根据培养目标制订具体的技能培养方案，力争将每一项技能都转化成一个个具体的教学模块——每个模块都是围绕特定的主题教学单元（可能是一门课或一门实验，也可能是几门课或者几门实验的整合）进行。这就成了合肥学院围绕学生核心技能培养而大规模开展的模块化教学改革方式。

模块化教学的一大特色就是能够做到实践教学与理论教学相结合。例如，学校的电子信息工程专业，在教学改革之前的主要课程是“模拟电子技术”“数字电子技术”，但在教学实践过程中学生普遍反映学完本门课程之后也无法达到理论上应具备的设计电子线路的技能。针对这样的问题，合肥学院特别把原来的两门课整合成一门课程——“现代电子技术模块”，该门新课程的特点是在进行理论教学的同时，进一步指导学生提升运用每个理论知识点进行实验模块设计、形成小产品的能力。随着课程理论学习的不断深入，学生能够真正自己设计的小产品也越来越多，最后在课程结束时形成一个完整的大电子产品，学生的电子线路设计能力自然而然地得到了提高。

模块化教学不但提升了学生的实践水平，还给学生留出了自主选择学习的空间。各个专业在规划课程模块时，在每个大模块下还开设了若干子模块，学

生可以在大模块下自主选择其中的子模块。例如，电子信息专业就把过去的电子信号处理、电子测量、DSP 技术 3 门课程的相关内容整合成为信息处理、检测、现代电子技术设计 3 个子模块，学生在选择学习过程中可以制作模型、设计课题，只要自主选择一个模块内容完成相应的学习任务即可。这一特点在突出学生学习兴趣和爱好的同时，也更容易让学生做到把握相关知识点，能对课程理论进行更加精深和透彻的学习。

3. 统筹教育资源，将学科导向变为专业导向

合肥学院在教育资源的统筹上所注重的是各种资源都要有效服务于对学生的培养并满足其专业发展的需要。应用型高校应充分利用学科专业的划分来统筹人力资源、物质资源及各方面的资源条件。抓住专业建设这个龙头，就相当于抓住了人才调配、资源调配和人才培养规格、质量的控制核心。

合肥学院立足“地方性”的办学定位，依托合肥市的支柱产业和新兴产业，动态调整专业结构，与合肥市的产业布局进行深度互动，从而培养当地经济发展迫切需要的技能人才。积极借助企业资源，通过进行校企深度合作培养应用型人才，是合肥学院的又一探索。例如，合肥学院计算机科学与技术系于 2010 年获得首批教育部卓越工程师项目，校企联合组建专业指导委员会，二者共同制订“企业阶段培养方案”，成功建立了一个集软件需求分析、软件设计、软件实现、软件测试、项目管理、系统集成、认证考试于一体的软件工程能力实训平台。从大一到大三，合作的企业逐渐进入学校课堂，与学校教师共同培养学生的工程能力和工程素质，学生在大四时会进入企业，在真正的企业工程环境下进行实践锻炼，提升作为未来工程师应具备的工程应用能力。

多年来，合肥学院与德国应用科学大学的深层次合作，使其在转型发展的过程中受益匪浅。合肥学院借助国际化的办学方针，采取与德国国际交流学术委员会联办的方式，并得到德国物流协会的支持，使德国物流协会合肥分会顺利落户合肥学院。与此同时，合肥学院引进德国奥斯纳布吕克应用科学大学物流管理专业的培养方案与课程，并根据国情加以改造。2018 年，合肥学院现有的 5 个国家级特色专业和 1 个省级重点学科均是在国际合作基础上孵育发展而来。2010 年，合肥学院又与德国高校再次合作，共建“合肥德国应用科学学院”，并正式对外招生。之后，合肥学院还先后与国外 12 所高校合作承担了欧盟亚洲链、德国联邦教育与研究部、德国学术交流中心等的 9 个项目（周飞等，2014）。

在就业方面，学校毕业生在滁州就业的占 21.2%，在安徽省内就业的占 55.4%，在长三角就业的占 85.9%；学生就业率始终保持在 95%以上；应用型专业毕业生就业对口率为 79.7%；用人单位对学校的毕业生满意度逐年提高（郑晓华，2016）。

四是派遣教师到企业挂职，强化提高教师应用型能力。应用型教师一方面要具备丰富的专业基础知识和扎实的行业实践知识；另一方面，又要具备较强的专业应用能力、实践教学能力、应用研究能力和社会服务能力。

为此，滁州学院采取了以下措施：首先，大力实施“双百计划”（每年组织百名教授博士进企业，聘请百名企业专家进课堂）、“双证计划”（要求 45 岁以下中青年教师持有教师资格证书和中级以上职业技能证书）和“青蓝计划”（要求 35 岁以下青年教师必须到企业锻炼累计 1 年以上）等，加强“双能型”教师培养；其次，开展“双能型”教师认定工作，目前滁州学院“双能型”教师的比例达 40%以上，取得中级以上职业资格的教师占 21%，具有企业挂职锻炼半年以上经历的教师占 29%（郑晓华，2016）；最后，设置特聘教授岗位，柔性引进国内外高校专家学者、企业优秀工程技术专家，使其专门负责或参与到专业建设、团队建设、课程主讲、实践指导中。

（三）安徽省高校转型发展的启示

大众化背景下的高等教育应该坚持走多样化的发展道路。一方面，随着我国社会经济的转型升级，高层次技术技能人才的数量和结构远不能满足我国市场的需求；另一方面，众多地方高校同质化发展，不利于我国地方高校办出特色，提高自身的教学质量。因此，调整我国高等教育结构，推动我国高等教育多样化发展，提高人才培养结构与市场经济需求的匹配度，已成为当务之急（孟庆国，曹晔，2013）。从安徽省高校转型发展的实践中，我们可以得出以下启示。

1. 坚持应用型办学定位不动摇

多数地方本科高校是由专科院校升格而来，本身在教学和专业设置上有着较深厚的技术技能人才培养的基础和积淀。但是，在发展实践过程中，很多地方高校往往偏离了应用型办学方向，一味地向研究型大学看齐，刻意追求硕士点、博士点数量，以及学校规模大、学科专业全的综合化道路，丢掉了应用型办学的特色和优势，最终造成了千校一面、同质化办学、发展滞后的问题。安徽省高校转型发展的成功实践，最根本的经验就在于能够坚持应用型的办学定位不动摇。根据安徽省地方经济发展的形式，注重审时度势地确定适合本校的办学定位。现在来看，这一举动不仅具有前瞻性和战略眼光，而且成就了安徽省地方高校 10 年甚至更长远的发展辉煌。

2. 坚持深化应用型人才培养模式改革

地方本科高校要想实现自身的长远发展，就必须培养出适应地方经济社会发展需要的高素质应用型人才。但是，在具体的办学实践中，“什么样的人才是应用型人才”，“怎样培养高素质的应用型人才”这两个问题，并不是容易回答的。安徽省高校在人才培养模式改革的过程中，切实对每个专业对应的就业岗位能力素养进行了充分的调研和分析，把能力要素转化为人才培养目标，落实到具体的教学模块中，最终形成人才培养方案，并进一步经过深入改革，实现了理论教学与实践教学的高度融合，打破了学科专业壁垒。这种模式不仅调动了教师教的积极性，而且激发了学生学的积极性，大大提升了学生的理论知识水平和实践动手能力，毕业生受到了用人单位的一致好评。

3. 坚持以专业建设为龙头

应用型人才培养的根本载体是学科专业。地方本科高校培养出来的毕业生是否符合当地经济社会发展的需要，主要是由其专业实力和水平来决定的。安徽省高校在走应用型转型发展道路的过程中，坚持以专业建设为龙头，能够把有限的资源和条件重点用于专业建设，从而提升其专业实力和水平。其以应用型人才培养为中心，集中政府、企业、社会和国际上众多优势资源，加强专业建设，提升专业教学和科研水平，提高专业为人才培养和经济社会发展服务的能力，为应用型高校的顺利建设提供了有效保证。

第二节　重庆市高校转型发展的路径与启示

自 2013 年教育部启动“地方高校转型发展改革试点”研究以来，重庆市加强组织领导，制订转型方案，树立典型榜样，取得了突出成绩。重庆市属高校入选教育部应用技术大学战略试点研究单位的数量占全国总数的 1/6，占重庆市新建本科高校的 1/2（牟延林，2014），该市地方高校转型发展毫无悬念地走在了全国的前列。

一、重庆市高校转型发展的政策环境

重庆市在推进地方高校转型，实施产教融合发展战略的过程中，先后在当地 6 所本科院校开展了整体转型的试点工作，工作重点主要集中在做好“六个纳入”：①把高校高层次技术技能人才培养规划纳入当地产业转型升级总体规划；②把高校技术开发与服务纳入重庆行业企业科技创新体系；③把高校的实践教学设备和设施建设纳入当地行业企业生产一线基本建设体系；④把高校“双师型”教师队伍培育纳入重庆行业企业“能工巧匠”培训体系；⑤把高校师生服务保障纳入当地社会服务保障体系；⑥把重庆高校毕业生就业创业纳入当地行业企业人力资源开发管理体系。

2014 年 4 月，重庆市成立了“市属高校转型发展联盟”，并制定了《重庆市属高校转型发展联盟章程》，章程中规定联盟是重庆市属高校、政府部门、科研机构、行业企业、有关团体等多方面自愿组成的工作协作交流平台，其主要任务是开展应用技术大学研究，推进联盟成员间的合作，提出重庆市在建设应用技术大学建设、高层次技术技能人才培养过程中的政策建议等，同时该章程还对联盟成员条件、权利与义务、组织机构、经费来源等做出了详细的制度安排。该联盟在重庆市应用型转型过程中起到了整合相关资源优势，为高校、政府部门、科研机构、企事业单位、有关团体等利益攸关方搭建合作交流平台的作用，为实现重庆市应用技术技能人才的“供与需”无缝对接做出了贡献。

2016 年，重庆市进一步扩大地方高校转型发展的范围和层次，18 所市属高校正式申请转型。其中，本科院校 13 所，专科院校 5 所；申请部分学科专业转型的 13 所，申请学校整体转型的 5 所（中国教育信息化网，2016）。

二、重庆市高校转型发展的经验与启示——以重庆科技学院为例

重庆科技学院确立了“行业性、地方性、开放性、应用型”的办学定位，以坚定不移的态度走应用技术型大学发展道路，其发展目标是建设高水平特色科技大学，在开创良好的办学局面方面取得了显著成果。合校升本十多年以来，

依托行业的传统优势，重庆科技学院着眼于高等教育发展大势，一边在探索中思考定位，一边在实践中凝炼独有的特色，初步走出了一条服务“两业两域”（石油和冶金两大行业，重庆地域和安全领域）、培养应用型人才的特色发展之路（严欣平，2014）。在十多年的转型和不断努力发展下，学校的人才培养理念得到了行业及社会的一致好评。

（一）明晰发展定位，完善顶层布局

2004 年 5 月，重庆工业高等专科学校与重庆石油高等专科学校合并组建升格为本科高校，即如今的重庆科技学院。如何使两所专科学校从专科学校转型为真正的本科学校，在延续原来发展基础的同时，又能实现超越式发展，是学校在合并之初面临的最大问题。学校在建设之初，还存在着其他的问题，如由于没有清晰科学的发展定位，社会对这所新学校的办学实力和水平以及人才培养质量存在着不同程度的疑虑甚至质疑。此时此刻，摆在学校领导面前的有两条解决措施：一条是追赶老牌的传统大学，学校可以学习它们的宝贵经验，但学校的优势就大大下降了，在竞争中被淘汰是早晚的事；另一条是从学校实际情况出发，面向经济社会发展需求，摸索出一条属于自己的创新特色化发展之路。最终，学校经过大量的调查研究和仔细分析，选择了第二条措施，确立了“行业性、地方性、开放性、应用型”的办学定位，以培养经济社会发展需要的高素质应用型人才为己任，建设独具特色的应用型大学。

另外，该校也制定并发布了《重庆科技学院建设应用大学总体方案》，这是学校基于办学治校转型发展提出的目标任务、达成的统一认识，同时学校对转型发展的原则和路线图进行了明确。近年来，学校在部分二级学院实施办学改革，从多层面深入探索转型改革的新举措，如人才培养、科学研究、技术转化及队伍建设等。在 2016 年发布的学校章程、“十三五”事业发展规划中，明确规定了继续发展应用型大学，将学校转型发展以制度化的形式确立下来，学校转型发展的顶层布局得到了进一步的加强和完善。

（二）推进六个转变，强化人才培养

培养应用型人才是重庆科技学院的总目标，其主要从以下六个方面开展工作。

1. 转变人才培养方案编制方式

其实现了从以学院为主编制人才培养方案向与行业、企业专家共同参与人

才培养方案调研、论证、修订全过程的转变，更加突出了对学生素质和能力的培养。

2. 转变专业建设模式

学科专业是高校履行办学职能的基本要素，高校办学特色最根本的表现就是学科专业特色。重庆科技学院立足当地发展实际，着眼长远，抓住“两业两域”，打造学科专业特色，大力提升学科专业服务经济社会发展的能力，从学院为主建设学科专业向校企共建学科专业进行转变，使专业建设更好地满足当地产业的需要，学院一半以上的专业都有重庆当地的企业参与建设。

（1）强化“两业”学科专业特色

“两业”是指国民经济的两大支柱行业——石油和冶金行业。学院紧紧抓住国家和重庆市当地振兴发展石油和冶金两大行业的机遇，围绕这两个行业，调整和优化学院的传统优势学科专业，构建起以地勘、钻采输和化工为主体的石油石化类学科专业群和以钢铁冶炼、材料成型为主体的冶金类学科专业群。重庆科技学院先后有无机非金属材料工程、自动化、石油工程、冶金工程、油气储运工程等 5 个专业被批准为国家“卓越工程师教育培养计划”试点专业，冶金工程、石油工程 2 个专业被批准为国家级特色专业。

（2）强化“两域”学科专业特色

“两域”，一是指面向国家需求打造学科专业特色，二是指立足区域经济社会发展需要拓展学科专业群。随着安全生产上升为国家发展战略，重庆科技学院与重庆市安全生产监督管理局联合成立了安全工程学院，主要发挥在石油冶金行业安全生产培训方面的优势，学院的安全工程学科专业得到发展与壮大。学院敏锐捕捉到重庆市对能源、材料、化工、机械、电子等产业人才的极大渴求，积极拓展了机械与电子、生物与材料类学科专业，既壮大了学院石油冶金类学科专业的规模，又提升了学院学科专业服务重庆当地经济社会发展的能力与水平。

3. 转变人才培养机制

学院重点将校企合作工作放在构建“五结合、五重点”人才培养模式上，即通识教育与职业教育有机结合，重点培养学院毕业生的职业素质能力；校企合作培养与工学结合，将培养重点放在学生的工程意识和实践能力上；基础理论教学与基本技能培养相结合，注重培养的是学生的基本技能；课程体系设置与岗位需求相结合，重点考虑当地企业的岗位实际需求；专业理论教学与实践教学相结合，重点强化学院在实践环节的教学工作。重庆科技学院从以自身培养创新创业人才为主向学院与地方企业行业协同育人的方向转变，吸引重庆当地企业积极参与到创新创业人才培养中来，如中兴通信物联网班、中都物流经理班等。

4. 转变教学组织形式

积极探求校企“双主体”合作教育模式。一方面，学校聘请行业企业技术专家和管理人才参与专业建设、人才培养方案制订和课程建设等人才培养全过程，使本科学生和专业学位研究生得到共同的培养；另一方面，学校与国家大型企业、重庆本地企业共同建设教学科研平台，认真执行技术合作研发和技术服务。同时，其从学院教师单一授课向校企共同组建教学团队转变，积极解决教学内容与实际脱节的问题，聘请了中国石油天然气股份有限公司西南油气田公司重庆气矿、重庆钢铁股份有限公司、中冶赛迪集团有限公司等行业企业近百名工程技术专家参与专业主干课程的教学。

5. 转变教师科研成果考核

重庆科技学院从强调教师单纯的科研成果考核向科研成果与科研转化为教学成果相结合的考核转变，大力支持教师将科研创新、科技成果转化为教学内容，使学生的学习方式发生转变，实现从“学而知之”到“感而知之”的转变。

6. 转变课程育人载体

在转变课程育人载体方面，重庆科技学院从强调课堂教学的育人载体，向课赛结合、学做结合的育人载体转变，为学生积极参与创新创业营造良好氛围。近年来，重庆科技学院学生在各级科技创新竞赛中获得骄人的成绩。其中，省级以上奖励 470 余项，完成创新创业训练计划项目 330 余项，学生发明专利转让经费累计达 400 万元（严欣平，2014）。学院本科生荣获第九届世界网络炼钢大赛总决赛冠军，研究生获得全国研究生石油装备创新设计大赛创设以来的首个特等奖和全国大学生石油科技创新论坛仅有的特等奖（重庆科技学院，2017）。

（三）深化产教融合，提升研发实力

重庆科技学院注重应用型大学建设，积极融入重庆产业发展，提升研发能力的应用，并将其作为学校向应用型转化的重要突破口。同时，其以需求为导向、以服务为宗旨，深入开展协同创新研究，形成了企业任务、政府指导及学校研究和企业成果相结合的“中心+结果研究与转化”的共建模式，精心打造产学研用的有机共同体。

近年来，重庆科技学院和企业投入近 2 亿元，在学校建立了十多个科技研发中心。同时，其通过采取“技术+产品”“技术+装备”“技术+系统”“技术+管理”的合作模式，深入开发应用技术，响应企业技术需求。2010—2014 年，重庆科技学院共签约各类项目 1400 多项，科研项目总资金近 5 亿元。自 2012 年以来，学院的研究经费连续四年超过 1 亿元；共获得 2 项省部级科技进步奖，14 项二等奖，23 项三等奖和多项行业奖项。其参研的“981 深海钻井平台的科技攻关项目”荣获 2014 年度国家科技进步奖（严欣平，2014）。其在 2016 年中国大学排名前 100 位的研究基金中排名第 88 位，大学科研服务的能力显著增强。

（四）加强“双师型”队伍建设，夯实师资基础

重庆科技学院提出了教师“工程化、博士化、国际化”项目，实施“三个经验”（企业实践培训经验、学生工作经验和海外培训经验）计划，建立教师教学发展中心和实验教学研究所，完善和巩固新的教师工程实践体系，促进学校与企业之间教师和技术人才库的共建共享。另外，积极派遣科研人员到企业交流和实践，到研究所和企业选择和聘请具有现场工作经验的全职和兼职教师。其努力建立一个应用导向的教师培训体系，定位清晰，层次分明，具体如下：一是选派优秀青年教师到企业挂职锻炼，要求青年教师必须具有到企业实践锻炼经历、任辅导员经历和到国内外高校进修经历；二是将教师的实践教学能力纳入考核体系，建立教师实践教学资格认证制度；三是加大对高学历、高职称人才的引进力度，特别是加大了对具有生产一线经验的高水平人才的引进力度；四是聘请兼职高级技术人员和高级管理人员担任特殊教授，承担实践教学课程，指导专业研究生的论文。

2014 年，在重庆科技学院专职教师中，硕士以上学历的比例达到 87.2%，教授从 2010 年的 88 人增加到 163 人；博士从 130 人增加到 256 人，具有工程实践背景的“双师型”教师比例达 43%。另外，其灵活引进中国科学院院士和中

国工程院院士，院士专家工作站连续两年被评为重庆市优秀院士专家工作站。同时，工作站成功引进了一批高水平的海外人才，包括“千人计划”候选人，并选出了 5 位教授（严欣平，2014）。另外，重庆市实施“巴渝海外引智计划”，逐渐形成了一支结构合理、高水平的教师团队，有效支持了该校的转型和发展。

第三节　河南省高校转型发展的路径与启示

提升当地一些本科院校服务于领域和行业的意愿，转变为应用技术型的大学，已成为当前和未来河南省教育领域综合改革的重要任务之一。近年来，河南省坚定、明确、有效地推动了地方本科院校的转型和发展，在国内发挥了一定的引领和示范作用。

一、河南省高校转型发展的政策与环境

2014 年，河南省积极引导普通本科院校向技工大学转变，开展了本科院校转型发展试点工作，将行业和企业引入学校管理和人才培养的多个方面，实施生产教育一体化，整合校企合作，为社会和市场培养高素质的应用型人才（河南省教育厅，2014）。

河南省列出的 15 所转型大学分为两批进行转型试点：第一批包括黄淮学院、洛阳工学院、许昌学院、黄河科技学院和安阳工学院；第二批 10 所学校包括河南工程学院、南洋理工学院、南阳师范学院、周口师范学院、商丘师范学院、平顶山学院、河南畜牧经济学院、安阳师范学院、郑州轻工业学院和信阳师范学院。河南省高度重视本科学校转型发展试点工作，由省教育厅统一协调、宏观指导，各试点学校具体负责项目的组织实施、过程管理、阶段评估等。

为落实《河南省人民政府关于加快发展现代职业教育的意见》《河南省现代职业教育体系建设规划（2014—2020 年）》的总体要求，做好河南省本科院校转型发展试点工作。《河南省教育厅关于做好本科学校转型发展试点工作的通知》中明确提出了高校转型发展的任务：一是完善学校治理结构；二是加强

特色专业（集群）建设；三是创新人才培养模式；四是加强实习培训基地建设；五是加强“双师型”教师队伍建设；六是提升社会服务能力。除此之外，河南省教育厅将在政策保障、经费投入等方面给予转型高校倾斜支持，并将对资金使用情况跟踪问效，确保试点工作的顺利开展。

二、河南省高校转型发展的探索与实践

在第一批转型的5所学校中，黄淮学院、黄河科技学院、许昌学院和安阳工学院都出台了一系列措施，以促进转型和发展的推动和实施，取得了诸多成绩，下面将具体分析几所院校的成功做法，以期获得有益经验。

（一）黄淮学院转型发展的探索与实践

黄淮学院在推动高校转型发展方面的工作主要集中在六个方面。

一是做好系统顶层设计，规划学校转型发展。地方本科院校转型发展最重要的是学校办学目标的定位。接“地气”就是要把办学目标定位为面向社会发展，深入研究地方经济社会的发展需求和产业结构对人才类型的需求，据此调整办学定位和方向。

二是改变教育观念，引领学校转型发展。地方本科院校转型发展最困难的部分是思想观念的转变。思想没有得到解放，思想没有得到更新，转型和发展就没有动力和自信。不情愿地被迫接受转型发展，就绝不会有转型发展的积极性和创造力。在这一点上，黄淮学院做了深入细致的工作，如学理论、造舆论、抓典型等，彻底解放思想，更新观念，为转型发展创造良好的软环境和提供内生动力。

三是建立合作发展联盟，促进学校转型发展。其让企业参与人员培训的全过程，学校和企业共同实施“学科专业改造提升计划”，与四川华迪信息技术有限公司、河南银泰新能源汽车有限公司共同建立了软件工程、汽车服务工程等专业。

四是优化学科专业结构，促进学校转型发展。具体如下：①跟踪行业的科技进步，转变生物工程、旅游管理等老行业领域内的专业；②密切关注当地主导产业和战略性新兴产业的发展，如土木工程和软件工程；③重点建设直接为地方产业、行业服务的新专业，如汽车服务工程、新能源科学与工程等专业；④重点培养土木工程、文化艺术、信息技术和管理四个应用型专业群体，努力提高专业群体服务区域经济社会发展的能力；⑤把终结性评价替换为过程性评

价，把封闭式评价替换为开放式评价，把学校评价替换为学校和企业的联合评价。如此，将单一的学生评价替换为多元的评价模式，可以强化对学生分析问题和解决实际问题能力的培养。

五是推动学校转型发展的创新人才培养模式。构建实践教学平台，根据不同学科的特点构建多元化的应用型人才培养模式，通过引进“轻松团队”“微观建设”等大型工作室，深化教学方法改革，运用团队学习、案例分析、模拟训练等方法，让师生团队深入植入项目设计和开发，实现“教、学、做、评”的整合。

六是建立实用的教育平台，支持学校的战略转型。黄淮学院与160多家行业公司和研究机构共同成立黄淮学院合作发展联盟。该联盟以黄淮学院为主体，通过会员单位之间的全方位、多层次的密切合作，促进教育、科研和服务的协同创新，构建高素质的应用型人才，构建多团队协作、多模式运作的有效载体（介晓磊，2013）。

（二）黄河科技学院转型发展战略路径探索

2013年，黄河科技学院被教育部批准为“应用科技大学改革试点战略研究单位”，并成为河南省第一批转型发展试点大学。通过深化改革、转型发展，坚定不移地走应用型道路，学校人才培养质量不断提高，办学特色日益突出，办学和服务社会的能力显著提高。回望其多年来的转型发展之路，总体来看，学校推动转型发展的主要举措有以下几个方面。

1. 树立国际化办学理念

黄河科技学院坚持对外开放，加强国际交流与合作，看齐国际应用科技大学的发展前沿，借鉴国际先进的办学理念，从国际视角分析当地经济社会发展的需要和趋势，全面系统地创新办学模式和运行机制，实现全方位的办学国际化。

2. 坚持为地方服务的办学定位

黄河科技学院坚持办好地方性院校和服务地方发展的方向，在地方经济社会建设过程中跟踪产业结构调整和转型升级。同时，针对战略性新兴产业特别是新型装备制造业、汽车产业、新一代信息技术产业、新能源新材料产业和新型文化产业等对人才培养和技术创新的需求，培养高素质的技术人才，促进科研合作，发展社会服务。

3. 创新集团化办学体制

黄河科技学院坚持开放学校，走集团化教育之路。同时，其将建立教育和科技模块，通过教育集团建设普通教育、职业教育和继续教育的立交桥。另外，其通过技术模块构建技术创新和生产性培训平台，促进教育链与产业链的有机结合。集团化教育促进了生产、教育和研究的整合，形成了融合、协同的人才团队，确保了人才在教学、研究和生产实践中的无缝整合和动态流通。

4. 搭建专业化发展平台

黄河科技学院打破了教学研究和学科的现有障碍，重点关注产业整合基础研究、应用研究、产业实体和专业资源。同时，建立服务于不同行业的各种协作创新综合体，依托综合化的生产、教育、研究专业平台，促进学科专业的发展，实现人才培养和办学模式的特色建设，集中力量打造品牌。

5. 加强信息化技术应用

黄河科技学院顺应大数据时代的发展要求，将信息技术融入管理、教学、科研、品牌建设等方面。同时，加快数字校园建设进程，实现无线校园网的全面覆盖。其通过服务器虚拟化、存储虚拟化和其他措施，建立了有效的学校内部数据共享机制，为交互式办公、移动教学应用、在线课程、质量课程、MOOC和微课程提供支持平台，实现了绿色校园建设与信息技术的融合。

（三）许昌学院转型发展的路径

近年来，许昌学院认真审视自身的办学历程，抢抓发展机遇，不断明确“立足本地，面向社会，服务当地经济社会发展”的办学思想，确立了“地方性、应用型、服务性”的科学办学定位，制定了“高水平应用本科院校，重点是科学技术和鲜明特色”的办学目标，学校被确定为河南省5所转型发展试点高校之一。作为一所长期以师范教育为主的高校，在短时期内，其在探索向应用型大学转型的道路上取得了可观的成绩。许昌学院促进转型发展采取的相关措施成效明显，围绕展现办学思想、体现办学定位、实现办学目标，采取了相关措施促进学校事业发展转型（王国庆，2013）。

一是坚定不移地融入当地经济社会发展，坚持走文化生态道路办学，培育办学特色。在学校专业设置方面，密切联系地方区域的发展需求，如能源和电力、设备制造、食品工程、超硬材料等优势产业。许昌学院开设了9所二级学院，包括电气工程学院、城乡规划与园林学院和土木工程学院等，理工科发展趋势良好。同时，其积极成立历史文化学院、中国珐琅研究所、魏晋文化研究所、中原农耕文化博物馆等，形成了“贴近地方、特色鲜明”的专业模式，聚集了一批具有明显区域产业特色和竞争优势的专业人才。

二是坚定不移地走政产学研相结合的办学道路，努力为地方经济社会发展培养高素质的人才。2013 年 12 月 5 日，许昌市人民政府支持许昌学院建设应用型科技大学签字仪式隆重举行。在仪式上，许昌学院与许昌市政府签订了战略合作协议，在医学资源整合、人才交流、政策资金、校园建设等方面得到有力的支持，正式启动了校地共建人才“双百工程”，依托政府、企业在高等教育领域开展产学研合作进行积极探索，校地全面合作的大幕开启。另外，2013 年其与许昌市人民政府签订了战略合作协议，与 30 余家地方著名企业签订了产学研合作协议。

三是教师转型平台不断拓展。其制定了一系列激励和指导性文件，以支持教师提高实践教学和应用技术研究能力，积极开展社会服务。作为一项标志性的改革举措，该校与许昌市合作实施人才“双百工程”共建。5 年内，该校将遴选 100 名教师进入基层，遴选 100 名本地企业专家进入校园。

四是行业学院稳步发展。许昌学院与河南丽贝卡发制品有限公司合作，建立了全国唯一的发制品行业学院——丽贝卡学院。另外，路桥学院、汽车学院和景观建筑学院等也在积极筹备建设中。

五是协同创新平台搭建顺利。由学校和企业共同建设的智能电网，超硬材料、低碳建筑项目，以及发制品生产及食品质量控制等协同创新中心投入运营。同时，产学研合作的成果不断涌现，2014 年获得的专利已超过过去 10 年的总和。2014 年 12 月，河南省教育厅和许昌市人民政府商定，省政府、市政府将共同支持许昌学院建立示范应用技术大学。

（四）安阳工学院转型发展的路径

2004 年 5 月，安阳工学院获得教育部门批准升格为普通本科学院。安阳工学院促进转型发展的主要措施如下。

一是转变思想观念，借鉴转型经验。2014 年初，安阳工学院党委决定在全校开设为期一年的学习活动，主题为“应用型本科教育教学理念与探讨”，并先后前往金陵科技学院、上海应用技术学院[①]和台湾地区的昆山科技大学进行

① 2016 年更名为上海应用技术大学。

了相关培训、专题讲座与互动座谈，同时对美国、加拿大、英国、法国和德国的重点大学进行了考察调研，学习国内外高校培养应用人才的经验。

二是厘清办学定位，明确转型目标。安阳工学院将工作的核心凝聚在培养面向生产、建设、服务和管理一线的高素质应用型专业人才这个目标上。其坚持走应用型本科院校的发展道路，定位安阳，面向河南，辐射全国，服务地方经济建设和社会发展。其目标定位准确，办学特色集中在建立飞行技术专业，融合安阳的地方经济发展和文化特色，开展应用研究和文化传承。其目标是将安阳工学院建设成为一所应用型本科院校，且办学条件优秀，优势和特色突出，并在类似院校中具有鲜明影响力（安阳工学院宣传部，2015）。

三是深化人才培养模式改革，培养专业人才。该校根据专业特点，加强课程体系设计与社会需求的融合度，积极探索人才培养模式、课程设置、教学内容和教学评价等方面的改革。另外，其积极探索基于工程背景的创新人才培养模式改革、以电子信息工程行业需求为导向的人才培养模式改革、基于“六位一体”系统应用型人才培养模式的改革、基于专业认证的土木工程专业应用型人才培养改革、基于“专业—就业—创业”的电子商务应用型人才培养模式改革等，努力构建与经济社会发展相适应的应用型人才培养模式，人才培养质量得到了不断提高。

四是开展应用技术研究与创新，提高科研水平。安阳工学院针对安阳市的经济、社会发展现状及趋势和需求进行了深度分析，通过技术服务、校企合作、技术咨询、推广、联合研究等渠道为安阳的经济建设服务。另外，其与行业、企业、协会和社会团体开展横向联合，深入合作，建设技术研发中心、工程技术中心、科研站点和重点实验室等，提高了学校服务地方经济社会发展的能力。

五是打造特色鲜明的专业群建设，为区域经济服务。安阳工学院专注于重点学科和专业与河南和安阳的区域经济结构的高度融合，加强经济社会发展中相关行业领域与学校专业集群的全方位合作。其以郑州机场经济试验区和打造“中国航空运动之都”为契机，适时打造了基于飞行技术专业的通用航空专业集群；以加快城镇化建设和棚户区改造为契机，构建以土木工程相关专业为基础的专业集群；以河南为国家粮食生产建设的核心区域，实施现代农业产业化集群培育项目，加快农产品加工业发展为契机，整合食品、生物技术、动物医药和其他专业，以创建一个专业的食品和农产品集群等（安阳工学院宣传部，2015）。

第四节　浙江省高校转型发展的路径与启示

随着“中国制造”向“中国创造”的转变，创新驱动型发展战略与社会人才需求结构也发生了变化。社会不仅需要有普通技能的人才，还需要能够创新和具有企业家精神的高水平应用人才。为从源头上解决浙江省的“行业用工荒，学生就业难”问题，浙江省正在积极实施地方本科院校的转型战略，预期要在2020年达到试点高校应用型专业占所在院校专业数的70%以上，在应用型专业就读的学生占所在学校在校生的80%以上（马悦，武怡晗，2015）。自试点项目启动以来，试点大学开始改变旧的教育模式，以社会需求为办学方向，实现了向应用型高校的转变。

一、浙江省高校转型发展的政策与环境

2015年7月，浙江省41所普通本科院校（含独立学院）率先开展试点工作，秉承《浙江省教育厅 浙江省发展和改革委员会 浙江省财政厅关于积极促进更多本科高校加强应用型建设的指导意见》和浙江省教育厅办公室《关于报送加强应用型建设试点实施方案的通知》的精神，提出了试点实施方案。其鼓励试点的本科院校，尤其是更多地方性本科院校根据所在区域需求，完成六项主要任务：一是转变办学理念；二是创新办学机制；三是改革培养方式；四是加强教师队伍的建设；五是优化学科专业；六是增强创业能力（解艳华，2015）。

二、浙江省高校转型发展的探索与实践

截至2015年，浙江省省属各高校共有专业布点2000多个，其中应用型较强的工科类专业占据 1/3，这为浙江省本科高校加强应用建设提供了坚实的基础（武怡晗，2015）。

（一）浙江科技学院转型发展战略路径探索

自20世纪80年代初期起，浙江科技学院就被教育部确定为学习德国应用型

大学试点高校，一直十分注重学习和借鉴德国应用科学大学的办学经验，不断强化学科特色和优势，在实践中通过实施“四大对接”，服务地方经济转型升级。

1. 实施学科链与地方产业链紧密对接

学校注重地方经济社会发展战略，积极瞄准产业转型升级的需要，完善学科结构，凝聚学科方向，加强学科与地方产业的互动，实现学科链与本地产业链的有效衔接。近年来，学校通过跨学科交叉、渗透和整合，形成了服务浙江绿色智能制造、生态高价值农业和现代服务业的机械工程、化学工程和技术、土木工程和艺术设计的重点学科。在建设过程中，这些学科团队密切关注浙江省产业结构调整，并以此为推动学科进一步凝聚的动力，形成了学科与当地产业的良好互动。

2. 实施“校企合作”，与行业企业深度融合

该校制定了“立足本地，面向行业，依托企业，服务领域”的发展方针，通过实施“校企合作”，与行业企业紧密联系，为当地经济社会的发展贡献力量。自 2008 年以来，该校全面实施校企合作项目，并与 150 多家企业合作，主要通过实施校企合作项目、校企合作和联合建设基地，推动校企合作人才的培养。同时，其还与浙江中控技术股份有限公司等当地企业和行业建立了 70 多个研究机构，大大提高了学校服务地方经济转型升级的能力。该校年度研究经费总额的 75%以上来自学校与企业合作的横向研究项目。目前，校企合作正在以多学科、高层次、立体化、多元化的方式发展（陈衍，2015）。

3. 实施法人团队科技特派员与区域特色产业紧密对接

作为浙江省首批“法人科技特派员”试点单位，学校依托法人科技特派员团队的优势和力量，促进科技团队与区域特色产业的联系和合作，努力扩大科技应用和合作的范围。学校生物与化学工程学院法人科技特派员团队以衢州市柯城区区域特色产业发展需求为方向，按照省的工作目标，通过对十几家从事农产品化学和生物加工的企业的深入调研，利用团队优势，与浙江泰康生物科技有限公司联合申报了省级研发中心；与衢州市金明食品有限公司联合建立农产品加工技术研发中心；与衢州市当地数家企业共同研发柚子果汁和发酵柚子果汁生产工艺、柑橘酒生产新工艺、柑橘囊衣膳食纤维生产工艺等项目，进一步推动了衢州市农产品深加工产业的集群培育与发展。

4. 实施“共享海外智力”服务地方经济转型升级

学校充分发挥与德国20余所应用型高校长达25年合作的独特优势，大力引进海外留学回国人员，引进国外优质高等教育与科研资源，共建学科平台，共享海外智力资源。例如，学校和德国汉诺威应用科学大学联合创建的中德媒体与设计研究所承担了德国罗伯特·博世公司、中国杭州纺织机械有限公司等的10余项设计项目；借助于学校和德国艾姆登-雷尔大学、德国汉诺威应用科学大学、德国纽伦堡应用技术大学三所应用科学大学联合组建的中德ZEHN农产品化学与生物加工联合研究院，共同为农产品加工及其产业升级开展国际合作研究。2013年3月，学校与德国吕贝克应用科技大学、西海岸应用科学大学联合创办了“中德工程师学院”，将引进德国应用科技大学的办学模式，以探索中国应用科技大学的办学路径，为国家培养更多的具有德国工程师特质的应用型人才，为地方经济社会发展服务。学校通过与地方政府合作，将浙江科技学院中德工程师学院落户在浙江省安吉县，实现了海内外高校优质教育资源与地方经济社会、特色产业、区位交通、生态环境、人文历史等优势条件的成功对接。

（二）衢州学院转型发展战略路径探索

衢州学院根据衢州市提出的“1433”战略体系，即打造美丽经济幸福产业、数字经济智慧产业，实现绿色发展、西部崛起（浙江经济网，2018），主动对接新技术、新产业、新业态发展需求，坚持应用新技术导向，强化特色发展，注重科学顶层设计，以四省边际城市应用型大学建设的领跑者为建设目标，全方位提高办学质量和水平。

1. 以应用新技术为导向，推动产学研创有机结合

第一，在产教对接上，学校根据支柱产业建设专业（方向），以产业发展为导向，优化调整，促进学校专业发展与衢州产业发展同步。

第二，在产教合作方面，根据企业难题建设合作平台，以企业需求为导向，建立校企合作平台，为企业发展提供技术支持、产品开发、成果转化、项目策划等服务。

第三，在进行产教引领过程中，根据新技术需求开拓新的学科方向，以产业发展需求为导向，及时调整学科建设方向，解决产业升级的核心问题。

第四，在产教互促过程中，根据新的学科方向培育创新创业团队，通过成

果转化、小企业孵化、项目产业化，形成“学科-团队-企业”一体化，促进地方产业转型升级。

2. 以强化特色发展为路径，打造三大战略高地

第一，打造应用新技术人才培养高地。其申报新专业、开发新课程、构建“实训-研发-创新创业”一体化实践体系，占领人才培养高地，用明天的技术培养今天的学生，为未来服务。

第二，打造立地式研发服务高地。其以企业需求为导向设立博士工作站，打造企业成果培育与产出、转化与应用的基地；以产业需求为导向设立研究所，按照“需求、方向、条件相一致”的思路，让每个有能力和有条件的二级学院设立相应的研究所；以行业需求为导向设立重点创新团队，切实解决生产一线急需的关键技术难题和技术应用“最后一公里”的问题。

第三，打造产教融合高地。做好校校合作，紧紧抓住“四校援建”及浙江大学工程师学院衢州分院建设的机遇，切实提升学校整体办学水平；做好校企合作，建立企业研究院，共享技术，共用基地，共育人才，形成校企合作共赢的新局面；做好校地合作，与地方政府部门建立检测院、设计院等，助推地方产业升级；做好校所合作，进一步推进大院名所分院（中心）共建工作，集聚优势力量，提升社会服务能力。

3. 以科学顶层设计为总纲，形成“一体化”人才培养体系

第一，培养层次的一体化。学校根据应用型人才培养的不同层次，在办好本科教育的基础上，积极申报硕士学位点，同时保留部分专科专业，构建“专科-本科-研究生”一体化的人才培养体系。

第二，培养过程的一体化。学校以“出口”约束“入口”，强化过程培养，将招生、培养、就业融为一体，进行联动改革，构建“招生-培养-就业”一体化的人才培养过程。

第三，学科建设的一体化。加强顶层设计、整合优势资源，搭建科研社会服务平台，打造重点团队，构建“学科-平台-团队”一体化的学科建设体系。

第四，专业建设的一体化。学校将专业建设向研发端和培训端延伸，通过培训建专业，在专业的基础上建平台，从而构建“培训-专业-平台”一体化的专业建设体系。

第五，双创教育的一体化。以能力为主线，以实训为基础，以研发为动力，以创新创业为导向，着力培养学生的实践动手能力、解决问题的能力及创新创

业能力，从而构建“实训-研发-创新创业”一体化的双创教育体系。

第六，资源整合的一体化。学校创新“政产学”合作模式，充分利用政府行政链、地方产业（企业）生产链及学校技术-科学链的优势，加强资源分享与信息沟通，推动三个链条相互促进、顺畅转动、螺旋上升，构建政府、企业、学校优势资源整合的一体化模式。

第五章

欧美国家应用技术大学办学经验与借鉴

地方本科高校是我国高等教育重要的组成部分，推进地方本科高校转型发展，更好地服务地方经济社会建设，是高等教育深化改革的重要任务。地方本科高校转型发展的方向是向应用型和应用技术大学转变。在应用技术大学办学方面，欧美国家有多年的实践探索和较丰富的经验，值得我们学习和借鉴。

第一节　应用技术大学发展的历史溯源

从 20 世纪 60 年代中期开始，欧美部分发达国家对职业院校进行调整，将其中的一部分升级为应用技术大学，与综合性大学平行存在，同属于高等教育体系的组成部分，开启了世界历史上应用技术大学的发展。研究世界历史上特别是欧美发达国家应用技术大学发展脉络，对于促进我国地方本科高校发展具有重要的借鉴意义。

一、欧美应用技术大学产生的背景与现状

20 世纪六七十年代，欧美经济在经济总量、产业结构和社会环境等方面都发生了巨大的变化，这对就业人才的素质提出了更高的要求。

一是衡量城镇化率的数值在不断提高。20 世纪 70 年代，城镇化率在部分欧洲国家已经超过了 50%，在德国甚至达到了 72%（孙诚，2014）。城镇化率的提高是欧美部分国家在优化产业结构和改变生活方式方面的一种体现，这也会在理论知识和实践能力方面影响人才培养的构架。

二是人均 GDP 水平的迅速提升。20 世纪 70 年代，欧美参与应用技术大学建立的几个国家的人均 GDP 都已经超过了 3000 美元，部分发达国家相继实现了人均 GDP 4000—5000 美元的跨越，例如，20 世纪 70 年代，北欧国家瑞士和荷兰人均 GDP 达到了 4000 美元，其中瑞士达到了 6467 美元，美国 1971 年人均 GDP 约达 5600 美元，越来越多的家庭有条件将子女送入高等院校接受系统的教育（孙诚，杜云英，2014）。

三是产业结构的调整和优化。20 世纪 70 年代以来，欧洲一些国家的农业、工业比例持续下降，服务业比例上升，第三产业成为国民经济的支柱产业。欧美产业转型升级，技术不断进步，经济持续增长。在这样的时代背景下，欧美应用技术大学这一新型大学类型应运而生，适应了欧美国家产业发展对高层次技术技能人才的需求。

应用技术大学是 20 世纪 60 年代在欧美各国兴起的一种新建或由职业性院校升格转型而成，与研究型大学并行的机构。它的办学定位原先注重以专业技术为主导，培养具有科学意识与能力的技术技能人才，近年逐步扩展了开展应用型研究的职能。由于学费比研究型大学便宜，且就业率很高，这类学校受到了社会的欢迎。通过几十年的发展，欧美应用技术大学不仅在高等教育中占据了重要地位，且引领了职业教育的改革发展，承担着培养高层次技能人才、开展应用研发创新、服务就业和区域发展及促进终身学习等重大使命。

二、欧美应用技术大学的办学特色

（一）办学定位于为区域经济服务

欧美应用技术大学的培养目标明确，突出应用性和实践性。例如，德国应用技术大学为企业培养高层次技术人员、一线管理人员、社会服务领域专业从业人员提供了保障。奔驰公司总部所在地斯图加特和大众集团所在地沃尔夫斯堡，当地应用技术大学都以工程制造、电子、汽车专业为特色，学生在学习过程中直接到这些企业实习，人才培养的针对性十分明确。芬兰赫尔辛基城市应用科学大学专业设置以社会需求和就业为导向，强化与工作和生活的联系，社会福利和人体机能学院不仅开设了牙科技术、验光、职业治疗、理疗、足部医疗、假肢和矫形器等与人们的生活健康密切相关的专业，还开设了老年人关爱、社会服务等适应老龄化社会需要的可授予学位的专业。瑞士应用技术大学积极开展面向中小企业的应用性研究、相关成果的转化和后期服务与技术支持，提供适用于市场的解决方案，并且其毕业生也大多就职于这些企业。

（二）学制灵活，满足学习者的需求

灵活的学制可以使不同的学习者根据自己的时间灵活安排学习，是应用技术大学满足不同学习者需求的基本保障。荷兰应用技术大学提供的学习方式既有全日制也有非全日制。2011 年，荷兰近 42 万名学习者中，81%的学生采取全日制的学习方式，15%采用非全日制，还有 4%采用了两者兼顾的方式（孙诚，杜云英，2014）。在大学的前两年教育中，学校针对有职业经验和无职业经验的两类人群设计有区别的教学计划，以弥补各自的知识和技能缺陷，取得更好的教育效果。对于有职业经验的学生，加强理论知识的学习，减少实践课的训练；对于无职业经验的学生，强化其技能训练。奥地利应用技术大学从 1996 年开始提供适应在职人员学习的课程，这些课程往往安排在工作之余，有些是在晚上和周末，也有一些是采取远程教育的方式，它们约占应用技术大学课程的 40%。

（三）在招生上注重学生来源多样化

欧美应用技术大学广纳生源，兼顾职业教育和普通教育两类学生，以及社会在职人员。德国的应用技术大学的生源包括综合文理高中毕业生、职业高中毕业生和其他学校毕业并补修完相关课程的学生；荷兰的应用技术大学对所有拥有普通中等教育、中等职业教育和大学预备教育文凭及任何同等资格的学生开放，超过 21 岁的不具备所要求资格的学生可以通过入学考试进入就读。奥地利的应用技术大学的生源包括高中毕业生、学徒和中等职业学校毕业生，申请者只要提交书面文件，并经过书面审查或口试以及面试后，就有机会获得入学资格。

（四）人才培养理论与实践相结合

欧美应用技术大学注重培养学生理论联系实际的能力，通常采用理论学习与实践实习并重的方式，其学制设置、专业设置、课程开设、师资配备和毕业考核等方面都紧扣这一目的。德国的应用技术大学在学生培养方案中安排 1—2 个学期的实习，学生进入企业或其他工作单位参与实际工作，积累实践经验。其课程设置含有大量的实践性课程和案例教学，强调学生应用理论知识解决实际问题的能力。荷兰的应用技术大学在传统的理论课之外，采用研讨班、项目

研究、独立研究等教学形式，培养学生的实践能力，学生通常需在第三年完成实习或实践工作。芬兰的应用技术大学的课程结构分为5个板块，即基础学习、专业学习、选修课、实习实训和学位论文，其中基础学习约占教学时间的50%、专业学习占25%、选修课占6.25%、实习实训占12.5%、学位论文占6.25%（焦新，2013）。

（五）研究侧重于应用性研发创新

开展应用性研究是应用技术大学的一项重要使命。应用技术大学在国家创新体系中扮演着重要角色，它瞄准区域经济社会发展需求，与社会各方共同设立研发项目，学生则通过参与项目来提升实践能力和职业综合能力。芬兰的应用技术大学研发创新活动，建立了由地方政府、企业、社会组织和国内外高等教育机构组成的发展网络，形成了长期稳定的合作伙伴关系，实现了研发项目与教学和人才培养的融合。德国的应用技术大学也十分重视应用性研发创新，教学人员通过与产业合作及在公司指导学生的本科和硕士论文，建立起了科研与工作实践之间的关系。应用技术大学为企业提供智力支持和科研平台，帮助企业实现技术升级，缩短科研成果转化的周期。企业为应用技术大学提供研究经费，把生产实践和企业技术研发中的相关问题作为科研项目。

与欧美应用技术大学产生的经济社会背景相比，我国所处的经济发展阶段以及当前面临的技术技能人才匮乏等问题，与当时欧美发达国家所处的发展阶段具有一定的相似性，也处在城镇化进程加快、产业调整转型升级的关键时期。适应经济社会发展需求，借鉴欧美应用技术大学办学经验，建设中国特色的应用技术大学，对于打造中国经济升级版、加快经济转型升级步伐具有重要意义。

第二节　德国“双元制”培养模式与启示

德国是世界上高等教育办学最早的国家之一，现代意义上的大学——柏林洪堡大学就诞生在德国。该国的高等学校，主要分为综合性大学、应用技术大学、师范和艺术学院及职业学院。德国的应用技术大学主要面向企业和行业，开设应用性强的专业，如工程学科、社会事务学科、经济和食品学科等，约有1/3的学生就读于应用技术大学。

德国的应用技术大学的创建基础可以追溯到20世纪50年代。为了培养更多的高素质技术人才，德国在全国范围内建立了大批职业工程类院校，这为日后应用技术大学的建立提供了实体基础。20世纪60年代末，德国普通高等教育领域入学人数日益增加，而现代工业社会发展对不同素质的职业技能人才的需求也在迅速扩大。1968年10月，联邦德国各州州长达成协定，一致同意将原有的基础较好的工程技术类学校进行合并或改革，建立高等专科学校，也就是今天所说的应用技术大学。在发展过程中，德国很多企业逐渐认识到，当时的综合性大学、应用技术大学和企业无法培养既掌握一定理论知识，又具备较强实践能力和创新意识，满足企业岗位需求的高级管理、技术和服务人才，人才“能力缺口”和人才断层问题仍然难以解决。这样德国职业教育与高等教育的融合性产物，即应用技术大学的典型模式——“双元制”培养模式便应运而生。

一、“双元制”培养模式的产生过程

1972年，德国三家大型企业——洛伦茨标准电器设备股份公司、罗伯特·博世有限公司和戴姆勒股份公司，率先和斯图加特行政与经济学院共同创建了校企联合办学的新型高等学校——职业学院，其主要特征是办学主体由职业学院与相关企业“双元”组成，教育模式由理论学习与技术培训“双元”构成。不同于传统的中等职业学校的“双元制”职业培训模式，新“双元”培养模式旨在培养企业岗位需求的高级管理、技术和服务人才，办学主体由企业或社会组织与高校“双元”组成，是职业教育模式在高等教育机构的延伸与革新。职业学院的“双元制”培养模式不仅受到了学生和企业的欢迎，也得到了当地州政府的支持和推动，职业学院很快发展成为州立学院。

现在德国“双元制”培养模式从最初的职业学院扩展到包括双元制学院、应用技术大学、综合性大学等多种类型在内的高等教育领域，具体如图5-1所示（段言，2014）。高校参与“双元制”项目、学生和企业的数量均有较大幅度提高：2012—2014年设置“双元制”课程的高校数量同比增加了14.9%，参加“双元制”课程的学生人数增加了7.9%，参与“双元制”模式培养职业或技术后备人员的企业数量从2004年的1.8万家增至2014年的3.9万家，增长幅度为117%（段言，2014）。

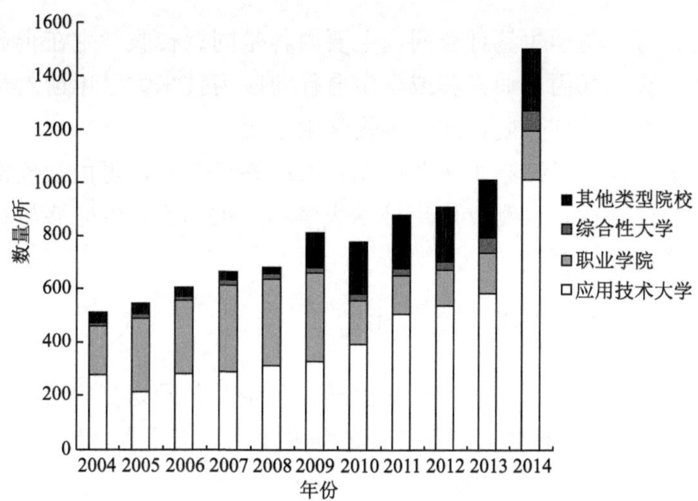

图 5-1　2004—2014 年德国提供“双元制”课程的高校类型

资料来源：以上数据来源于山东英才学院赴德国考察应用技术大学小组调研报告

德国学者 Gred 认为通过“双元制”模式培养的高级管理、技术和服务人才可以在一定程度上满足现代工业社会发展和企业技术进步的需要。德国学者 Andreas 认为“双元制”模式满足了新的“人力资源观”，即能根据不断变化的职业要求，在实践中不断提升自我发展的能力。这需要重视学科体系和应用环境的双重培养，根据“双元制”在职业教育领域的发展经验，被认为是可以满足这个要求的。因此，对应用技术大学“双元制”培养模式的探究，具有一定普遍性和代表性。

二、“双元制”培养模式的主要特点

近年来，德国应用技术大学“双元制”学生规模呈快速增长的趋势，高等教育界对“双元制”的优势和特色越来越重视。可以说，“双元制”培养模式必将成为德国职业教育和应用型人才培养的主导模式。“双元制”培养模式的主要特点集中体现在以下几个方面。

（一）学校、企业、学生建立契约关系

“双元制”培养模式的基础和前提是契约精神，学校、企业和学生通过签订合同明确各自的权利和义务：①学校与企业签订合同，同意双方开展“双元制”培养合作；②学生在高中毕业后，需要向企业申请参加“双元制”学习，

企业审核同意后，与学生签订合同，主要内容是同意接收学生在企业实习，并为学生支付学费；③由企业推荐或学生自行向应用技术大学申请入学。学校审核同意后，与学生签订合同，同意接收学生学习。

另外，学生也可以在高中毕业后先和学校签订合同，再由学校推荐或学生自行与企业签订合同。在私立应用技术大学中，95%的学生能够与企业签订资助学费并接受实习的合同。

（二）理论学习与职业培训相结合

“双元制”培养模式的最大特点是由学校和企业共同培养应用型和高级技术人才。学生在学校的理论学习和在企业的职业培训、实践实习是交叉进行的，主要有三种形式：第一种是模块模式，每学期 6 个月时间，3 个月在学校学习理论，3 个月在企业培训；第二种是周模式，每周 2—3 天在学校学习理论，3—4 天在企业实习；第三种是“企业主导”招收的学生，学制为 4 年，第一学年在企业进行职业技术培训，获得培训证书后，再进入“双元制”的常规学习。

“双元制”学生的学习时间非常紧张，不仅没有寒暑假，而且每天的课程安排紧凑，周课时数在 30—34 课时，还必须在规定学期内完成学业，不能延期，不能重修，每门课安排 2 次笔试和 1 次口试补考机会，如补考仍不能通过，则只能退学或不能取得毕业证。以帕德博恩经济应用技术大学为例，每年大约有 15%的学生不能顺利毕业。“双元制”培养模式对职业教育的系统设计，让学生可以提前进入企业进行学习或实习，一方面可以调动学生的积极性，另一方面也可以促进企业培养更多符合企业要求的工作人员。

（三）以就业为导向，增加学生就业机会

“双元制”培养模式的最大优势在于以就业为导向，学生的就业率相当高。学生在入学前就确定了实习企业，而实习企业不仅为学生提供学费、实习机会、学习条件，而且在学生毕业时为学生安排了工作岗位。一定意义上，“双元制”把学生的就业时间从毕业提前到了入学，而学生获得了“双元制”培养机会，就基本上获得了工作机会。

另外，与地方经济密切结合，提高学校人才培养的针对性，促进毕业生发挥就业优势。例如，在汽车制造业集中的地区，如奔驰公司总部所在的斯图加特地区和大众集团所在地沃尔夫斯堡，当地的应用技术大学都以工程制造、电子、汽车专业为特色，学生在学习过程中直接到这些企业进行实习。再如，不来梅应用技术大学就充分利用了港口城市的特色和近邻空中客车生产基地的优

势，大力发展航空科技、船舶制造、航海技术等特色专业。这些学校在相关领域的科研实力都十分突出。

一项针对巴伐利亚州高校毕业生就业状况的调查也显示，应用技术大学毕业生在本地区就业的比例更高。在工商管理和信息技术两个专业领域，应用技术大学毕业生留在巴伐利亚州就业的比例分别高达73.4%和94%，高于同样专业的综合性大学毕业生（分别为62%和90.2%）（秦琳，2013）。这也从另一个方面反映出，应用技术大学的专业设置和人才培养与本地区经济产业结构、劳动力需求状况的联系更加紧密。

（四）从实际出发，形成多种“双元制”形式

应用技术大学在推行“双元制”培养模式时，根据社会需求和自身实际情况，采取了多种形式。根据招生对象的不同，可以概括为两类4种基本形式（表5-1）。

表5-1 “双元制”培养模式的基本形式

招生对象	基本形式	入学条件	主要特点	学生规模	平均薪资
高中毕业生	综合培训“双元制”课程	1. 有高中毕业证书 2. 未参加职业培训	毕业后，获得本科学士学位和行业协会颁发的职业资格证书	20%	853欧元
	综合实践“双元制”课程		毕业后，只获得本科学士学位	75%	869欧元
在职人员进修	综合职业“双元制”课程	1. 参加过职业培训 2. 不需要高中毕业证书	在兼职工作的同时，完成学业	5%	1482欧元
	在职“双元制”课程		在全职工作的同时，自学完成学业	忽略不计	

注：这里的“平均薪资”是学生在企业实习期间获得的月平均薪资。实际薪资还取决于公司的规模、高校的类别和所学的专业。一般情况下，公司规模越大，薪资越高，而规模较小的公司，日常事务工作较多且薪资较低

（五）拥有一支专兼结合的“双师型”师资队伍

应用技术大学“双元制”培养模式的教学人员由部分专职教师和较多的兼职教师组成，对于教师的实践性工作经验有特殊要求。专职教师必须获得博士学位，且要求至少有5年的企业专业实践经历，其中至少有3年高校以外的工作经历（张有龙，赵爱荣，2007）。兼职教师多是企业、行业或相关领域的高级资深从业人员，在很多院校，兼职特聘教师的数量与全职教授的数量基本相同。以帕德博恩经济应用技术大学为例，兼职教师的比例超过40%。各类教师

承担着不同的教学任务，基础性教学任务由专职教师承担，实践性教学任务由来自企业等实践领域且富有经验的专业人员承担。

应用技术大学（私立）专兼职教师的招聘，由学校成立一个任命委员会，成员包括 3 名教授、1 名学生和 1 名管理人员，采取面试和试讲的方式确定聘用人选。其中，试讲 2 次，试讲内容不指定，也不由试讲人自由选定，而是根据教学进度随机安排试讲当天的课程内容。

（六）面向企业和行业，设置专业和课程体系

在德国，行业协会作为企业的代表，主要负责企业中的职业教育，同时又承担着协调校企双方职责的角色，是校企合作顺利实现的保障，其特征是独立设置、依法运作和自我管理。行业协会下面设置专门的职业教育委员会，负责规章制度的制定和技能考核等工作。行业协会是职业教育的专管机关和组织管理者，协调校企双方在合作培养人才过程中各自的职责，同时又是职业教育和培训的监督者和咨询者。行业协会负责审查企业的培训资格、条件，审查培训者的个人资格等，还负责为企业所需的培训内容、手段、考试事宜及学生的职业前景、权利与义务等提供咨询，在“双元制”教育中有不可替代的作用，对职业教育教学计划的制订和职业资格的认定有很大影响。应用技术大学在设置专业时，面向经济社会发展、整个行业和企业工作实际对人才的需求，设置大专业和小专业方向，一个大专业下设置多个小专业方向，直接对应企业的不同岗位。

其专业设置集中在工程学、经济/经济法、社会服务、计算机技术、卫生护理等领域，具有显著的应用性特色和职业导向。这样的专业设置与应用技术大学明确的人才培养目标相一致，并与综合性大学注重基础性和学术性的专业设置形成良好的互补。希望学习基础性知识或从事学术研究的学生通常选择进入综合性大学学习，而那些希望从事某类具体专业性工作的学生则可以选择到专业对口的应用技术大学学习。这样一种专业设置也在很大程度上保障了毕业生的就业竞争力。

每个专业方向在设置课程时，直接面向岗位工作需求，以培养学生的执行能力为核心，以培养学生的专业能力、实践能力和社交能力为主要内容，对应地安排适当的课程。如国际商务专业要培养学生的社交能力，不仅会安排“跨文化交流”课程，而且在“商务英语”必修课程外，会安排 5 个学期的“第二外语”课程供学生选修。德国某应用技术大学企业管理专业课程设置如表 5-2 所示。

表 5-2　德国某应用技术大学企业管理专业课程设置

学期	基础课程模块	深化课程模块
1	企业管理、财务会计、商业法的基础、商务英语Ⅰ、商业数学、沟通和表达	
2	管理会计、商务英语Ⅱ、工作方法和科学工作、微观经济学、跨文化交流、实习Ⅰ	全球化和国际化的管理、第二外语、企业策划、商业心理学、全球采购与合作、人事管理和劳动法
3	项目和团队管理、运营管理、统计学，商务英语Ⅲ、实习Ⅱ	
4	营销、控制、商务英语Ⅳ、业务流程和业务信息系统、投资融资、实习Ⅲ	
5	创业和企业管理、组织与人力资源管理、宏观经济与对外贸易、生产价值链管理、实习Ⅳ	
6	商务英语Ⅴ、企业道德、实习Ⅴ、论文、学术报告会	

（七）兼顾各方利益，建立校企深度融合机制

2014 年“职业教育‘增值’”项目调查显示，有 41%的参与企业表示对毕业生将有更多的需求。对此德国学者 Konegen-Grenier 认为，从企业和学生的角度来对比分析“双元制”模式，有助于更好地促进“双元制”模式的持续发展。德国学者 Purz 认为虽然动机的内容有所差别，但可以找到共通点，比如，都认为“双元制”模式最大的优势为理论和实践因素紧密联系，是企业扩充后备人才、毕业生获得职业升迁的保障性工具，能够同时满足“减少毕业生的人员流动”与“在较短时间内获取双证”的目的。

除此之外，企业为应用技术大学提供研究经费，提出生产实践和企业技术研发中的相关问题作为科研项目；而应用技术大学则为企业提供智力支持和科研平台，帮助企业解决技术升级的问题，缩短科研成果转化的周期。例如，亚琛应用技术大学在一种新型火花塞的研发过程中与多家知名企业进行合作。在其他工艺步骤上，有些大学还分别与英飞凌、西门子等知名企业进行合作。通过这些项目，火花塞的研究对亚琛地区的企业创新起到了推动作用。例如，帕德博恩大学与源讯公司合作在学校建立了信息应用实验室，针对现实问题，提出解决方案，研发成功后再反馈给市场。埃斯林根应用技术大学与戴姆勒股份公司、大众汽车公司等多家公司合作建立了应用研究所和技术转移中心，由研究所研发的新技术和新成果立即转入技术转移中心进行生产性实验，然后再转入汽车公司等企业推广应用。东威斯特法伦-利普应用技术大学在合作企业的共同资助下，在学校内部建立了微型生产线，使学生在校内就可以直观地了解某一产品的生产过程，并可以在微型生产线上操作实习，也可以利用这一生产线对小试科研成果进行放大实验，以便获得工厂化生产的有关数据，加速科技成

果转化为直接生产力。

德国应用技术大学中的校企深度合作，还表现在校企合作招生和共同培养人才方面；企业重视学生实习场地建设和技术指导；校企互派教师，建立长效合作机制。比如，学校网站的合作企业板块设置了企业介绍的链接，而企业网站的职业培训板块也设置了学校宣传资料的链接，学校和企业共同制作宣传手册等宣传资料，一起参加招生咨询会，形成了招生合力。

综上所述，德国的应用技术大学是在 20 世纪 60 年代末 70 年代初德国经济转型升级的大背景下，基于企业和社会的需求，在原有的工程技术类学校基础上建立起来的。这种需求主要是对既掌握理论知识又具备一定实践和创新能力的高层次技术人员的需求。在过去将近半个世纪的发展过程中，在应用性导向这一根本原则的指导下，德国的应用技术大学大力推进“双元制”人才培养模式，并根据区域产业结构和社会需求设置专业和课程，在人才培养、科学研究和学校管理等各个方面与地方企业深入合作。这种模式在提高学校承担培养技术型人才、推动科技创新任务能力的同时，也在与企业的良性互动中实现了双赢，成为区域经济发展的重要支撑，最终促使毕业生在就业中抢占先机，缩短了适应职场工作的时间，获得了更多的上升空间。如今的德国，应用技术大学在培养具有良好理论知识和文化基础，同时具备专业技能和实践能力的高层次应用型人才方面树立了典范，成为企业高层次技术人员、一线管理人员、社会服务领域专业从业人员的重要来源。可以说，德国应用技术大学的“双元制”培养模式是德国职业教育和高等教育的结合。将职业教育的内容带入高等教育机构，一方面提升了德国职业教育的层次，另一方面也丰富了高等教育的内涵，成为德国教育系统不可或缺的重要组成部分和高素质人力资源的重要保障，对保持和提升德国国家竞争力具有重要的贡献。

三、对“双元制”培养模式的分析与思考

德国“双元制”人才培养模式对高校、企业和学生三方都有一定益处。同时，我们也应冷静地分析和思考“双元制”培养模式，德国“双元制”培养模式的发展有其自身的原因。

（一）生存压力较大

德国公立应用技术大学的办学经费，如基建投资、设备购置或租用、

教师工资等由政府承担，大多数学校不收取学费；而私立应用技术大学基本上依靠学费、社会捐赠及少量的政府资助，实行企业化运作，自负盈亏。为此，德国私立应用技术大学多是在几个地区设立校区，以此来招收更多的学生，但各校区之间发展很不平衡，竞争压力大，常有校区关闭或停止招生的现象出现。

（二）学生更受企业的欢迎

在德国，企业更愿意接受私立应用技术大学的毕业生。其原因如下：一是私立应用技术大学的专业和课程设置更加贴近企业实际，特别是跨专业的复合型人才更受企业欢迎；二是私立应用技术大学“双师型”教师比例高，并聘用企业一线从业人员担任兼职教师，提高了学生的应用技术能力；三是私立应用技术大学培养的学生人际交往能力强，竞争意识和进取意识更盛。

（三）实现“三方”共赢

“双元制”是企业、学校和学生三方在协商一致的基础上形成的培养模式，三方在这种模式中都找到了自身的利益契合点。第一，对企业来说，通过与学生签订合同，使学生在学习和实习期间就与企业建立了紧密联系，提高了学生对企业的认同感和忠诚度；第二，学校与企业合作，使学生能够得到企业的学费资助并提供实践基地，吸引更多的生源，维持了学校的生存与发展；第三，学生的大部分学费、奖学金和实习工资由企业承担，减轻了其求学的经济负担，并可以在掌握理论知识和实践技能的同时，提前获得工作机会。

（四）根源于德国特殊的国情

德国应用技术大学和“双元制”培养模式的出现，主要原因在于：首先，在当时的历史背景下，传统的综合性大学和职业学院难以满足企业实力不断增强过程中对高层次、高素质应用型人才的迫切需求，而应用技术大学校企深度融合的人才培养模式逐渐显现出优势，赢得社会的关注和认可。其次，德国老龄化社会现象严重，直接导致适龄入学人口和青年职业人才短缺，企业面临着巨大的人才竞争压力。这使得企业想方设法抢夺人才，把抢夺人才的时间从学生毕业提前到了学生入学。最后，德国人的整体思想观念比较务实，特别是家长在孩子教育的问题上，会主动根据孩子的学习和能力，尽早给孩子做职业规划，所以职业教育被德国很多家庭和孩子所接受。

四、对我国地方本科院校转型发展的启示

当前为适应经济社会发展对应用型、技能型人才的需要，缓解大学生就业存在结构性矛盾的现状，我国正在进行高等教育结构调整，构建现代职业教育体系。2014 年《国务院关于加快发展现代职业教育的决定》《现代职业教育体系建设规划（2014—2020 年）》等文件的正式公布，意味着我国部分高校将由学术型为主的发展模式向研究型和应用型并行发展转型，职业教育从中职、高职、本科到研究生的上升通道将被打通，最终将形成普通高等教育和现代职业教育协调发展的新格局。这与德国政府进入 21 世纪以来在教育领域提出的“加强职业教育与高等教育通融性”、促进人才的“所有能力基本上可以通过学校、企业、高校以及职业教育和职业生涯中得以实现”的政策有异曲同工之处。

鉴于我国国情和高等教育自身特点，我们不能照搬德国的应用技术大学的“双元制”培养模式，而应该从自身实际出发，学习其精髓，为创建我国应用型大学的实践提供参考和借鉴。

（一）明确高水平应用型大学的办学方向

教育部关于应用技术大学改革试点的总体要求是，加快发展现代职业教育，建设现代职业教育体系，探索“产学研一体、教学做合一”的应用型人才培养模式，促进地方本科高校的转型发展。因此，地方本科高校要进一步明确创建高水平应用型大学的办学定位，借鉴德国应用技术大学的办学经验，研究经济与社会的发展变化，把握企业和行业的人才需求，从实际工作岗位出发，培养专业性强、侧重实际的应用型人才和高级技术人才，使其成为把理论知识转化为实际应用技术的“桥梁式的职业人才”。

（二）调整和优化学科专业布局

地方本科高校多是由高职学校或独立学院改制而来，学校的学科专业设置不够科学合理，难以适应经济社会发展的实际需求。因此，其应按照创建高水平应用型大学的办学方向，加大学科专业调整力度，遵照学科做虚，专业做实、做活的原则，按照紧跟行业发展、改造传统专业，瞄准紧缺急需、培育新兴专业，整合资源条件、做强优势专业的思路，紧密联系区域经济社会发展战略的需要，加强优势特色学科专业群建设。

（三）探索校企深度合作的路径与模式

要建设高水平应用型大学，加强校企深度合作，探索“产学研一体、教学做合一”的应用型人才培养路径和模式是必由之路。要学习借鉴德国应用技术大学的校企合作经验，寻求各方利益的契合点，充分调动各方的主动性和积极性。根据德国应用技术大学的经验，实行校企合作，在人才培养方面由学校和企业共同承担，学校负责理论教学，企业负责实践教学，并为毕业生提供就业岗位。在科研方面，企业是应用技术大学科研项目的资助者和合作伙伴，如维尔道工程应用技术大学，其项目资金50%来自政府，30%来自企业，20%来自欧洲其他国家或组织。另外，企业和应用技术大学在师资建设、专业设置、实验室建设、实习就业等方面也应该有深层次的合作。

（四）不断创新人才培养模式

人才培养模式创新是地方本科高校转型发展的核心问题。高校在制订人才培养方案时，要充分考虑企业对技术和人才的要求，紧跟行业发展形势，在现有的四种模式即“一专多能”人才培养模式、“卓越工程师教育”培养模式、校企协同共育人才培养模式和创业人才培养模式的基础之上，把新技术、新设备和本专业领域的发展趋势融入人才培养方案中。

（五）重视学生综合职业能力的培养

地方本科高校应根据社会对人才的需求，注重对学生合作能力、心理承受能力、公关能力、解决矛盾的能力、创新能力等非技术性职业素质的培养，使学生不仅具备一定的专业创新水平、较强的合作意识，而且拥有全面发展的健全人格和可持续发展能力，为学生迅速融入生产现场和工作一线打下坚实的基础。

第三节　芬兰应用技术大学办学的经验与借鉴

芬兰应用技术大学创办于 20 世纪 90 年代，芬兰语简称 AMK，意为“多科技术学院”。芬兰应用技术大学与普通大学共同构成了高等教育体系，两者形成了相互补充、共同发展的双元格局。芬兰的法律明确规定，应用技术大学是一种与普通大学并行、以职业化和专业化教育为主导以及面向社会经济发展需求的教育类型，是芬兰高等教育体系的必要组成部分，其肩负着培养高层次应用型人才、开展应用研发创新、服务就业和区域发展及促进终身学习等多重使命。依托于突飞猛进的科学技术，芬兰应用技术大学不断改革创新，进一步追求专业化，以社会需求为导向，面向学生，立足自身，不断提升办学层次和水平，为社会经济发展培养专业化人才；逐步承担应用研发任务，将教学和科研紧密结合，以科研推动教育教学质量的提升，通过研发创新活动为区域发展服务。

区别于普通大学，芬兰应用技术大学致力于实践技能培养和区域发展，提供学士和硕士两个阶段的教育，学位由教育部统一认证。截至 2012 年 11 月，其在校生达 14 万人，占高等教育在校生的 45%（中国教育新闻网，2013），应用技术大学的规模发展与芬兰经济增长和综合竞争力的提升有密切关系，正是芬兰经济的不断发展催生及壮大了应用技术大学。芬兰应用技术大学办学的成功经验，对我国当前地方高校转型发展中形成的应用型大学积极参与办学机制的创新具有重要启示。

一、芬兰应用技术大学创办的背景

芬兰应用技术大学的创办是多方面因素综合作用的结果，是为适应国家经济结构调整和产业升级对高素质技能人才的需求、迎合国家创新驱动战略、适应就业结构变化的必然产物，是优化高等教育结构的客观要求。

（一）经济结构调整和产业升级

20 世纪 90 年代，芬兰经济急剧下滑，出现了严重衰退，政府选择调整经济结构，发展新兴产业、服务业以及高新技术制造业等方式，增大知识型经济在国民经济中的比例（李建忠，2014）。经济结构的调整和经济的快速发展拉动了芬兰对高技能人才的需求，芬兰是一个小国，劳动力和资源缺乏，芬兰集中力量和资源重点发展新兴信息等优势产业，形成了明显的竞争优势。实施科教兴国战略使芬兰从资源短缺的小国一跃成为科技强国，芬兰由此迈入知识经济时代。芬兰的知识生产力在国家和企业发展中发挥着越来越重要的作用，政府大力提倡发展知识密集型产业，教育被提到了重要高度，成为促进经济转型的重要因素（周朝正，2013）。通过对高等教育中职业技术教育的科研改革，增强教育科研产出水平，应用技术大学的教育适应经济转型发展的要求，与职业技能实践密切结合，越来越注重对学生职业技能的培养，高校得到国内相关政策的支持。2007 年，芬兰被欧盟智库里斯本委员会评为“欧盟最具竞争力的国家”。据欧盟的预测，在 21 世纪的前 20 年中，对具有高等教育文化程度的劳动者的需求量将增加，对具有初中文化程度的劳动者的需求量将减少，对具有高中文化程度的劳动者的需求量将大致保持不变。现代经济产业中的常规工作更多地倾向于由技术逐渐取代人来执行，因而对劳动者的素质要求愈来愈高，初等职业甚至也需要一些具有规划创新和组织交流表达能力的劳动者。

（二）国家创新驱动战略启动

国家创新驱动发展战略是增强国家科技创新力、提高社会生产力的重要战略，科教兴国是芬兰提高国家创新能力和国际竞争力的必由之路。芬兰走产学研相结合振兴科技发展和培养人才的道路，以实现高校、企业及科研机构合作共赢。政府通过推出以教育培训为主要任务的产学研合作政策，来解决社会人才的供应问题。芬兰在科研投入方面毫不吝啬，科研经费在 GDP 中所占比例曾一度高达 3.96%，投入比例居于欧盟各国首位，源源不断的雄厚的政府财力支持为芬兰的科技创新提供了强大后盾。芬兰在人力资源和自然资源上都相对匮乏，政府通过加大科技投入，提高劳动者素质，发展知识密集型经济，来实现芬兰科技强国的目标。高校在国家创新体系中发挥着重要作用，芬兰政府鼓励并资助校企合作开展研发项目。国家组织进行产学研合作的基本立场是：高校必须要与社会接轨，与企业生产相结合，共同开展相关技术合作，双方对在校的研习人员都具有教育和培养的职责，共同为社会发展提供所需的应用型人才。同时，应用技术大学与政府、企业以及其他各高校组成研发和创新网络，共同服务于经济发展。

（三）国内就业结构发生变化

芬兰在进入知识经济时代后，国内的就业和人口结构产生了很大变化。在对劳动力的需求方面，初级部门和制造业在急剧减少，而现代服务业却大幅增加。另外，芬兰已经进入老龄化社会，退休劳动力数量超过新增劳动力数量，老年社会服务业受到越来越多的关注。根据社会经济发展状况、相关专业的发展需求以及人口结构变化，应用技术大学开设了适应老龄化社会需要的专业，如老年人关爱、老年社会服务等，以满足老龄化社会对技能人才的特殊需求。

（四）教育体系结构亟待调整

在芬兰传统的高等教育系统中，大学数量少而且竞争激烈，很多不能被大学录取的高中毕业生无法继续完成学业。职业教育作为单独的领域，也很少与其他教育机构有联系或合作。因此，芬兰为提供平等的教育机会，开始新建各种大学，国家政策倾向也支持建立新的高等教育机构。应用技术大学的发展是教育结构和职业教育体系优化完善的客观需要。芬兰将职业教育的层次从专科逐步提高到了本、硕，这不仅有利于教育体系的完善，同时也有利于国民教育水平的提升。经济结构调整和产业升级不仅需要研究型人才和普通大学，同时也需要应用型技术技能人才和应用技术大学。据统计，2011 年芬兰高等教育在校生中有近一半是应用技术大学的学生，建立应用技术大学也促进了当地经济的发展，应用技术大学在芬兰国内已经形成与普通大学共同发展、互相补充的双元格局。

二、芬兰应用技术大学的发展历程

1640 年，芬兰被瑞典统治时期，赫尔辛基大学的前身土尔库皇家学院创办，它是芬兰高等教育的雏形。1809 年，芬兰成为俄罗斯帝国的大公国。之后俄罗斯帝国统治芬兰达一百年之久，在这期间芬兰的高等教育仍然保持着其独立性，因为芬兰自身有其思想教育体系，承认教育对国家经济社会发展具有重要的推动作用，承认教育公平和平等。

芬兰应用技术大学的整体历史比较短暂，真正意义上的应用技术大学从 1991—1992 年开始筹建，由此芬兰第一批永久性的应用技术大学陆续诞生。自此之后，芬兰每年都有政府批准成立的新的应用技术大学，芬兰应用技术大学迈入了一个崭新的发展阶段。2003 年，修订后的《应用技术大学法》经议会通过，双轨并行的高等教育体系确立。芬兰应用技术大学主要开设应用技能型课程和专业，如交通运输、卫生服务、文化旅游、商贸管理、自然资源、人文教育等，这些专业课程主要面向地方经济发展需求，保障区域发展及国家双轨并行高等教育体系的推行，开设的专业也有别于传统大学办学特色。从某种程度上说，芬兰高等教育体系真正的发展突破是从 20 世纪 90 年代中期开始的，芬兰高等教育最重要的改革举措是建成了应用技术大学，芬兰高等教育逐步向专业化和职业化方向发展。在应用技术大学方面，芬兰创造了独特鲜明的办学特色。同时，芬兰也在不断追求突破创新，进一步提高教育教学水平，寻求在国际上的学位认同。

20 世纪 90 年代早期，科学技术的发展为芬兰应用科技大学改革带来了契机。《中等和高等职业教育法》出台后，芬兰的改革实验随即开始，关于改革监测的一系列研究项目相继启动。一些新设立的应用技术大学经过实验、评估、改进、正式授权成立四个阶段，保证了其高质量的办学水准。1995 年，《多科技术学院法》颁布，芬兰的应用技术大学的法律地位得以确立。1996 年，五年实验期已过，第一批应用技术大学被正式授予成立。到 2000 年 8 月，芬兰应用技术大学共有 29 所获得了永久运营执照，应用技术大学改革的实验阶段正式结束。芬兰应用技术大学为了应对职业技能新要求，提高教育国际可比性以及实行分权管理，提高职业教育的运行效率等，将一些学校和研究机构合并升级为应用技术大学，改革了学位制度，提高了教育的国际化水平。另外，为了适应芬兰现代社会存在的老龄化问题，芬兰发展了社会技术服务业。

到 2005 年初，芬兰应用科技大学已经能为学生提供多科技术硕士学位，在教学方法及与就业相关性等方面也进行了大力改革。芬兰应用技术大学的相关职业和专业课程内容可直接满足社会就业需求，因此芬兰应用科技大学所颁发的学士、硕士学位也有很大不同，它是专属于应用技术大学。综上所述，芬兰应用技术大学的发展历程一直是以服务区域发展为主线进行发展演变的，体现了教育与社会相适应的应变能力。

三、芬兰应用技术大学的办学模式与特色

（一）服务区域经济发展

芬兰应用技术大学的办学特色即定位明确，旨在培养理论与实践相结合、具有综合素质和国际视野的技术技能人才。芬兰应用技术大学的学生培养目标是为特定的职业提供应用性和实践性的理论教学和实践技能，培养专业技能和实践能力兼备的高层次应用型人才，直接面向社会经济生活，服务于地方经济发展。其毕业生是企业生产一线管理人员、社会服务业人员、行业高级技术人员的重要来源。芬兰应用科技大学注重学科专业与产业结构的有效衔接，根据区域产业结构和经济发展对劳动力的需求，合理设置并及时调整学科专业，实现了人才培养与劳动力市场需求的对接。

芬兰的于韦斯屈莱理工学院是于韦斯屈莱市唯一的一所应用技术大学。当地政府高度重视理工学院在地方经济发展中的作用，要求理工学院要贯彻本市

的发展规划。其中，于韦斯屈莱理工学院的使命是为中芬兰区提供各种应用型人才，为本地区企业的发展提供各类专业支持，帮助企业家大力提升创业技能，因此服务地方经济的发展是应用技术大学的神圣使命。例如，于韦斯屈莱理工学院不仅为在校大学生而且为地方的企业家提供各类应用型培训，加强了学校同地方企业间的联系。

（二）立法强制试点大学

芬兰的高等教育系统属于国家高度集权的自上而下的控制系统，中央控制实施的一项教育实验反映了芬兰特色。芬兰高等教育系统采用“从实验中学”的方法，试点实验比较容易开展：实验的支持者把实验扩大到全系统，寻求解决方法，在开始时就努力避免政府官员未经初步试验在整个系统命令改革中犯错误。改革使芬兰应用技术大学在法律上获得了合法地位。实验项目规定于1995年结束，但法律效力依然持续到1999年，芬兰利用立法赋予了高等教育一部分的合法地位，同时规定实验期项目必须于1995年结束，实验期法律的效力持续到1999年，1999年对法律进行了重新修订。早期的调查研究发现，改革的试点学校都得到了一定程度的发展并取得了较大的进步，由此这些获得临时身份的高校为了获得永久身份而努力达到评估标准。1995年的《多科技术学院法》成为引领高校发展、评估认定、未来走向的指挥棒，建构了芬兰高等职业教育体系，使双轨高等教育系统发展有了最终目标。另外，法律中的空白也给予了应用技术大学更广阔的自由发展空间。

（三）职业教育层次高端化

芬兰产业结构的调整变化引发了其教育结构体系的变革：一是国家普通大学教育和应用型职业教育更加完备；二是应用型大学职业教育的层次更加高端化，纷纷建立了本科以上层次的应用技术大学。促使职业教育办学层次提升的重要原因在于国家社会经济的发展、产业结构的优化。芬兰经济发展的主要驱动力转变为技术创新，人才培养的结构也随之发生变化。应用技术大学在创办初期规定，可以获学士学位授予权，之后可获得硕士学位授予权，并取消了专科层次的教育。职业教育办学层次的提升，适应了经济发展的需求，大大增强了职业技能教育的吸引力。芬兰通过《多科技术学院法》，以法律的形式明确了与普通大学并行的芬兰应用科技大学教育体系的地位，并经过多次修订《多科技术学院法》，赋予了应用科技大学职业技术教育学士和硕士学位的授予权，也由此实现了中职与高职的学历与学位证书的有效衔接。芬兰应用技术大学的课程体系注重与高中教育的有效衔接。通过联考，应用技术大学同时招收普通高中以及职业高中的毕业生。在前两年教育中，高校的教学会针对两类生源在知识基础和结构上存在的诸多差异进行有效弥补，普通高中生源适当加强专业基础课学习，而职业高中生源则适当加强文化课学习。

芬兰应用技术大学的职业教育以本科生为主，硕士生所占比例很小，但这却为学生本科毕业后的继续学习打开了通道，学生能够与普通大学的学生一样顺利地接受更高层次的专业教育，满足了社会经济发展对高端技能型人才越来越高的要求。芬兰应用技术大学还促进了学生入学机会公平以及各个培养项目之间的无缝衔接，应用技术大学的学位教育包含实用性的在职学习，这需要学生修满 210—240 个学分（即 3.5—4 年的全日制学习）才能毕业。根据 2014 年的调查，芬兰应用技术大学的学生要获得学士学位，需要的平均时间是 4 年。

（四）创新人才培养模式

《多科技术学院法》着重规定了应用技术大学必须与企业和其他教育机构进行密切合作，并构建合作网络。此项法律还规定国内应用技术大学的教与研以及学校的发展，都必须与学科或工作领域以及本地区的发展密切相关，规定其科学研究必须可以支撑本地区的发展。教育部要求应用技术大学能够实时更新公布本校的科学研究计划和地区合作规划。同时，芬兰教育和文化部也十分重视应用技术大学在本地区创新系统中发挥的作用，以及与其他高校、教育机构和公共机构的密切合作以及学校的国际化水平。

芬兰的应用技术大学教学和社区服务作用是以校企合作为基础的。学校在授课和教学内容制定的过程中，会尽量将区域工商业领域的发展需求放在首位。学校会通过各种渠道，如校友会组织的各项活动、调查问卷的意见和评价反馈、教师和当地各企业之间的合作等深入了解领域内的发展需求。应用技术大学往往与当地的工商业在各个层面联系密切，在制订本校的教学计划时非常重视职业或工作的需求。同时，其十分重视学生和企业的反馈，将收集到的这些反馈信息作为提高人才培养质量的重要资源。同时，其人才培养课程体系也非常注重岗位需求。芬兰应用技术大学的课程体系构建注重以岗位需求为标准，例如，纳特应用技术大学有 75%的本科毕业生是针对某公司或单位的岗位需求而量身定做的。另外，学校的国际商务专业不仅设置了“跨文化交流”“商务英语”等必修课，还开设了 5 个学期的“第二外语”选修课。应用技术大学通过企业实习和项目教学培养学生运用知识和解决问题的实践能力。由于专业教学十分重视实践性和应用性，学生的毕业设计大多是从工业生产过程中选题，探索解决某一实际问题。学生需要完成毕业论文并通过学位考试，才可获得应用技术大学颁发的学士学位证书。毕业生在经济行业及企业就业的占大部分，由于他们在实践知识方面拥有优势，能够很快适应工作性质和环境，受到很多用人单位的青睐。

另外，芬兰的应用技术大学校企合作形式实现了多样化。芬兰应用技术大学设有专门的咨询委员会，包含企业代表，学校的课程设置、教学进度和安排、与行业企业的合作等都主要由此咨询委员会负责。企业代表也可以直接或间接地参与到应用技术大学的教学工作中。例如，校企双方分享对方的场所与设备器材等，企业为学生提供可以实际操作的学习场所，学生的毕业设计选题可以直接来源于企业生产实践，而且企业定期向学校进行教学反馈。学校与企业间的合作还包括国际合作、以实际生产或运营的项目为导向的毕业设计，学校还可提供系统的企业服务和评估，校企双方可以进行小型科研项目的联合研究。应用技术大学会从企业中聘请经验丰富的高级技术人员来高校进行授课，他们将实践知识和经验带到学校，传授给学生。同时，企业为提高员工的技术理论水平，会聘请合作高校的教师为员工上理论课、做培训，提高员工的整体职业素质。在最深层面上，校企双方签署分包合约或者合作项目合约，在国际项目中进行广泛的协作，应用技术大学可以长期参与到提高企业竞争力的工作中，并寻求连续的科研合作。

（五）职业教育国际化

芬兰从北欧小国一跃成为具有相当竞争力的经济强国，这是其科教兴国战略的丰硕成果，同时也不得不归功于芬兰政府对职业教育国际化的积极推动。

1. 建立职业教育国际化教育体系，保证国际化教育质量

伴随着学位结构的改革，芬兰教育和文化部加大力度推动高等职业教育国际化，提高其教育质量。

首先，芬兰高校高度重视人才培养质量外部评估的合作与交流。芬兰立法规定，国内的大学及职业技术学院均应评估自身的教育和收到的成效，而且有义务公开评估的结果。同时，芬兰的大学和职业技术学院也十分重视借鉴吸收国外高等教育评估领域的经验，通过欧盟的协调并积极开展与欧洲其他国家在此领域的国际合作。一般来说，学校需要先进行自评，而且评审中评审专家必须包括国外的同领域内的专家才可以。在整个评估过程中，其会得到芬兰高等教育评估委员会的协助和指导，这在国际合作方面，特别是在与欧洲高等教育

质量保障机构联合会的合作上发挥着不可或缺的作用。

其次，芬兰应用技术大学十分重视学生将来在国际市场中的创新、创业竞争力的发展。例如，于韦斯屈莱理工学院在本科阶段的创业学习过程中，很注重学生对积极的国际公民意识的学习，以及对国外社会文化背景的了解，掌握国际市场现状并准确把握其发展趋势的能力，为学生将来在国际环境中创业打好基础。学校为学生提供了在包括法国、荷兰和瑞典在内的其他国家建立其个人关系网络的机会，而且学生还可以参与国际商业环境、国际商业发展状况、国际商业法律等课程的学习，了解国际商业和创业的环境。

2. 积极推动职业教育的国际交流与合作

芬兰不仅在选派国内学生赴国外攻读学位上做了很多的努力，同时，也采取了一系列措施来吸引外国留学生和教师到芬兰的大学学习和任教。其中，要求国内所有高校都大力发展用英语授课的课程和课程计划，就是最重要的一项。芬兰教育和文化部认为，仅通过留学生交流活动是远达不到教育国际化的，还应该做到：一方面，要全面提高学生的综合素质，从而使其能够从容应对国际社会与工作环境的复杂多变；另一方面，还应该在教育上提质增效，努力培养输出一专多能的国际化高素质人才。芬兰大学和应用技术学院都已经开设了各式各样用英语授课的课程，而且学校还在通过各种途径继续增加用外语授课的比例。以英语作为教授课程的主要语言，吸引了更多的外国学生来芬兰留学。

纳特应用技术大学是芬兰享有国际声誉的应用技术类大学，其国际教育注重对学生多文化的工作、生活经历的培养。其国际性体现在：能够使用多种外语教学，学生和访问学者来自世界各国，整个校园充满了国际化氛围。纳特应用技术大学的商学院具有悠久的国际化运作历史，其积极参与了欧盟苏格拉底、达·芬奇教育与培训项目及北欧 NordPlus 合作项目。同时，与美国、加拿大、俄罗斯等国的大学保持着良好的合作关系。例如，该学院就专门针对俄罗斯和拉美市场开设了相关课程。

纳特应用技术大学鼓励学生到国外学习或进行实践。同时，每年也接受大量的国际交流学生和世界各地的访问学者，让学校里的学生能体验到浓郁的国际化氛围。

（六）采用多样化学习形式

芬兰应用技术大学注重发展继续教育，推动国人的终身学习发展，这也是芬兰教育长期发展的重要战略。应用技术大学采取多样化学习的形式，实施开放高等教育，不限制受教育者的年龄和教育背景，学士学位课程也招收具有职业资格的成人学生，硕士学位课程招生对象则要求教育背景的一致性和有实际工作经历，面向那些具有应用型专业本科学位并至少有 3 年专业工作经历的人员。为推动继续教育深入发展，应用技术大学还向企业人员开展定制培训，增加他们的专业理论知识。应用技术大学在芬兰建设学习型国家中扮演着很重要的角色。

从 21 世纪初开始，芬兰的成人教育在国内得到了快速发展，国内已经成立有十多个成人教育机构，其中包括大学与应用技术学院，针对不同年龄段的学员，各机构相应地免费提供各类水平的证书教育。芬兰所有的大学和应用技术学院均设立了继续教育中心。全国职业教育网也开设了相应的成人教育班，每年参加各类成人教育培训的达 100 多万人次；还有针对芬兰就业青年的遍布各个城镇的“青年作坊系统”，从专业、心理和自立等方面进行培训，以提高其自身素质，并促进其顺利就业。

四、对我国地方本科高校转型发展的启示

当前，加快应用技术大学建设是促进我国经济发展的必然要求，芬兰应用技术大学的建设给我国高校的转型发展带来了诸多经验和启示。我国正处于经济转型调整、产业结构优化的关键时期，急需一批既具有理论知识又有实践能力的高端应用型人才，由此应用技术大学的创办变得极为重要。虽然中国应用技术类高校和芬兰应用技术大学的发展历史以及政治体制背景等都存在很大的差异，但同时两者也都面临着相同的时代背景，如人口老年化、知识经济到来、激烈的国际竞争等。而且中国和芬兰的学制基本一致，芬兰应用技术大学和中国的应用技术类高校都有着为地方经济建设培养高素质应用型人才的目标和社会责任。因此，芬兰应用技术大学的办学路径对我国职业教育类高校不仅具有借鉴的价值，而且对我国建设应用技术大学还有借鉴的可行性。

（一）专业设置与区域经济发展相契合

我国高校的专业设置必须与区域社会经济发展相适应，使专业符合经济发展需求，摒弃原有的学科专业标准。对于我国高校来说，为了给社会提供高素质应用型技能人才，相关专业设置应与经济发展需要的工程技术、应用技术专业相适应，满足经济发展转型升级的需求。另外，应用技术大学应扩展专业口径，强化其适应性。随着经济不断增强，科技迅猛发展，知识不断更新，越来

越需要具备稳定性和适应性强的专业，以迎合社会对专业技能扎实的应用型人才的需求。作为应用型高校，其应将通用性较差的专业与宽口径的专业进行合并，培养具有复合技能的高素质人才队伍。在应用型高校专业设置上，仅仅与区域经济发展相适应，培养区域经济发展所需要的人才，还是远远不够的，高校的战略定位要长远，要遵循社会需求逻辑进行办学，更要着眼于未来发展，做到与世界接轨，面向世界科技前沿，培养具有创新技能的高素质人才。

（二）创新人才培养模式

应用技术大学除了具有培养应用型技术技能人才的使命，同时还肩负着为地方发展和经济发展以及推进继续教育服务的重任。芬兰应用技术大学的专业教学十分重视实践性和应用性，所以学生的毕业设计或毕业论文大多是选择在实习企业中完成，从工业生产过程中选题，探索解决某一企业面临的实际问题，具有非常强的实践性。

目前，我国的地方本科高校正处在向应用技术大学转型的时期，在转型过程中，高校应积极创新人才培养模式，重视实践教学环节。应用型和技能型的特点决定了应用技术大学教学内容的灵活性和职业性，专业课应符合实际工作岗位的需要，与时俱进，根据劳动力市场的需求不断更新，而不是教材长期固定不变。另外，还要注重培养学生的实践动手能力，不仅要重视校内实践，加大实验实训课程所占比例，还要积极促进校企合作，建立校外学生实践基地，为学生提供更多顶岗实习的机会。同时，也可以聘请企业具有高级职称的技术人员来学校授课或指导毕业生的毕业论文和毕业设计。

有些学校对于一些社会需求少的专业，不及时调整专业方向和招生人数，出现了毕业生未就业先失业的现象。应用技术大学要根据所在区域的社会经济发展、产业结构以及劳动力市场需求及时调整并合理规划专业，不断优化专业结构（王祥，2013）。

（三）强化“双师型”师资队伍建设

我国应用型大学对教师一直没有明确的选拔标准，应用型大学的教师质量水平应该区别于普通大学，这就需要应用型大学明确出台相关教师标准，使转型中的教师能够适应应用型大学的创办和发展。应用型大学可以根据综合应用技术类大学的特点制订招聘新教师计划，可以通过组织教师进行在职培训提升教师的技能和素养。根据芬兰应用技术大学的办学经验，教师应同时具有学位背景以及工作经历，应是理论与实践相结合的“双师型”教师。教师既要接受专业理论学术的熏陶，更要加强实践技能学习，多参加综合大学举办的教职工培训项目，多接受社会组织的职业技能培训。应用型大学要打造一支质量过硬的教师队伍，还有很长的路要走，目前可以从企业中聘请相关企业的专业人士或企业家加入大学委员会，到应用型大学任教，担任学位项目导师等。实行企业人士与教师结合教学，发挥各自优势，训练教师的教育技巧，这种模式的成本与风险相对较低，让企业参与教学活动使企业能有机会进一步研究发现科技成果，同时学校也能培养更多适应社会的优秀人才。总之，应用型大学需要建立一支稳定的、高水平的、理论和实践能力兼备的高素质复合型教师队伍。

（四）大力开展校企合作

芬兰应用技术大学的产学研合作，有体系完备、相互衔接的政府立法作为保障，在产业方面有企业参与职业教育，企业不仅能享受低成本的人力资源，还能享受到国家在税收或财政方面的扶持，因此保证了人才培养的质量，为经济产业化提供了高素质的人力资源，增强了社会发展的能力，实现了多赢的局面。与芬兰相比，我国产学研合作模式的支撑系统还不完善，在管理体制、人员结构、教学制度、课程体系等方面缺少有力支撑。在产业和政府方面，由于现有的国家政策不足以调动企业接受学生实践的积极性，不能为产学研合作提供成熟的市场环境，企业等用人单位与学校合作的积极性不高已成为产学研合作的一大障碍。另外，政府没有鼓励学校实施产学研培养模式的专项经费，再加之产学研合作的实施对校内实验实训条件提出了更高要求，这些因素都导致我国职业院校和企业实施产学研合作的积极性和主动性不高，部分院校处于举步维艰和勉为其难的被动局面。为此，国家及各级相关部门应重视产学研合作保障体系的构建，让产学研合作能够真正进入良性运作。

根据芬兰应用技术大学的经验，地方应用型高校可以将校企合作重点放在以下几个方面。

1）根据双方的基础条件和需求，设置专业学科名称。

2）互派兼职教师，满足企业发展和学校应用型人才培养的需要。

3）共建实践和实训基地，除利用企业或行业的实践实训基地培养人才外，应鼓励企业或行业在学校建立实训中心。

4）共建研发中心，发挥校企双方的优势，研究开发新技术和新产品，提高企业的竞争能力和学校的技术创新能力，研发项目的经费和条件由企业提供。

（五）大力开展国际合作

随着全球化进程的加快，任何一个国家都不能脱离其他国家而单独发展，各行各业在面临着机遇的同时，也都面临着来自其他国家的竞争。因此，对学生国际竞争力的培养应受到高校的高度重视。

1. 对于政府而言，需要深入推进高等教育国际化进程

芬兰政府将教育国际化和教育的对外开放作为其高等教育的重要发展战略，通过加强相关的政策法规建设推进国际合作与交流；坚持国家宏观调控和市场调节互为补充的原则，促进高校和相关领域内的行业企业的产学研合作，使人才培养与本国的经济建设需求相一致，加大外国同行专家对高等教育质量评估与评价体系的保障建设。我国的高等教育具有多元文化背景，芬兰政府的以上几点加强教育国际化的策略和措施完全可以在我国教育国际化进程中发挥重要作用。我国各级政府和相关部门应该鼓励地方本科高校进行国际合作，积极为各高校开展各级合作创造条件。例如，可以成立专门负责地方本科高校国际合作的国际交流办公室，针对本地域的优势学科专业以及本地区经济发展所急需的专业人才资源，积极与国外相关领域的应用型高校进行联系与交流，促进其与地方本科高校的交流与合作。

2. 对于高校而言，应该积极寻求国际化发展，增强国际竞争力

我们可以从芬兰的大学教育中得知，高等教育要走国际化的道路，必须使得学校的教育教学、学生的学习、师生的科研和管理等都处于教育、经济与文化的大环境中，进行规划和建设。这就要求我们进行教育教学的创新与改革，注重培养学生适应国际化的能力，人才培养目标要包含国际化的需求。高校在制订课程计划时，应增加国际化的内容，扩大学生的国际视野，强化学生各方面的全球化意识，提高学生的国际合作能力，从而使之具备良好的国际竞争力；学校也要增强教师的国际化意识，并将其适时融入教学中；学校还应加强国际交流与合作，如学生交流以及教师交流。

我国西南科技大学与芬兰纳特应用技术大学于 2008 年启动了交流生合作项目。西南科技大学首批前往芬兰纳特应用技术大学学习的交换生是经济管理学院的 5 位学生。该交流项目的培养目标如下：培养学生在国际商务、管理、市场营销和后勤等领域的专业技能，使他们具备独立性、创造性和高效率工作的能力。毕业生在校已有异国商业文化培训的经历，所以能适应与来自不同国

家的人一起工作。交流学生在芬兰纳特应用技术大学学习结束后，应返回学校继续完成相关学业，而在国外获得的学分经学校认定后可进行转移。此项目合作培养的毕业生得到了业内的一致认可，此项目的合作模式也受到了广泛的认可并被效仿。

第四节　美国社区学院的办学路径与借鉴

美国的地方高等教育十分发达，而且具有超强的后发性，在功能定位上其大致可以分为三类：社区学院、综合大学和理工学院。综合大学和理工学院的学制是四年，社区学院的学制是两年。三种类型的美国高等教育机构共同构成了美国人才的培养体系。美国应用型大学的兴起是美国社会经济发展到一定阶段的必然产物。美国应用型大学的创办对促进美国经济社会发展也起到了重要作用，美国也曾多次提倡发展应用型大学。例如，2008 年，美国联邦教育部在《2008—2013 年战略规划》中指出，应用型人才培养就是培养具备特定职业技能的人才使其适应某一职业要求。美国应用型大学以社会需求和学生就业为导向，重点培养经济社会发展重点领域和专业的紧缺人才。随着美国科学技术的迅猛发展，企业对应用技能人才的需求也不断增加和细化，适应社会发展需求以培养应用人才为重点的美国应用型大学也急需发展壮大。美国社区学院为美国经济的发展做出了巨大贡献，适应了美国经济发展需求，成为美国联邦政府和各州政府解决经济问题和制定经济、政治、文化发展战略的重要工具。美国社区学院的办学特色和办学职能为我国加快应用型大学建设提供了一定的经验。所以，我国应在适应经济社会发展需要的同时，借鉴美国社区学院的办学经验，为我国经济社会发展培养更多的应用型技能人才。

一、美国社区学院的办学背景

随着第一次世界大战后机械、电力、光等各种技术技能进入生产领域，社会对各种专业技能人才的需求也与日俱增，美国高等教育领域随之出现与之相适应的专业培养各种应用型人才的大学。第二次世界大战后，很多退伍士兵重返校园读书，一定程度上促进了应用型大学的发展。20 世纪 60 年代以后，一方面美国的“婴儿潮”一代大量涌入应用技术大学，另一方面美国的科学技术迅速发展，企业对技术人才的需求不断增加和细化，美国开始举办本科层次的技术教育，培养目标为技术师，一大批技术人才涌现。至 1978 年，全美已有 300 多所高等院校设置了相关专业，到 1990 年已培养出技术师约 20 万人（陆瑞峰，冯伟国，2008）。在后金融危机时代，以美国为首的发达国家启动“再工业化”战略来摆脱经济泥潭。一方面，大力发展职业教育成为“再工业化”计划战略中的重要组成部分。美国“再工业化”战略不仅仅是回归传统制造业，而是要构造技术创新的制造业推动机制。美国“再工业化”战略强调要高度重视政府部门、科研机构、学校和企业之间的互动，新经济模式下的高技能劳动力成为主要的需求对象。另一方面，美国经济发展对高技能劳动力的需求，推动了美国职业教育的改革。

美国的教育制度并没有直接导致学术教育和职业教育的分流，其中美国的社区学院为美国社会经济的发展输送了大量的应用技术型人才。美国的社区学院实行学分制，修满学分方可毕业，它是以颁发副学士学位作为最高学位的被认可的地区性高等教育院校，是美国高等教育的重要组成部分，无论学校数量还是学生人数都远多于州立大学。美国社区学院培养应用技术技能型人才，从一定程度上促进了美国经济的知识化，也使美国经济摆脱了以物质资本为基础的“大机械化生产的经济”模式，从而转变为以人力资源为需求的知识经济模式。

美国社区学院的创建可以追溯到 19 世纪末和 20 世纪初的美国初级学院运动。美国独立初期，以农业为主，工业尚未发展。到了 19 世纪三四十年代，资本主义经济才获得发展，美国北部的工厂手工业开始向机器工业过渡，南部的种植园经济不断扩大。南北战争后，美国资产阶级取得了政权，科学技术获得了巨大进步，人口也不断增长。1870—1900 年，美国人口迅速增长，促进了美国资本主义经济的高度发展，美国汽车、钢铁、建筑工业成为经济发展的三大支柱，居民人数在 100 万以上的大都市不断涌现。随着经济的发展和人口数量的增长，进入大学的人越来越多，原来的四年制学院已不能满足社会各方面发展的需要，这使得美国教育界重新考虑美国高等教育的改革问题，创办了不同类型的高等学府。美国教育开始改变大学最初两年的教育性质，重新考虑大学前两年的教育目的。1855 年，亨利·P. 塔潘提出了大学前两年的课程可以在中学完成，延长中学学制两年。1892 年，威廉·雷尼·哈珀建议把芝加哥大学一、二年级称为“学术学院”，三、四年级称为“大学学院”。四年后，芝加哥大学一、二年级和三、四年级分别称为“初级学院”和“高级学院”。加利福尼亚大学也进行了改革，把大学四年的教育分成两个阶段，上完一、二年级后就可以取得初级证书。20 世纪二三十年代，美国初级学院主要还是提供大学一、二年级的教育，同时也提供职业教育、技术教育和满足社区需要的成人教育。20 世纪 30 年代末 40 年代初，职业教育的比例扩大，课程设置更加广泛，美国初级学院已基本具备提供转学教育、普通教育、职业教育和为社区服务四项职能。

随着初级学院不断增加课程，开办为社区服务的项目，“初级学院”这个名称越来越不适合这个教育机构的发展。20 世纪 40 年代后期，“社区学院”这一名称出现，它逐渐发展成为满足所在社区教育、文化、经济各方面发展需要的新型教育机构。1950 年美国社区学院为 524 所，2016 年则发展至 1528 所（陈翠荣，张翔志，2019）。2003 年入学总人数比 1993 年增长了 18%。2015—2016 学年，86%的全日制本科生获得了美国联邦政府某种形式的经济资助（National Center for Education Statistics，2018）。20 世纪 90 年代以来，美国经济持续增长，但面临的社会问题却越来越突出，社区精神严重堕落，所以社区学院也承担起为社区成员提供教育机会和充分开发教育潜能的责任。同时，这一时期美国终身教育思想广泛传播，职业教育终身化的理念在美国得以发展，转学教育和社区教育在革新中不断释放出生命力。

二、美国社区学院的办学特点

美国社区学院体现了新时期对技能型人才所具备的真正的社会价值和市场价值的重视，符合社会经济发展的人才需求和高等教育的人才供给之间的客观规律。美国的高等教育发展取得了举世瞩目的成就，尤其是社区学院的创办和发展对国家竞争力的提升起到了至关重要的作用。美国社区学院为美国培养了众多高素质的应用技术型人才，为美国经济和社会发展提供了强大的科技动力。美国教育制度的分权制为综合大学、职业性学院、应用型理工学院以及社区学院等不同高等教育机构的学校定位和人才培养目标留下了巨大的灵活空间。其中，美国社区学院作为典型的应用型人才培养机构，具有自己独特的办学特色和发展优势，为美国的经济和社会发展输送了大量合格的应用技术型人才。美国社区学院不断发展完善，在培养目标、专业课程设置、师资构成以及经费来源等方面都表现出了应用技术大学办学模式所具有的优势与特点。

（一）培养目标与综合大学具有一致性

美国的每所应用型大学都会有自己的地方需求特性和文化风格，也有自己的培养目标，为学生在工作服务地区提供接受高等教育的机会。尤其是美国的社区学院，学生不需要任何学历，也不需要通过入学考试就能选课入学。它们为学生提供均等的就业机会，为美国经济和社会的发展培养具有应用科学基本实践和技术能力的高素质技能人才，如培养计算机科学、工程科学等专业领域的工程师等。它们提供广博的课程体系内容以适应学校不同学生的需求，针对学生的不同需求和不同的专业领域，会讲授不同的课程内容，以适应学生未来的就业发展。它们一般以区域发展为基础，以服务区域为目标，同时以教育教学工作为主，致力于教学，致力于培养社会需要的人才，致力于激励学生进行终身学习。

在培养模式方面，美国社区学院以培养学生的职业技能为主要目标，称为能力本位培养模式，也就是会根据社会中不同职业的需求制定不同的教学大纲，把理论课程与实际课程相结合、理论与实践相结合。教学大纲是由任课教师和企业家共同制定的，相互吸取优点，共同服务于学生发展。这种合作式教育以“工学交替式”为主，企业的实训和大学的教学交替进行，对大学生的培养时间各占一半，以平衡大学生的能力。

（二）专业和课程设置具有特色和实用性

美国社区学院的专业课程设置多样灵活，为当地居民提供了各种教育机会，而且每所社区学院都会提供两种不同类型的课程：一种是学历教育课程；另一种是非学历教育课程。学历教育课程主要有普通课程、专业课程和应用科学课程，其中应用科学课程偏重于实践，学生学成毕业后可直接就业。非学历教育课程包括颁发证书的课程和不颁发证书的课程，颁发证书的课程属于职业教育的范畴，学生只要修完两年的课程，经考核合格后可获得相应证书，为学生就业做准备。不颁发证书的课程则具有灵活性和多样性，是最具有特色的课程，学生可以是社会人员，为了进一步提高个人修养和学习某一项技能选修这门课程，也可以是大学生，为了提升自身的专业能力和工作技能选修这门课程。

美国社区学院的专业设置具有实用性，美国社区学院协会（American Association of Community College，AACC）是专业调查社区学院热门专业的机构，所以每所社区学院都会参照 AACC 的调查数据和本社区的实际发展需求来设定专业课程，学习完相关的职业课程后，学生能在本社区实现就业。

美国社区学院的专业设置还偏重实践性，其所开设的课程注重培养学生将理论知识运用于实践中的能力，在专业课程中含有大量的实务操作性的模块。在专业课程设置上，理论与实践相结合，更好地保障了就业。学生通过毕业后的实习获取实际工作经验，所以他们就能较为顺利地进入就业市场，甚至直接进入工作岗位。美国社区学院学生的就业率远高于美国的研究型大学。在美国，有更多的学生会从实际考虑，选择社区学院来完成自己的学业，再找到适合自己的就业机会。同时，美国社区学院也会和强大的企业合作，共同为学生的发展提供实习平台。

在教学内容方面，美国社区学院的课程主要包括专业理论课程、通识课程、专业相关课程、实践能力培养课程四部分内容。其中，实践能力培养课程占比最大。美国社区学院设置的专业都是一些实用性较强的专业，包括商业、管理、市场营销、临床医学、计算机信息科学及相关服务类专业等，从实用性上来看，像互联网科技、工程学、时装设计、传媒、金融、酒店管理、人力资源管理、会展管理、动漫制作、新媒体、珠宝设计、游戏设计等课程的实用性都很强。美国社区学院在专业和课程设置上有两个特点：一是会设置一些普通大学都会设置的专业，如法学、教育、医学、工程学等。另外，还会设置一些与当地社会发展状况相适应的专业，根据当地经济发展的需要，设置一些与之相关的专业课程，以培养适应就业岗位、适合区域发展的人才，这些专业所设置的课程也具有区域特点。二是在课程设置方面会强调关于相关课程内容的实践环节，注重课程的实践效果，会专门提供实践基地，为学生进行科学实验和技能训练提供实训场地和机会。

（三）专兼职教师队伍不断融合

美国社区学院办学具有开放性，教师可以兼职也可以专职，所有教师中兼职教师约占 2/3。兼职教师多，一方面是为了满足各种不同课程，尤其是实践类课程的需要，另一方面是为了减少人事方面的经费支出。这些学校的专职教师都拥有硕士学位，教师也分为教授、副教授、助理教授、讲师等技术职务，与综合大学并无差异，大部分课程是由专职教师来教授。除课堂教学任务之外，其每周还有 10 个小时的工作时间要辅导学生。大部分兼职教师则课程非常少，每周上 1 次课，可弥补专职教师专业之不足。像计算机科学、交通运输、银行出纳、房地产经营、电工及汽车修理等课程，从事这类行业的专业人员一般会比专职教师拥有更丰富的实践经验。美国社区学院也在逐渐培养“双师型”教师，进一步加强校企合作。相较于社区学院，普通大学里的教师主要是专职教师，教师在取得终身教职之前，会有一个 5 年左右的考核期，考核内容包括教学、科研以及社会服务等多个方面，对于考核合格取得终身教职的教师，在管理上仍实行聘任制。

（四）经费来源多渠道

美国社区学院的学费相较于普通大学要低，美国社区学院的学费占学校总经费的比例不高，而普通大学的学费很高。普通大学的经费来源除学费外，还有政府资助，以及其他校友捐助和投资收益等，一般私立大学的校友捐助经费会高一些。社区学院的学费收入只占普通大学的不到 1/4，其经费来源主要有三个方面：学生学费、当地税收（地方政府拨款）、联邦政府和州政府拨款。与普通大学相比，社区学院从地方税收中获得的经费相对较多，地方政府拨款所占的比例相对高一些，学生学费收入则较少，在州政府拨款方面与普通大学相差无几。另外，美国社区学院也通过为区域开展有偿服务争取到当地企业和私人团体的财政支持，其通过协商签订合同为企业培养培训应用人才，为当地企业提供信息服务和技术支持，帮助企业解决生产中所遇到的各种复杂问题，与学校合作的相关企业则为学校提供相应的资金和设备。

（五）校企合作考核评估学生

对美国社区学院而言，在考核评估方面，学校和企业会共同参与学生的考核评估，将对大学生的学习成绩、技术水平、工作能力等各方面进行考核评估。这体现了一种新颖的校企合作方式，即学校与企业联合共同培养学生，共同给予学生评价，这样有利于全方位和全面地督促学生提升综合素质和能力。社区学院培养人才的方式具有多样性，所以对学生的评估也遵循多样化原则，针对不同的学生，有不同的评估策略和标准。另外，美国社区学院的校企合作面向区域，在考核评估方面也面向区域，始终坚持以地方为中心，在服务面向定位上表现出了明显的区域性特点。

三、对我国地方本科高校转型发展的启示

美国社区学院以区域发展的需要为根据，以促进地方的改革与建设为目的，并会考虑地方和学生个人的具体情况。从办学目标来看，社区学院意在使学生掌握某种专业技能和知识，为大学生未来就业做准备或为在职人员提供知识更新的机会，为区域经济发展培养适用性人才。社区学院在教学模式上通过多种教育形式来满足各种类型、各种层次学生的职业教育需求，不断增加、更新专业和课程，以适应科学技术和生产发展的需要。在教学方法方面，充分利用现代化教育手段和传播媒介，为了适应文化水平、家庭背景、

学习目的、能力、兴趣等方面相异的学生的需要而采用个别教学、临床讲授、按程度分班，以及短期讲习班和集中训练相结合的形式。美国社区学院的办学特点为我国加快高校向应用型大学转型发展提供了一定的经验和借鉴。我国应在适应本国经济社会发展需要的同时，借鉴美国社区学院创办和发展的经验，加快我国应用型大学的建设，为经济社会发展培养更多的高素质应用型人才。

（一）明确人才培养目标

美国的社区学院会根据学生的特点和需求，以培养学生的职业技能为主要目标，针对社会发展状况和未来就业情况，培养具有针对性和实用性的人才。在转型发展中，中国的应用型大学一定要以社会需求和学生的就业为导向，以服务社会为宗旨，培养创新型、应用型、复合型人才。目前，中国的应用型大学在人才培养定位方面还不明确，不能适应经济社会发展的需求，另外培养出来的技术人才在技能和素质方面都不高。首先，我国应用型大学要重点培养经济社会发展重点领域急需的紧缺人才，要根据国家战略性新兴产业规划布局，加快培养先进制造业和现代服务业的急需人才，加快对相关新兴学科建设和社会急需人才的培养。其次，我国应用型大学要深化高职教育培养应用型人才的内涵，能够承担起培养满足生产、建设、管理和服务一条龙需要的较高层次的应用型人才的使命。再次，我国应用型大学要为社会各行各业发展提供专业基础扎实、技术水平过硬，并具有较强工作能力和水平的应用技能人才。最后，我国应用型大学要注重培养学生的工作能力，提高学生的综合技能。要求学生素质高，这里不仅仅指的是知识和技术，更重要的是工作能力，是一种适应社会、灵活应对工作岗位的能力。

（二）突出应用型教学内容

美国社区学院的专业课程设置与社会发展相适应，具有较强的实用性和一定的特色。我国应用型大学应适时更新课程教学内容，调整课程结构。注重理论与实际相结合，课程教学内容和课程结构首先应以夯实学生的理论素养、提高学生的实践能力为主要目标，同时要注重满足市场发展需求和学生未来长远发展的需求。

首先，教学内容方面，必须注重教学内容的质量和效果，对教学内容有总体的规范和要求，必须确保教学内容的广泛性和教学环节的实践性，确保学生视野开阔、兴趣广泛，掌握实际技能。理论学习是在应用型大学学习的基础，加强理论的学习、夯实理论基础是理论结合实际的前提，是在为学生技能提升做准备。同时，要提高学生的专业技术能力，需要学生学会灵活运用所学知识进行开拓创新、学以致用，要注重对学生实践能力的培养。另外，应用型大学更要坚持能力为重，加强对学生创新意识和能力的培养，注重学思结合，知行合一，有教无类，因材施教，加强对学生实践能力的培养，让大学生成为有价值的能够为社会做出贡献的人才。

其次，课程设置方面，要强化创新型人才的培养，加强实践教学，培养学生的动手和实践能力。应用型教育是一种以产业需求为导向的教育类型，所以课程设置必须能够满足应用型人才的工作需求，适应经济发展需求。中国的应用型大学要借鉴美国社区学院在课程设置方面的经验，结合国内经济发展水平和产业结构调整状况，开发和设置课程，使课程设置与学生未来发展相契合。另外，课程设置可以分为专业理论课程、专业相关课程、通识课程、实践能力培养课程等，要重视课程的广泛性和实用性，注重课程类型的多样性。同时，要注重采用多种教学方法，特别是要注重案例教学法的运用。

再次，专业设置方面，我国应用型大学应充分考虑经济社会发展的需要，完善主导产业、新兴产业和人才稀缺产业的相关专业的设置。其一，人才培养应与社会需求相适应，供给与需求实现平衡，建立人才培养与供给结构调整机制，制定人才输出的统计数据，完善人才需求预测与发布机制，实现人才培养与经济社会发展需求的对接。其二，加强对学科专业结构的宏观调控，调整专业结构，强化其政策机制，努力促进应用型大学根据区域经济社会发展需求，积极主动地调整学科专业结构。

最后，评估体系方面，要实施合理有效的评估，建立完善的评估体系。我国应用型大学对学生的考核应不同于普通大学的考核评价制度。考核内容不仅包括专业知识，更应该包括技术水平、实践能力和工作能力，对这几个方面的综合测试构成学生考核的最终成绩。另外，应用型大学毕业考核人员要借鉴美国社区学院的特点，美国社区学院采取校企合作共同考核评估学生的方式，所以我国应用型大学的主考官不仅要有本校教师，还要有外聘企业的相关专业人才，教师和企业人员共同考核评估学生，从理论学习、技术水平和工作能力三方面综合对学生进行考核，使考核评价结果更公平。

（三）注重“双师型”教师队伍建设

我国应用型大学的发展要借鉴美国社区学院的特点，塑造一支“双师型”教师队伍。师资队伍建设是应用型大学发展的基础与关键，鉴于应用型大学的特点，我国必须建设一支师德高尚、教育观念新颖、改革意识超强、具有较高的教学水平和较强实践能力的专兼结合的“双师型”教师队伍。在“双师型”教师队伍塑造方面，要提高教师的专业素养，增强学习交流和培训，根据教学需要，实行引进来和走出去相结合，因为多交流、多学习才能塑造一支质量过硬的教师队伍。一方面，应用型大学要聘请知名企业高层管理人员和高级技术人员到学校兼职讲授课程，课程理论内容与实践融会贯通，尤其要为学生讲授真实的企业管理案例,也可以尽可能地给学生带来最新的用人信息和技术信息。实践技能和企业发展信息是学生所需要的，要将其融入课堂教学中，更好地指导学生的毕业实习工作。企业兼职教师授课能使学生突破象牙塔式的教育，把所学内容与社会实际紧密结合，让学生学有所用。另一方面，应用型大学也要鼓励自己的专职教师到相关企业去兼职，进一步获得学习的机会，获取实践经验。学校应定期有计划地派教师外出学习、培训，以此使教师不断充实、更新教学理念，获得更多的实践技能，在弥补教师实践经验不足的同时，也能为校企合作创造优良的环境。

我国应用型大学的发展还要大力推进专业研究生培养机制改革，增强学位制度建设，培养高素质人才，推行产学研联合培养研究生的“双导师制”。所以，基于应用型技术人才的培养需要，应用型大学对教师发展提出了新的要求，这不仅需要教师掌握“教学型”和“研究型”大学所要求的专业理论知识，还应在专业理论知识的基础上注重实践。我国应用型大学应把服务国家的“双师型”职教师资人才培养作为一个重要目标。

（四）实现产学研相结合

我国应用型大学应借鉴美国社区学院的经验，坚持走产学结合的道路，重视校企合作。学校可以通过建设实践基地，加强校企、校校之间的交流与合作等，增强应用型大学的办学实力和水平。一方面，校内教学实践基地是产学结合的基础，学校应加大对校内教学实践基地的投资和兴建，为大学生实践创设良好的外部条件，满足大学生的实践需求；另一方面，校企合作是产学结合的主体，企业的实力对学校的发展起着关键性作用，学校应根据不同专业的特点，筛选合适企业，认真选择地方信誉度良好、企业内部治理结构完善，并有校企合作意愿的企业进行合作，这样才能实现预期目标。另外，应用型大学要依托企业在校外建立产学研紧密结合的实习基地，让学生走出校门参与实践学习，直接参与企业的生产、经营、管理，提升自己的实践能力和进一步适应社会发展，从而能将专业知识与生产紧密结合，做到学以致用。应用型大学还应坚持引进来与走出去相结合，加强校内外、校校之间的学习与交流，积极与国内外其他应用型大学探讨交流与合作，取长补短，进一步借鉴其他应用型大学的办学模式、办学特色与管理经验等，努力做到资源共享、共同发展和进步。

当前我国经济发展的新常态，对高素质应用型人才提出了更高的要求，职教体系建设也由此进入了新阶段。我国应用型高校的转型发展应大力借鉴美国社区学院的实践经验，制定明确的人才培养目标，注重课程和专业设置与经济社会发展和人才培养体系相适应，依据特定的社会经济发展背景构建完善的课程体系，塑造一支专兼职结合的“双师型”教师队伍，保证经费来源的多样化，进一步加强校企合作，促进产学研相结合等，推动应用型大学转型发展。应用型大学的发展已是大势所趋，我国应用型大学正处于由教学型向应用型大学转型的时期，所以要进一步适应应用型发展战略的重大举措，增强师资队伍建设，促进人才培养向专业化、技能化和高端化发展。

第五节　英国多科技术学院办学经验与借鉴

从学制上来看，学界一直将各国的学制分为单轨制、双轨制和分支制三种，从整体上看，英国学制是典型的双轨制。从英国高等教育体系内部来看，也曾经存在着典型的双轨制，英国高等教育同时拥有典型的“学术型”与“技术型”两轨。20 世纪 60 年代至 90 年代，英国实行严格的由“自治”大学和“公共控制”非大学（以多科技术学院为主，多科技术学院并没有自行颁授学位的权力）两部分构成的二元制高等教育体制。但是，20 世纪 90 年代以来，在高等教育领域，多科技术学院逐渐升格为大学，开始由专门的职业人才培养机构向学术机构“漂移”，选择了“更像大学的道路”，在英国运行 20 多年的二元制高等教育体制变更为一元制。英国多科技术学院以及后来的“新大学”为英国培养了众多技术型人才，在一定程度上满足了英国发展的需要，我国地方高校转型发展可以从英国多科技术学院的办学中借鉴经验，并从多科技术学院的“消亡”中汲取教训。

一、英国多科技术学院的演变

从严格的教育类型划分来看，英国的多科技术学院并不属于专门的应用科学技术大学，但是，在许多方面，多科技术学院具有应用科学技术大学的特征，并实实在在地为英国培养了大批基础技术型人才，满足了英国经济社会发展的需要。英国多科技术学院从成立到发展再到“消亡”，可以说都有英国政府的直接干预，协调着教育发展与社会需求，是英国政府为满足社会和民众的多元化教育需求而主导的高等教育改革的结果。

（一）背景分析

1. 经济发展对教育的需求

第二次世界大战后，社会秩序逐渐稳定，但一度号称“日不落帝国”的英国的经济日渐式微，各项事业百废待兴，经济社会发展对人才提出了多元化的需求。一方面，两次世界大战的重创，在很大程度上削弱了英国的经济发展，英国国内工业发展和产业结构调整需要大量的高素质应用技术型人才。另一方面，在高等教育方面，英国传统自治高校追求的是“学术金本位”的精英教育，且政府不得干预这些高度自治的精英类大学，社会现实与社会需求的矛盾无法得到协调。

在此种社会背景下，英国政府和学者在认真分析和研判后认为，国家经济日渐式微的一个重要原因在于国民的改革创新意识不强、技术素质不高。为适应经济社会的发展，必须改革教育结构，加快职业技术教育的发展，推动高等教育体制的多元化改革，实施全员培训，一起培养大批高素质应用型人才。

2. 社会对教育的需求

第二次世界大战后，英国要求接受高等教育的适龄青年激增，但是传统大学能够提供的教育机会有限。1960 年，英国大学适龄青年入学率仅为 4%，大多数适龄青年无学可上，对接受高等教育提出了迫切的需求。这倒逼国家和社会必须加大发展高等教育的力度，为广大适龄青年提供更多接受高等教育的机会。1963 年，罗宾斯委员会发布《罗宾斯报告》（*The Robbins Report*），提出著名的“罗宾斯原则”，即高等教育的目标应该改变过去以培养传教士、法官、律师和医生为主的传统，而应该向人们提供在社会生活竞争中需要的技术和才能，国家办学的方针是使那些有能力、有条件、有愿望接受高等教育的人获得接受高等教育机会，主张扩充大学规模。虽然这一报告的一体化高等教育政策并没有得到实施，但其提出的扩大高等教育规模的主张成为英国高等教育发展的长期指导性原则，英国高等教育逐渐由精英化向大众化转型。由此，接受高等教育的青年数量增加，要求建立多元化教育格局，这推动了多科技术学院的产生。

3. 教育传统的推动

从教育传统来看，英国历来有双轨制的传统。在二元制确立之前，英国高等教育就由两部分构成，一端为代表自治传统教育理念的大学，另一端为代表服务传统教育理念的公共学院，“服务传统”类教育理念强调直接面向产业和国民需求，多集中在应用性学科领域，与职业教育有着直接联系。英国职业教育发展的历史较长，从 13 世纪的学徒制到 1889 年的《技术教育法》，从被传统教育压制到逐步走上正轨，从教育“金字塔”底端到公立职业教育体系的正式确立，经过了漫长的发展过程。工业革命后，经济社会发展对技术型人才的需求进一步推动了“服务传统”类教育理念和职业教育的发展，这也进一步促进了“自治传统”类与“服务传统”类的分化。从这一角度来看，英国多科技术学院的建立并非二元制确立的助力，反而可以说是自治与服务进一步分化的结果。

（二）从二元到一元

《罗宾斯报告》提出了一体化的高等教育体制之后，英国 10 所高级技术学院升格为大学，这引起了社会各界对于如何适应第二次世界大战后经济社会发展对多元化人才的需求的讨论。英国学界提出，传统大学偏重人文学科，过于保守，且一元中心体制使大学之外的公共学院处于从属地位，加剧了两种高等教育机构在地位上的不平等。为了培养适应经济社会发展需要的多元化人才，有必要建立新的高等教育机构，进行职业和技术训练。

1965 年，英国教育和科学部大臣克罗兰德在演讲中提出在英国高等教育领域实施二元制制度，他指出建立二元制有四个方面的理由：一是现有大学不能满足经济社会对职业技术类教育的需求；二是层级式高等教育体系不利于大学之外的高等教育机构的发展；三是需要保留高等教育中处于社会控制范围内并能适应社会需求的部分；四是弱化职业教育和技术教育将损害英国的国际竞争力。克罗兰德指出除了传统的自治大学，应建立以多科技术学院为主体的公共高等教育部门，践行服务传统教育的理念。1966 年，英国教育和科学部出台《关于多科技术学院与其他学院的计划》（*A Plan for Polytechnics and Other Colleges*）白皮书，多科技术学院的法律地位得到承认，高等教育二元制的法律地位得以确认。

1969 年，英国建立第一所多科技术学院——哈特菲尔德多科技术学院，至 1992 年英国在 20 多年的时间内建立了 34 所多科技术学院。英国多科技术学院的建立主要基于三种渠道：一是由原来的专科学校合并而成，并增加部分学科和专业；二是基于继续教育学院，扩大和新办一批技术学科；三是新办新兴学科，如电子计算机。20 世纪 70 年代至 80 年代初期是英国多科技术学院的一个巩固和发展期，在这一阶段，多科技术学院通过三种渠道逐步发展，凭借其较低的入学门槛、灵活的专业与课程设置和较强的职业性等特点，吸引了大量的学生，并保障了较高的教学质量。

20 世纪 80 年代到 90 年代，由于战争和经济危机的影响，英国政府削减对教育的经费开支，英国高等教育进入收缩期，多科技术学院的发展也进入转型消亡期，英国高等教育逐渐由二元走向一元。1987 年，英国议会颁布《高等教育——迎接新的挑战》（*Higher Education: Meeting the Challenge*）白皮书，提出坚持科学基础研究、增进艺术和人文学科学术成就是高等教育的重要目标；1991 年，《高等教育：一个新框架》（*Higher Education: A New Framework*）建议废除二元制；1992 年，《继续教育和高等教育法》（*The Further and Higher Education Act*）正式废除二元制，多科技术学院逐渐升格为大学并获得了自行颁授学位的权力。

如前文所述，英国多科技术学院自成立之初就承担着为英国培养多元化应用型人才的责任，但是在英国注重学术研究传统的影响下，多科技术学院也一直保持着对学术的追求，并逐渐提供与传统大学相同的学位课程、人文社会学科等课程。在市场的影响下，英国传统大学也逐渐开设一些职业性的课程。至此，传统大学与多科技术学院之间的界限逐渐模糊，直至《继续教育和高等教育法》的颁布，可以说二者已逐渐融合，英国高等教育由二元走向一元。

二、英国多科技术学院的办学特点

存在的近 30 年间，多科技术学院为英国培养了大批应用技术型人才，满足了英国经济社会发展的需要。现今，虽然英国多科技术学院已经升格为大学（通常被称为“1992 年后大学”），但并没有完全抛弃原先的特色，仍然主要面向企业，主要提供职业性课程，主要进行应用性研究。分析英国多科技术学院办学的主要特点，可以为我国地方高校转型发展提供经验和教训。其特点如下。

（一）多科技术学院的弱势

办学之初，英国多科技术学院被确定为与传统大学拥有平等的地位，但在实际的办学过程中，无论是在学位授予、教师待遇、学生选择还是社会地位等方面，都存在着实际的分层，最终导致出现多科技术学院向传统大学的“漂移”现象。从学位授予方面来看，与传统大学自带学位授予权不同，在多科技术学院学习的学生获得学位需通过全国学位授予委员会授予，多科技术学院自身没有学位授予权。全国学位授予委员会进行学位授予和课程审批依据的是学术型大学的标准，并未针对多科技术学院设立标准。为获得学位，多科技术学院课程越来越偏向学术性课程，逐渐偏离最初的职业性课程，这导致其在办学实际过程中向传统大学“漂移”。从教师待遇方面来看，与传统大学教师相比，多科技术学院教师待遇较低。多科技术学院的经费主要来自地方政府，拨款额度低于传统大学，并且科研经费不足。从学生选择方面来看，多科技术学院的学生最初多为非全日制学生，一方面，课程较为灵活，能为更多的学生提供必要的职业技能教育，有利于培养更多数量的应用型人才，但 1965—1988 年非全日制学生的比例逐渐由 74%下降到 33%；另一方面，虽然英国将文法中学（以培养大学生为目的）、技术中学（实施职业教育）和现代中学合并为综合中学，同时开设学术导向课程和职业类课程，但是仍以学术导向课程为主导，这导致多科技术学院成为学生的第二选择。

（二）沟通衔接渠道不畅

畅通的沟通衔接渠道是现代职业教育发展的重要保障，也是英国在发展多科技术学院过程中力图采取多方面措施予以保障的，但在实际操作过程中，无论是多科技术学院与传统大学的横向沟通，还是多科技术学院自身的纵向发展，都没有取得预想的效果。沟通衔接渠道不畅是多科技术学院最终走向“消亡”的重要原因之一。从横向沟通来看，20 世纪 60 年代，英国就提出了学分积累与转移制度，并在长期实践中做了种种努力，特别是 1986 年英国全国学位授予委员会建立了学分积累转移制度，试图使学习者的学习成就能在各院校之间得到相互承认，但是由于诸多规则限制和传统观念的影响，并未得到充分推广。职业教育资格和传统学术资格仍处于不平等地位，一些院校还是难以通过学分转换实现灵活入学。从纵向发展来看，如上文所述，虽然综合中学兼具升学与就业双重目标，但由于受到升学需求的影响，综合中学以学术导向课程为主，与多科技术学院的职业课程缺乏系统安排与衔接。同时，从本、硕、博升学层面来看，多科技术学院学生的学历学位上升渠道不畅通，与传统大学差距较大，研究生数量较少，至 1992 年达到最低，仅为 5%。

（三）专业、课程设置灵活

为适应市场和学生的需求，英国多科技术学院的专业和课程设置充分体现出了灵活性的特点。在专业设置上，为紧密结合当地工业、商业、服务业等产业的实际需求，学院往往会征求有关厂矿企业和工商业的意见和要求，在学校反复讨论的基础上，经地方教育委员会批准，以实现与社会需求的对接。在课程设置上，针对不同的学生类型，多科技术学院设置有全日制课程、工学结合制课程、夜校脱产短训班级以及其他各种类型的部分时间制课程；为培养应用型人才，课程内容与实践紧密结合，注重理论联系实际，加大实习和实验课时总量。同时，多科技术学院课程的灵活性还体现在其模块化的模式上，即课程被分解成一系列独立的模块，所有的模块都对应着独立的内容、明确的学习目标和考核方式。课程模块可以自由组合，形成课程方案，由此，学习者可以分段、分模块完成学业，根据个人的兴趣、能力调整学习计划，更有利于学生完成学业。

另外，英国多科技术学院设置的课程大多数为非学位课程，并非为学生攻读学位而开设的，主要是为了培养专业人员和技术人员，只有少部分学位课程是专门为学生攻读学士学位而开设的。多科技术学院课程的设置并非由学校自己决定，需得到地方政府和地区咨询委员会的认可，其中全日制课程还需得到英国教育和科学部的批准。

（四）工读交替的人才培养模式

19 世纪 60 年代，培养适应社会发展的技术人才的新思潮进入英国大学，直至 20 世纪 60 年代，多科技术学院逐渐发展，同时多科技术学院也实践并推动了这种思潮。“技术主义”的价值观主导了英国多科技术学院的人才培养模式，这突出体现在其工读交替的典型模式上。

多科技术学院的工读交替主要通过“三明治”课程实现，即学生在入校后前两年在学校学习，攻读学位课程，第三年到工商企业实习，然后再回到学校继续学习直至毕业（孙敏，2013）。在这种教学模式下，理论与实践融为一体，学生的课程学习和与之相关的实际工作结合起来，使学校课程设置和教学内容与产业发展实际的联系更加紧密，更能提高学生的知识应用能力，让学生更好地做好就业准备。同时，培养学生良好的工作技能和创造力，从而使学生获得雇主的欢迎。随着选择“三明治”课程的学生数量不断增加，由 1965 年的不足 1.1 万人增加至 1991 年的约 7.7 万人（统计数据不包含威尔士），占多科技术学院学生总数的比例不断提高（孙敏，2013）。

三、对我国地方本科高校转型发展的启示

英国多科技术学院从二元中的一元逐渐被纳入一元制，似乎与我国现在正在大力实行的推动地方本科高校转型发展，逐渐向应用型高校转型的趋势背道而驰。那么是英国从二元制到一元制的改革背离了世界高等教育发展趋势，还是我国推动地方高校转型发展的选择逆潮流而行呢？事实上，首先，我们应该认识到现代职业教育体系的逐步建立，对高级应用技术型人才的培养是世界高等教育发展的主流趋势；其次，我们应该看到虽然英国在高等教育方面“逆流而行”，高等教育由二元制转向一元制，然而事实上英国由多科技术学院发展而来的“新大学”仍然主要承担着培养技术型人才的责任，并且英国的一元制实质上是一种一元主题下的多元制度。我们可以从英国多科技术学院的发展中借鉴经验与吸取教训，推动我国地方本科高校的转型发展。

（一）确立平等地位，坚定建设目标

多科技术学院由二元体制的一端逐渐向“学术性”大学靠拢，一个重要原因在于多科技术学院与“学术性”大学地位的不平等及某种程度上自身目标的不坚定。英国多科技术学院建立的初衷就在于解决传统大学以文理见长而技能型人才培养不足的问题，培养适合经济社会发展的高素质技能型人才，定位明确。这也导致多科技术学院建立之初在办学指导思想、管理、经费和学位等方面与传统“学术性”大学地位不平等，正是在逐步争取平等地位的过程中，多科技术学院逐渐发生“漂移”，最后升格为大学。我国地方本科院校与英国多科技术学院发展路径的一个不同之处就在于，我国地方高校建设之初没有如此明确的目标定位，地方所属高校和中央所属高校没有本质性差异和地位的不平等。从这一方面来看，这既是我国地方本科高校转型发展的优势，又是劣势。

优势方面，我国地方所属高校与中央所属高校在地位和性质上没有本质差异，这就在某种程度上保障了转型发展的地方本科高校与其他高校（既包括中央所属高校，也包括其他未转型的地方所属高校）具有平等的法律地位，不论管理、学位、学制还是在招生、经费等方面，都不存在不平等待遇，甚至可以说具有一定的优势。劣势方面，从一般普通大学向应用技术型高校转型，不容易确定坚定的目标。从英国多科技术学院的升格发展可以看出，走“更像大学的道路”、办“更像大学的大学”似乎是每一所大学的追求，那么由“更像大学的大学”向应用技术型高校转变是地方本科高校的主动选择和意愿所在吗？假使由政府确立转型发展的地方高校名单，这些地方高校能坚守目标，不“漂移”吗？

无论是优势还是劣势，都启示我们转型发展地方高校名单的确立需要在政府主导下由地方高校自主选择，设立有效的权责划分机制，平衡不同类型高校的经费、培养目标、专业课程设置、学位层次、学校权力等方面，确保在转型发展中地方高校与其他高校的平等地位；确定转型发展名单后，需要持续对转型发展地方高校进行政策性鼓励，坚定转型发展地方高校建设应用技术型高校、培养技术技能人才的目标。

（二）完善沟通机制与升学渠道

地方高校转型发展应面向教育的现代化，培养现代化高素质技能型人才。这需要我们进一步完善各类高校的分类机制，需要地方高校在转型的过程中设立与普通大学不同的课程内容、招生标准、教学方式以及学位授予标准，建立顺畅的横纵向沟通机制，完善升学渠道。建立顺畅的沟通机制，需要完善不同层次、类型学校之间的学历认定、学分认可和专业与技能提升通道，特别是需要构建体系连贯、技能水平逐级提升的金字塔形现代职业教育体系，包括中等职业教育、高等职业教育、应用技术大学至专业学位研究生教育在内的纵向完整体系。完善升学渠道，需要建立与职业教育体系匹配的学业评价和考试制度，构建具有职业教育特色的学生综合素质评价体系及信息系统，在高考改革中完善“文化素质+职业技能”的职业院校招生录取制度。以《上海现代职业教育体系建设规划（2015—2030 年）》为例，为构建中职到专科、专科到本科直至专业学位研究生的教育，该规划提出了 10 条路径：一是通过中考进入中等职业学校；二是通过中考进入五年制专科学校；三是中高职贯通培养；四是中职或普通高中毕业生通过自主招生进入高职专科学校；五是中职毕业生通过对口高考进入高职专科学校或者应用技术本科学校；六是中职或普通高中毕业生通过普通高考进入高等学校；七是中职—应用技术本科贯通培养（3+4）；八是专科—应用技术本科衔接培养（专科起点 3+2）；九是五年制专科、应用技术本科衔接培养（五年制专科起点 5+2）；十是专科、专业学位衔接培养（专科起点 3+4），该路径是从专科教育到专业学位教育贯通培养的新设路径（上海市教育委员会等，2015）。

（三）紧密结合学科设置与地方产业发展

高校具有培养人才、科学研究和社会服务三大主要功能，哪一项主要功能的实现都不可能绕过专业建设，特别是对于社会服务而言，要求高校专业建设主动与社会联系，成为地方高校从普通本科向应用技术型大学转型的重要助力。英国多科技术学院在专业设置过程中，主动征求有关厂矿企业和工商企业意见和要求的做法，也启示我们地方本科高校转型发展中需要推动以学科体系为基础的专业设置向以职业和岗位为需求的专业设置转变。推动专业设置主动融入区域经济发展，主动围绕行业、产业布局专业，以区域经济社会发展需求为导向，及时调整和优化专业设置和专业方向，积极发展与区域经济社会发展和产业转型升级紧密结合的应用型专业。

改变传统的以学科为主线设计知识、能力、素质结构并构建人才培养方案的专业建设思路，按照职业教育“五个对接”（专业与产业对接、课程内容与职业标准对接、教学过程与生产过程对接、学历证书与职业资格证书对接、职业教育与终身学习对接）的要求，以服务地方、服务行业为宗旨，以培养应用型人才为目标，加强专业内涵建设，从专业层面真正实现学校的转型发展。

（四）推动产学研结合的培养模式

地方本科高校在转型发展的过程中，既要充分体现职业教育的职业性、实用性、实践性特点，又要注重培养学生在实际工作过程中的创造性，要求我们既要注重产学研结合，又不能完全抛弃科学研究。产学研相结合，可以让学生真正参与到实际生产中去，获得实际生产经验，从而进一步培养高素质技能型人才。

推动产学研结合的人才培养模式发展，需要学校、教师、企业和学生多方联动。一是学校应更加直接地与市场需求接轨，改革人才培养方案，制订更加符合区域经济社会发展的“订单式”课程方案，从区域生产实际出发，配套安排教学活动、教学内容、教学方式，增加实习实践学时所占比例。二是培养“双师型”教师，建立教师继续教育制度。产学研结合，需要理论知识和实操经验皆备的“双师型”教师，一方面，使教师深入企业，进行实践锻炼，结合生产实际开展科学研究，充分发挥科研的服务性和生产性作用；另一方面，聘请企业资深一线工程师和各级管理人员到学校任职兼职教师，指导学生进行实习实训。三是企业主动参与，与学校共同培养高素质技术型人才。要想实现产学研结合，只靠学校一方的努力是不现实的，需要学校和企业通力合作，企业真正参与人才培养方案制订过程、教学过程，主动关心学生培养，实现对“订单式”培养的全程关注。

第六章

地方高校深度转型发展的路径与评价

习近平总书记在全国高校思想政治工作会议中指出，“高等教育发展水平是一个国家发展水平和发展潜力的重要标志。实现中华民族伟大复兴，教育的地位和作用不可忽视。我们对高等教育的需要比以往任何时候都更加迫切，对科学知识和卓越人才的渴求比以往任何时候都更加强烈”（新华社，2016）。现代高等教育承载着人类社会历史和文化教育的传统和优秀成果，其思想观念、教学内容、组织形态、制度体系等的发展与进步则是衡量教育现代化目标实现、发展过程与成果的重要因素。在当前的中国社会，高等教育现代化作为教育现代化的重要组成部分，已明确进入国家现代化议程，成为支撑、推动和引领国家现代化发展的重要基础和引擎。

人才培养是高等教育的第一职能，是大学的本质属性与存在价值。教育现代化，归根到底是人的现代化，也是人才培养的现代化。当前我国人才的供给和市场需求的结构性矛盾突出，应用型、复合型、技术技能型人才十分紧缺，对于服务国家重大战略和未来发展需要的高端人才亟待超前谋划培养。对此，以培养应用型、复合型、技术技能型人才为己任的地方高校，需积极进行人才培养模式的改革与创新。

第一节　地方高校深度转型发展的路径与模式

地方高校转型为应用型大学，是一项面向地方经济社会发展，以人才市场需求为导向，培养生产、服务和管理的各类技术应用型高级专门人才，承担着应用研究和为国家培养高素质应用型人才重任的重大教育工程。这就决定了地方高校转型“应用型”的内在规定性和必然性，在办学方面，应用型大学要适应国家产业结构，实行产教融合、校企合作办学；在人才培养方面，要着力提高人才培养质量；在办学方向上，要以强化技术技能积累与创新为突破口；在办学目标上，要以发展现代职业教育为走向，为实现教育现代化铺路搭桥。

现阶段，我国地方高校转型发展正在如火如荼地开展着，但是这种转型发展是有条件的，只有具备了一定的转型条件，才能真正实现转型发展。

一、地方高校深度转型发展的路径

转型发展重在路径选择。路者，道也；径者，直也。路径就是直达目标的最短距离。它是方法，更是方向，指出趋势，朝向未来。地方高校向应用技术大学转型，应紧紧围绕如何向社会提供更高质量的服务，重新思考和认识学校的发展定位和人才培养理念，改革人才培养模式，科学界定科研方向，主动服务行业企业，服务地方经济社会发展，服务国家战略，大力提高高等教育服务社会的质量和效率。

（一）进一步明确应用型人才培养的办学定位

地方高校一般都是由地方政府根据自身的经济社会发展现状和为满足本地区民众接受高等教育的需求而举办的。因此，为地方服务是这些地方大学的生存之基和活力之源。随着国家对职业教育发展战略布局政策的落地，社会分工越来越细化，越来越多的地方本科高校把培养应用型人才、服务区域经济发展作为未来拓展发展空间的突破口，适时转型为培养应用型、复合型和高端技术技能型人才的应用型大学。

应用型大学是区域经济发展催生的产物，既不同于研究型大学，也不同于职业类院校。研究型大学的优势在于理论研究，通过理论创新引导社会发展；职业类院校的优势在于培养技能型人才，为各类行业提供高质量的一线工人；而应用型大学的优势在于理论应用和技术创新，它的落脚点在于培养具有一定知识、能力和综合素质，能适应工业、工程生产第一线现实和发展需要的高级应用型复合人才（钟秉林，王新凤，2016）。它对人才的培养以市场需求、职业需要为核心，以能力培养为主线，以实践体系为主体，更强调的是应用性、技术性和实践性。无论哪种类型的学校，都应成为推动社会发展的重要力量，关键在于学校的发展定位。因此，建设应用型大学，首先应当明确发展定位，学校对人才的培养应区别于重点大学的学术型人才与专科院校的技能型人才的培养，以培养应用型专门人才为重点，培养具备较为扎实的理论基础、掌握科学的研究方法、精通某一企业或行业的专业知识、具备一定的实践应用能力的应用型专门人才，同时在制度建设、改革人才培养模式、提高应用技术型人才培养质量、提升服务行业产业能力上，把高技能人才输出、科研成果转化作为一项重要工程，立足地方、研究地方、服务地方，逐步形成具有自身特色的发展道路。

（二）强化应用型学科专业建设

有了科学合理的办学定位，有了明确的办学目标，就要以办学定位为导向，调整学科专业结构。学科与专业是大学的细胞，大学的任何一项社会职能都是立足于学科和专业之上，知识的传递、学问的探索、科研活动的展开均寓于学科、专业建设之中。在地方高校转型发展过程中，要处理好专业建设与学科建设的矛盾。在传统的理解中，学科建设与专业建设在目的上具有内在的一致性，具有服务于大学人才培养和服务社会的职能。在目标侧重点上，有所区别的是，学科建设重在知识体系的组织与重组，侧重于科学研究，建立结构合理的学术梯队，以创新知识和提高学术研究水平为主要目标。而专业建设侧重于根据人才培养方案对教学计划、课程资源进行结构上的调整和优化。两者的区别主要体现在建设内容和侧重点的不同。专业建设侧重育人，学科建设侧重研究。但在实践过程中，二者也不是如此泾渭分明。转型高校在强调专业教育的同时，还应树立学科观念，理顺学科与专业的关系，以此累积发展的优势与后劲儿。

人们认识一所大学往往是从学科开始的，学科水平体现出一所大学的办学水平，大学的竞争力落脚于学科的竞争力。学科是大学内涵价值的外化，是高校人才培养、科学研究、社会服务和文化传承创新的综合性平台，在高校发展中具有重要的战略性地位，是衡量高校教学科研水平和学术地位的重要指标，对新建地方本科高校向应用型高校转型发展具有举足轻重的影响，是影响其核心竞争力和发展的关键因素。地方高校要实现转型发展，必须要以应用型人才培养为核心，将外延式规模扩张的理念转变为内涵式质量提升的理念。同时，要提高教学质量、提升办学层次和水平，必然要求学校转移科学研究重心，转变办学模式，注重产学研结合和社会服务（安静，李婧，2016）。因此，地方高校学科建设要重视立足于自身的办学定位，把服务于应用型人才培养和地方经济社会发展需要作为学科建设的首要目标和核心任务，整体考虑学科建设重点的确立、格局的架构、方向的凝练、队伍的汇聚、平台的构筑、学科制度的建立、学科文化的培育等。

各地方经济发展结构的不平衡，使得各地方高校在专业设置上必须充分考虑地区性社会和经济需要，学校的专业设计要与当地的经济社会发展紧密结合，体现服务区域经济社会发展的办学理念。地方高校在转型发展过程中，需要以地方经济社会发展需要和学生就业为导向，结合地方高校教育布局的实际，运用“错位发展”战略，建立紧密对接地方产业链的专业体系。首先，要根据自身原有的基础专业，结合自身的地方自然和文化资源，优先投入，重点建设，形成学校自身的品牌学科专业，力求此学科在该领域中有重要影响力，成为招牌。其次，按照“优势突出、特色鲜明、新兴交叉、社会急需”的原则，集中学校资源建设社会有需求、办学有基础的专业集群。专业集群，顾名思义就是将一个或若干各方面优于其他专业的重点建设专业作为核心专业，由其他几个相关或相近专业组成的集合。专业集群建设要突出对准技术密集型行业，集中力量办好一批与区域经济结构匹配度较高的应用型重点学科和特色专业，建设若干有一定办学优势和特色的、具有良好发展前景和显著社会经济效益的专业群，促进学科专业交叉融合，实现专业群与区域产业链的紧密对接，围绕产业链的发展对专业建设实行动态调整，提升专业集群服务经济社会发展的贡献度和学科专业竞争力。

专业的建设要通过课程内容的设置以及教学手段来实现，也就是说，专业建设应落脚于课程体系的重构，落地于课堂。因此，应用型专业建设必须重视课程建设。课程体系设置是要为实现人才培养的目标及规格服务的，应用型人才的培养规格决定了课程体系的设置应体现出依托专业、面向行业的特征。以德国应用技术大学的课程体系为例，按时间顺序，共分为基础课程、专业课程和毕业论文三个阶段。在基础课程学习完成后安排测评，只有通过的学生才能进入下一阶段的学习。这就在制度和质量上为学生的理论学习提供了保障。与此同时，对于实践教学环节更加注重，无论是实验基地训练还是企业实习环节，都占有很大比例。对于毕业论文的要求同样如此，论文必须与企业实习阶段的项目相结合，能解决生产实践中的实际问题。借鉴德国经验，按照教学内容不同，我国的应用型课程体系设置总体上可以分为理论教学体系、实践教学体系和素质教学体系三大部分。其中，理论教学体系又有基础理论课和专业理论课之分。这样一来，通过对基础理论课程的优化设计，更加凸显了基础性和系统性的要求，打牢了学生的理论功底，使学生具备了宽厚的理论知识；强化专业理论课程，对专业教学进行深度挖掘和广度拓展，提高学生的专业素养；重视实践课程，将所学知识与生产实践相结合，突出对于学生解决现实问题的应用能力的培养；注重以通识课程为主体，培养学生的道德、心理和创新、敬业等综合素质，并使其具备一定的科学精神和人文修养。此外，还要加入满足行业要求的各类职业资格认证的专项课程，把学生职业资格证书的考取列入课程评价的具体标准，为以后的顺利就业打下良好基础。

（三）引培并举，建设“双师型”师资队伍

教师是学校的灵魂，提高教师素质是提高教学质量的核心。以应用型技术人才为培养目标的高校与一般高校不同，它主要侧重将教学、生产与新科学、新技术、新工艺的推广和应用紧密结合，强调将理论应用于实践，建设一支高质量的“双师型”师资队伍是地方本科高校转型的关键（张元宝，宋瑾瑜，2015）。“双师型”教师强调的是“双证书”与“双素质”的融合。所谓“双师”，是指既具备扎实的基础理论知识和较高的教学水平及一定的科研能力，又具有与专业相关的企业工作经历和丰富的实际工作经验。通俗一点讲，就是教师既要有高校教师资格证书，又要具备相关专业的技术职称证书或行业资格证书，同时具有开展教育教学所需的职业素质能力和企业生产实践与创新指导能力，强调的是教育教学能力与实践创新指导能力的完美结合（刘其涛，2016）。由此，可大致给“双师型”教师下一个基本的定义：“双师型”教师是指取得高校教师资格和相关技术职称，具有知识传授能力和实践创新能力的职业素养，并能指导学生提升工程技术、企业管理等实践能力的教师。“双师型”教师在开展工作时，应满足四个方面的要求：一是要了解并掌握与所授专业相对应行业的应用技术的动态，能够通过专业授课、实训、实习使学生掌握就业岗位所需的基础知识、应用技术和职业技能；二是要养成肯动手、勤动手、会动手的操作习惯和具备一定的实践修养，引领学生走从书本到实践，再从实践到书本的技能提升之路；三是要能够教育学生具备相关行业的职业素养，如维修技术人员“不怕苦、不怕脏”的品质等；四是要能够通过应用项目的研究和应用技术的创新等活动，培养学生的技术创新、技术革新意识和能力。这就要求学校必须通过多种途径建设一支既懂技术又懂理论知识的专业素质高、实践经验丰富、教学能力强的“双师型”教师队伍。

高校可通过以下途径培养“双师型”教师：一是以校企合作为主要渠道，积极从企业行业、高校和科研院所聘用专业素质高、实践经验丰富、教学能力强的高级工程技术人员、管理人员作为兼职教师，为学生提供案例教学、实践指导以及咨询服务；二是加强对在职教师的培养，与企业合作建立稳定的“双师型”教师校外实习、培训基地，通过顶岗工作、挂职锻炼等方式，安排专业教师到企业顶岗实践，引导教师为企业开展技术服务，不断积累实际工作经验，

提高实践教学能力；三是学校与企业共同建立合作研究平台，共同完成科研项目，并指导学生参与。通过以上培养路径，一方面可以使大多数中青年教师对生产一线有所了解，不断发现一线工作中的新情况、新问题并加以解决，从而有针对性地开展教学，指导学生加强训练；另一方面，可以把实际工作中的问题及时反映到课堂教学中，引导学生将所学习的理论知识结合生产实际加以应用，取得教学和生产双赢的效果。

（四）深化产教融合、校企合作

校企合作既是一种办学指导思想，也是一种办学操作模式。广义上的校企合作，泛指学校与社会上相关企业单位及其他各种工作部门之间在专业建设、课程开发、人才培养、科技研发、社会服务等各方面的一种合作关系。在这种模式下，学校充分考虑企业需求，并依据不同学科、不同专业，结合自身实际办学条件，开展不同程度、不同方式的校企合作，最终在课程设置、教学管理、学生评价制度等方面实现学校和企业的合作办学。具体来说，校企合作办学模式是以市场需求为导向，为学校专业服务地方发展开辟途径，搭建平台，提高人才培养质量，促进学生就业，为满足行业产业发展需求、输送多层次人才、解决技术发展难题提供了广阔的发展空间。在校企合作办学模式下，学校与企业能够共同参与培养学生学习专业技能，在真实工作环境中检测自己掌握的专业知识是否得到社会行业的认可，最终形成对专业的再认识。在校企合作办学模式的推动下，学校能够广泛调动相关社会教学资源，在对教育资源进行整合的同时，采用多种教学方式，增强办学活力，为全面提高学生素质，满足社会对不同类型人才的需求，打下坚实的基础（李攀，2015）。

转型发展，高校是主体。学校能否教给学生真本领，让学生有好的就业、前途和幸福生活，能否发挥区域、行业和企业的技术中心作用，关键在于高校能否把握住产教融合、校企合作这一转型发展路径。深度的校企合作体现在产学研合作和人才培养合作两个方面。在产学研合作方面，双方可以通过委托课题、合作课题、企业捐赠、专利、许可证、资金支持等传统方式，也可通过新型知识转化渠道，如创新能力中心、孵化器、集群、创业型大学等创新方式，实现高校与经济界的研发合作和知识与技术转化应用。在人才培养合作方面，企业参与培养计划制订、课程设置、教材建设、学习和培训内容设计，承担培养和教育学生的责任。校企形成长期合作的关系，可以实现国家、学校、企业和个人四方共赢。基于此，在转型发展期，地方本科高校要做好顶层设计，面向地方、行业、企业，主动融入、对接所在区域经济社会发展，以区域经济社会发展方向作为转型发展方向，切实瞄准事关区域经济社会发展的重大课题开展攻关。在治理结构、发展规划、人才培养、技术创新、继续教育等方面实现紧密结合，在科研、医疗、文化、体育等基础设施建设方面实现共建共享。比如，地方本科高校中具有鲜明行业特色的冶金类、煤炭类、纺织类、工程类高校，可以与行业部门、行业组织、大型企业实行共建共管或共同组建教育集团。专业门类较多的高校可以赋予二级学院更大的权限，鼓励二级学院与行业企业探索实质性的共建共管方式，采取多种形式组建利益共同体，改变校地合作和校企合作模式多停留在协议上的现状，推进实质性融合与合作。地方本科高校还要利用与政府和教育行政部门的良好关系，呼吁省（自治区、直辖市）政府制定诸如税收等各方面的奖励机制，在企业利益受保护的基础上，激发企业参与校企合作的热情，打牢校企合作基础，建立和完善长效合作机制。校企合作模式是对高校、企业和学生三方均有利的教学模式，通过校企合作，一方面能够培养有针对性的高素质人才，充分利用企业资源，提升学生的实践能力和职业素养；另一方面有助于促进“双师型”教师队伍的培养和建设，教师在指导学生参加实践的过程中，自身的知识结构得到进一步完善，技术能力得到强化和提升，为科研活动搜集一线资源，用于日常研究和教学活动。对于企业而言，能够通过和地方院校合作，促进企业科技水平的提升和管理方式的改革，在人才聘用上得到有效保障。

（五）优化实践教学环节

应用型大学培养的是高层次的应用型人才，这类人才需要具备很强的技术应用能力和实践能力。因此，传统的教学模式不适合应用型人才培养模式，需要探索教学与实践紧密结合，以教学为主、应用型研究为辅的实践教学模式。实践教学是培养学生运用专业知识、技术解决实际问题的综合实践能力，提升学生综合素养的环节。因此，地方本科高校要强化实践性、应用性教学，强化教师的实践能力，强化学生的实习实训，培养学生的动手能力，使学生具有更好的学习能力、实践能力、创新能力。

具体来说，要围绕人才培养目标、专业设置要求，合理改进教学方法，调整和更新教学内容，积极探索尽可能贴近和还原现实情景，以职业行为特征为导向，能够满足应用技术型人才内在需要的实践教学方法。在教学方法上，要突出地方特色、产业需求，积极探索以实际应用为目的的项目教学、实验教学、现场教学、案例教学以及模块化教学，将第一课堂与第二课堂相结合，通过模拟训练等方法实现“教学做合一”。在教学内容上，要加强通识教育和基础教育的学习，不能因过分强调就业导向而过早分流；要加强学科之间的交叉互动以扩大教学内容的范围，及时更新教学内容以应对现代社会科技和经济发展的变化。

在应用技术型人才培养中，实践教学是关键，具备实习、实训条件是开展实践教学的保障，也就是说需要强大的硬件条件作为支撑。因此，地方高校转型发展必须加强校内外实习、实训基地的建设和完善。第一，对于校内实训基地建设，在硬件设施上，学校应加强实验教学中心建设，使学生真正得到职业技能训练。同时，要加强对实习实训设备的维护和管理，以保证实践教学有效进行。第二，对于校外实训基地建设，地方高校在转型发展中应走校企合作道路，形成校企联盟，建立高质、稳定的校外实习基地，为实践教学和学生到企业实践提供条件。学校可以通过多途径、多渠道，如行业协会、政府相关部门牵线搭桥等，积极与企业合作，共同建设和完善实训基地（陆晓燕，2015）。

（六）开展应用研究

科学研究是建成特色鲜明的高水平应用技术型大学的重要基础。应用技术型大学的使命是培养具有高级技术的应用型专门人才，使科学技术以及新工艺及时转化为社会生产力。因此，与普通研究型大学不同，应用技术型大学主要开展应用型研究，开展的研究应贴近实践、服务地方、面向技术转化。在与企业的合作中，学校应了解企业的技术瓶颈，为企业发展制定科研项目，帮助企业改良传统技术、引进新技术，以增强企业的市场竞争力。教师通过积极参与应用型科研项目的研究，可以及时更新自身的知识结构，将最新科研成果融入教学内容，以弥补课本知识滞后的缺陷。同时，组织学生参与项目研究，有利于提高学生的科研创新能力，培养其协作精神。校企合作加强了学校和企业的沟通，学校可以及时获得产业界的反馈信息，根据反馈信息及时调整教学，使教学和企业实践紧密相连，从而提升学生的职业实践能力。同时，合作也促进了企业的人才培养及技术改良和革新，在技术、人才方面为企业可持续发展奠定了基础。

缺乏科学研究的高校不是真正意义上的高校，高校应切实改变传统的科研评价体系，加强与地方政府、企事业单位和社会团体的合作，提升办学竞争力。一是科研应面向地方，聚焦应用性研究与技术服务。同时，应发挥“教学服务型”高校的科技资源优势，围绕“政府关心、企业关注、社会需求”的问题，加强政产学研深度合作，提升学校支持地方经济社会发展的能力。另外，要深入推进科研改革，积极探索面向地方经济社会发展的科研新模式，加大对应用型科研的支持力度，促使纵向项目上水平、横向项目创特色，实现科研经费稳步增长。二是应设立服务地方的研究院等校内科研服务机构，积极主动地加强与地方政府、企业、社会专业团体等的合作力度（宋文生，2016），广泛开展校地、校企合作，加强地方特色资源协同创新中心建设，推进工程技术研究中心等科研平台建设，加快产业技术研发，促进新技术的转化应用，参与企业技术创新，使学校成为地方特色产业和行业共性技术的研发中心和服务平台，发挥人文社会科学的优势，深入开展政策、规划和发展战略研究，加强地方智库建设。

（七）建立应用型高等教育评估体系

地方高校转型发展的出发点和落脚点，是更好地服务区域经济社会的发展和实现自身的发展。转型发展成功与否，在学校科学确定办学定位和转型发展实施方案制订后，就要看其转型的各项改革是否落到了实处，以及对区域经济社会发展的介入度和贡献率提升的程度。评估体系的建立是未来学校转型发展的指挥棒。只有评价制度、评价标准和评价方式转变了，才能引导高校打破原有的封闭格局，主动整合资源，开放办学，引导高校在服务地方经济社会发展的大环境中转型，寻求自身的发展之路。为此，必须建立地方高校转型发展的考核评估制度。

应用技术型大学不同于传统的普通本科院校，其以技术积累创新和服务产业实际贡献为价值基准，根据职业和岗位需求设置专业，不同于传统普通本科院校以学科体系为基础建立专业结构。转型发展的目标是提升学校服务地方经济的能力，提升服务学生就业、创业的能力。所以，在评价机制建设上，要确立以学生的能力为重，以学校的贡献率为导向，以高质量就业能力、产业服务能力、技术贡献能力为评价标准的应用型高等教育评估体系。转型高校要逐步改变过去以学校为主导的、单一的质量监控评价体系，建立考核评价主体多元、考核评价内容多维、考核评价方式多样的质量监控体系，稳步推进教学管理与质量监控的转型。转型学校与地方产业的接轨程度、实习实训平台的建设、“双师型”教师队伍的结构、实践教学开展的程度等方面的要素都应该纳入评价标准中。一方面，学校要根据自己制订的转型发展实施方案，加强对阶段性改革任务完成情况的检查，对阶段性进展和取得的成效及时进行总结分析；对转型改革的目标和任务要逐项进行检查验收，开展评估分析，建立学校内部的转型工作考核办法和考核指标体系。另一方面，开放办学就要接受社会的监督，企业参与办学，就应该接受来自企业的评价。因此，应倡导校内校外参与转型质量评价，助力地方高校深度转型发展。

二、地方高校深度转型发展的模式

按照国家有关政策的精神，张伟等在2016年认为，在各地区的具体实践中，地方高校转型发展的方式主要有以下三种。

（一）专业转型

专业是高等院校人才培养的载体，是高等院校与社会需求的结合点。高等教育是否适应社会需求，适应程度如何，始终要通过所设置的专业及所培养的专业人才体现出来。因此，建设应用技术型大学，学科专业转型是关键。

专业转型是指以专业为基础进行的转型，即将高校部分应用性较强的专业（集群）转型成应用技术型专业，在高校管理中形成“一所高校两种类型”的发展格局。这种格局既有学术型专业，又有应用技术型专业；既培养学术型人才，也培养应用技术型人才。部分专业转型方式主要是从专业改造与调整的角度，重构人才培养模式，侧重培养高水平应用型技术技能人才。通过分析各地区高校转型布局可以发现，上海市高校的转型方式主要以专业转型为主，遴选了 26 个本科专业开展应用型本科专业建设试点工作，而湖北、陕西、河南等地则采用了整体转型与专业（集群）转型相结合的方式。

（二）院系转型

院系转型是以二级学院为基础进行的整体转型，即将机械制造、建筑工程等应用性较强的二级学院转型为应用技术型学院，形成“一校两型”的管理格局。高校院系转型后，校内既有学术型二级学院，也有应用技术型二级学院。前者重点开展理论教学和基础理论研究，培养学术型人才，后者重点开展实践教学，注重解决实际问题，培养应用技术型人才。这类转型方式主要在校院两级管理、重点下移、做强做大二级学院的基础上实施，它能与社会、企业、政府更好地契合，建立高校与企业的连接纽带，积极开展校企合作，促进产教融合。同时，采取“订单式”人才培养、二级学院冠名、共建人才培养基地等方式，能提高学生就业与未来发展的适切度，能培养更多满足企业发展需求的技术技能型人才。在转型实践中，吉林省率先采用二级学院转型方式，在高校整体转型、专业（集群）转型的同时，选择 4 个二级学院开展转型试点，使高校同时存在两种类型的教学单位、两种类型的人才培养模式。

（三）高校整体转型

高校整体转型是指学校办学类型整体转变为应用技术型，办学定位于应用型，设置应用型学科专业，培养应用技术型人才，开展应用研究，加强实践教学，实行产教融合，校企合作治校育人。这种转型方式要比前两种转型方式的牵涉面广，专业转型方式更省时省力，只需要调整和改造学科专业以适应区域行业企业的需求。院系转型稍微复杂一点，作为高校的一个教学单位，其需要在人才培养方案、专业课程设置和校企合作等方面调整办学模式。而高校整体转型，工程量大，牵涉办学目标、教学、科研、人才培养等方方面面。老牌公办本科院校办学历史较长，办学思想深厚，适用于前两种转型方式，而 1999 年以后新建的部分地方本科高校，办学历史较短，客观上都有整体转型的必要。目前，纵观各地高校转型的实践，高校整体转型方式是各地区普遍采用的转型方式。

不同路径形成的应用技术型大学在构建发展模式时有不同的侧重点，但无论走哪条路，都必须将应用技术型大学作为独立的教育类型来发展。目前，我国地方本科高校转型模式有以下 4 种，具体如表 6-1 所示。

表 6-1　地方本科高校转型模式

代表地区	转型模式	转型布局情况
上海	专业转型	遴选 26 个本科专业作为首批试点专业
辽宁	整体转型与专业（集群）转型相结合	高校整体转型试点 10 所，专业转型试点 116 个
河南		首批试点高校 5 所；第二批整体转型试点高校 7 所，专业（集群）转型试点高校 3 所
湖北		首批试点高校 11 所；第二批试点高校 7 所，试点专业（集群）11 个
陕西		首批整体转型试点高校 13 所，专业（集群）转型试点 1 个
吉林	整体转型与二级学院专业（集群）	首批高校整体转型试点 9 所，部分二级学院转型试点 4 所，专业（集群）转型试点 20 个
江西	整体转型	首批地方本科高校转型试点高校 10 所
浙江		41 所普通本科院校（含独立学院）为试点高校
河北		10 所地方普通本科高校为试点院校
广西		19 所高校纳入转型发展试点遴选范围
甘肃		8 所高校列为首批转型发展试点院校
重庆		6 所高校参与应用型高校转型试点
四川		3 所高校实施整体转型试点
湖南		2 所高校启动转型发展试点

第二节　地方高校转型发展的质量评价体系

加快地方高校转型发展，推动应用技术型大学建设，已是当前高等教育改革中一个不可逆转的趋势。建设应用技术型大学需紧贴区域产业发展需要，通过人才培养目标与模式的转型，培养生产服务一线紧缺的应用型、复合型、创新型人才，加快高层次应用型内涵建设，形成优势特色，提高实践教学及应用科研质量，提升地方高校反哺地方经济社会发展的服务能力。在向应用技术型大学转型发展的进程中，为了响应高等学校分类型、特色化发展的目标，为定位于发展应用技术型本科高校的高等院校提供办学依据，规范、引导应用技术型本科高校的发展，构建应用技术型大学支撑评价体系，无疑具有十分重要的价值。

需要说明的是，我国应用技术型大学是具有自身特色的新型大学，无现成经验可以参照，而考核评估标准的制定又是一项极其复杂的系统工程，因此，本章更多的是对应用技术型大学质量标准的制定依据、设计原则、基本框架和指标体系做出初步探索，其中也许存在较多不完善和不深入的地方，期待可以为我国应用技术型大学标准体系的建设提供一些参考。

一、应用型高校质量评价体系的制定依据

教育现代化是一个不断改革、不断发展的过程。改革中的除旧布新，需要在实践中不断探索和完善，只有及时总结，才能减少失误。教育评估具有系统收集信息、检查改革与发展的目标是否达成、对教育工作过程及成果质量做出科学评定和价值判断、为科学管理和决策提供依据等功能。运用科学合理的教育现代化指标体系来进行教育评估，可以更好地推进教育现代化。而教育发展也需要有目标的指引，需要相关机制的激励。运用指标体系进行教育现代化评估，可以有效衡量各地教育现代化水平，对各地的教育现代化实践能起到很好的导向和激励作用，减少盲目性和无效性，提高效率与质量，力争早日实现教育现代化。地方高校转型为应用技术型大学，为国家培养应用型、复合型高端人才，是教育现代化进程中重要的一环，转型成效如何，意义重大。

应用技术型大学评价标准的制定在于积极响应高等学校分类型、特色化发展的目标，为定位于发展应用技术型的高校提供办学依据，规范、引导应用技术型本科高校发展。应用技术型大学评价标准的制定的依据，包括高校分类发展的需要和欧美发达国家应用技术型大学的办学经验。

（一）高校分类发展

2015 年 10 月，教育部等联合发布《教育部 国家发展改革委 财政部关于引导部分地方本科高校向应用型转变的指导意见》，旨在为部分地方本科高校向应用技术型大学转变指明方向。该意见提出要“建立高校分类体系，实行分类管理，制定应用型高校的设置标准。制定应用型高校评估标准，开展转型发展成效评估，强化对产业和专业结合程度、实验实习实训水平与专业教育的符合程度、双师型教师团队的比例和质量、校企合作的广度和深度等方面的考察，鼓励行业企业等第三方机构开展质量评价。制定试点高校扩大专业设置自主权的改革方案，支持试点高校依法加快设置适应新产业、新业态、新技术发展的新专业。支持地方制定校企合作相关法规制度和配套政策”（中华人民共和国教育部等，2015）。

长期以来，社会上把高校划分为研究型大学、教学研究型大学、教学型大学、应用本科、高职高专等不同类型，看上去是分类，其实是人为地把高校划分为三六九等，后面一级总想努力爬到前面一级去，以求获得更好的生源、更多的资金、更高的美誉度。实际上，这种划分依据的是学术性评价标准，比如，有没有博士点、有多少重点学科、建了多少国家重点实验室、在核心期刊上发了多少论文等。应用技术型大学的根本在于紧密对接经济社会发展需求，培养应用型、复合型、技能型人才。原有的学术性标准对应用技术型大学是不适用的，或者说不完全适用。这些标准引导着大学向各个指标努力，追求建立包括本科、硕士、博士在内的完整的高层次教学体系，追求在更高级别的刊物上发表学术论文，或多或少地偏离了培育应用型人才的初衷（陈方红，王峰，2016）。

面对学术性的评价标准，应用技术型大学会不由自主地存在一种身份尴尬，仿佛是“二等公民”，仿佛比那些综合性研究型大学矮了一截。此时，地方高校在转型为应用技术型大学方面，也很难凝心聚力地去关注“应用”，很难铺开摊子去探索应用型人才的培养规律，而是在学术与应用的双重诱惑下摇摆不定。这并不是说应用技术型人才就不必做研究、发论文，如何处理做什么研究、做研究为什么服务等的关系，存在一个度的问题，必须坚持“有所为，有所不为”。178 所高校发布的《驻马店共识》呼吁全社会的关注和支持，期待“国家加快部分地方本科高校转型发展的顶层设计，加快高校设置、评价、拨款和管理制度的改革，为转型发展创造良好的政策环境”（董少校，2014），这道出了众多地方高校的呼声。评价标准是大学发展的外部标尺，再也不能用学术标准型大学的尺子来“卡”应用技术型大学了，现在是建立应用技术型大学评价标准的时候了。

对于不同层次、不同类别的高等学校，应该有不同的质量评价标准，有不同的质量保障方式。应用技术型大学作为一种新的大学模式，应当建立有别于其他类别高等学校的质量标准和保障体系。尽管目前我国在本科教学评估中注意到了这一点，并采取了一些相应措施，但原有的质量标准和保障体系已经不再适用于当前建设发展中的应用型大学。为了更好地促进应用技术型大学的教学质量、科研质量和社会服务质量等方面问题的解决，建构符合应用技术型大学特征的质量保障体系就成为必须要解决的实践问题。

（二）境外高校的经验

与境外发达国家几十年的应用型大学建设经验相比，我国应用技术型大学的研究和实践起步较晚，发展机制还很不成熟。因此，国外办学经验对于研究我国应用技术型大学办学质量评价标准有着一定的借鉴价值。在欧洲，应用技术型大学的发展主要是依靠多个利益相关方的密切合作和资源整合来实现的，因此，至今尚未有统一的质量标准来评估应用技术型大学。但是，一些应用技术型大学发展良好的国家已在评估标准的建设上形成了比较成熟的做法。例如，德国为了优化和改进教学质量，提高科研水平，以及提升应用技术型大学的综合竞争力，1994 年，在州政府的要求下，所有应用科技大学都建立了内部评估制度，主要是学生对课堂教学、学术研究、行政管理以及其他辅助性工作的评价。21 世纪初，在博洛尼亚进程的推动下，德国开始实施高等教育认证评估制度，并在学制、机构设置、绩效拨款、教学评估、专业认证和新学位课程认证等方面形成了外部质量保障的基本框架。受此影响，应用技术型大学的内部评估朝着内外结合的方向转变，并形成了以绩效为导向、以自评为重心的保障机制。根据德国的高校质量评估体系，应用科技大学每 1—2 年都要进行自评，每 5 年接受 1 次州政府的评估。如果高校内部自评或者州政府评估不达标，就会责成系或学科会进行改进，还可能会减少不达标部门的经费。经过近 30 年的建设，德国应用科技大学以培养职业技术型人才为目标、以“双元制”为手段、以实践为基础、以评估为重点的质量保障体系已经基本完善，并且取得了很好的成效，大大提升了应用科技大学的办学质量。芬兰则委托高等教育评估委员会对应用技术型大学的办学目标、学生数量、质量保障体系建设、专业设置、教学计划执行情况、学生学业表现、服务区域发展、与企业及其他高等教育机构的合作、图书和信息服务、国际交流与合作等标准实施第三方评估，并于1990年发布了自评指南展开项目评估，采取了与研究型大学不同的评估办法和质量标准。奥地利应用技术型大学的质量标准囊括了学校发展的各个方面，包括学校发展战略和组织、基础设施和经费、课程和教学、教学与研究人员、应用性研发、校企合作、国际化等七个方面，由应用技术型大学委员会负责教育质量标准的修订与实施（徐蕾，2016）。

虽然在应用技术型大学建设方面有一定的国外经验可供借鉴，但中国的应用技术型大学有着自身的特色，不能照搬西方国家的现成模式，应用技术型大学的未来实践必须是根植于本国的行动。在此意义上，建立质量评价体系是时代赋予应用技术型大学的责任，需要开展全面深入的研究，在实践中不断调整和完善。

二、质量评价体系的设计原则

应用技术型大学评价标准的确定需要遵循一定的设计原则，需要在突出应用型特征的基础上，坚持多样性与基础性的统一、稳定性与发展性的结合、定性与定量的统一、科学性与操作性的结合等（徐蕾，2016）。

（一）突出应用型特征

密切回应经济社会发展需求，培养应用型、复合型、技能型人才是应用技术型大学的根本任务和明显特征。质量标准能否体现应用技术型大学的关键特征，是衡量这一标准是否有效的关键要素。换言之，原先的学术性标准对应用技术型大学是不适用的，或者说不完全适用，或多或少地偏离了培育应用技术型人才的初衷，应用技术型大学的质量标准的设计必须要突出应用型的特征。因此，应用技术型大学的质量标准要紧密围绕其办学定位和人才培养目标展开，突出应用型特征，尤其是在强化技术技能积累与创新、提高技术技能人才培养质量、深化产教融合与校企合作等方面，要在质量标准中得以充分反映。

（二）坚持多样性与基础性的统一

我国的应用技术型大学的组成既有新建的本科院校，也有刚刚升格的高职高专院校，还有少量的民办本科高校和独立学院。对于不同层次、不同类型、不同科类的应用技术型大学，要避免“一刀切”，允许由不同类型学校转型而来的应用技术型大学适应弹性化的质量标准，促进应用技术型大学的多样化发展。当然，弹性化并不意味着随意化，仍然需要国家制定统一性的基本质量标准来保证教育教学方针符合国家要求，办学条件达到国家规定的最低要求，人才培养的规格符合应用技术型大学的学业要求等。这些标准是对应用技术型大学提出的宏观的基本质量要求，反映了应用技术型大学基本的办学标准和学业标准。

（三）坚持稳定性与发展性的结合

一方面，应用技术型大学质量标准的设计要具有一定的稳定性，无论如何发展，应用技术型大学教育教学质量都要能够达到国家、社会和受教育者对高等教育的期望水平，既要符合社会的满意度，又要符合应用技术型大学的特征要求。衡量应用技术型大学办学质量的重要标准即是社会各界对其所提供服务和成果的满意程度。另一方面，应用技术型大学的质量标准又要具有发展性和一定的扩展性，其内涵和要求要能够反映时代、环境、应用技术型大学本身的发展与变化。在质量标准的确定上，学校可以超出国家标准或原标准中涉及的指标及证据，由专家决定是否作为扩展性的标准用于评价应用技术型大学的办学质量，以推动学校的特色化发展。

（四）坚持定性与定量的统一

应用技术型大学的质量标准要以结果为导向，需要具备一定的可测性，并最终通过量化的指标来体现。同时，教育质量标准涉及硬件、软件、师资、教材建设等多个方面，渗透在教育教学的全过程，建立应用技术型大学的质量标准体系需要突出人才培养质量这一核心要素，关注社会信誉度、群众的口碑和公众的满意度是制定应用技术型大学质量标准的重要着眼点。然而，人才培养质量的好坏、社会的信誉度、群众的口碑和公众的满意度则更多是由社会和市场来进行定性评价的。因此，应用技术型大学质量标准应主要提供定性指标，对质量标准中的一些关键指标可提供参考性的定量指标。对于一些定量指标，高校虽然没有达到定量标准，如果发展特别有特色、有影响的，专家可酌情加分，尽量避免“一刀切”，以推动高校的多样化发展。

（五）坚持科学性与操作性的结合

质量标准是从方向层面对应用技术型大学产生引导作用，所以标准的科学性是至关重要的。质量标准的建设应该以科学的发展观、价值观和质量观为指导，在研究分析我国教育政策、法律、管理体制的基础上，崇尚创新、注重协调、厚植开放，秉持可持续发展的原则，依据我国应用技术型教育的现实状况建构出科学的质量标准，坚持与时俱进，根据高等教育的改革与发展不断更新、完善。同时，制定的质量标准要有实际意义，在实践中发挥作用，还必须兼具操作性。因为只有在实践中得到执行的标准才是有意义和有价值的，质量标准不是空穴来风，更不是纸上谈兵，要在保证科学性的前提下兼具操作性价值。

三、质量评价体系内容

区别于普通研究型高校，地方本科高校转型发展效果考核（评估）方案的制定、考核（评估）工作的实施等均应吸收行业企业、学生及其家长以及社会相关组织参与，确保考核（评估）结果的公正、公平和公开。另外，要围绕兴办“人民满意的教育”的目标，做好企业满意度、社会满意度以及学生（毕业生）满意度等的调查工作，以此确定转型成效是否得到了社会及广大民众的认可。同时，依据考核（评估）的结果，确定地方本科高校转型发展的实现程度与转型目标的差距，帮助转型地方本科高校确定今后工作的任务与努力的方向。

讨论应用技术型大学的质量评价体系，自然离不开对评估标准的探讨，各项评估指标体系是对标准的分解，是标准某一方面要求的具体化或行为化的体现。对应用技术型大学而言，评估标准具有其独特的质量参数和指标内涵，是基于地方或行业企业需求和个体发展对于教育质量的理性推演，是应用技术型本科人才培养目标分解在专业教育过程和结果方面的基本质量要求。

应用技术型大学是立足地方，服务地方，通过走产教融合、校企合作之路，将自身建设成为社会培养高级技术应用型专门人才，集职业教育、高等教育、成人教育于一体的新型大学。概括而言，新的应用型大学评估标准应体现在办学定位、人才培养、专业和课程设置、师资队伍等方面的新变化上（孙诚，2017）。

（一）办学定位

对我国应用技术型大学的发展而言，凸显行业主导型特征具有更加重要的意义。这是因为我国的应用技术型大学多是由地方普通本科高校转型发展而来，因地制宜地实现应用技术型大学与地方经济社会的协调发展，是此类大学的重要使命。换言之，应用技术型大学既要立足地方，更要着眼行业，应在更合理的区位行业性背景内，强调建立行业指向性明显的需求驱动型发展模式，人才培养能够体现行业功能，专业设置能够具备行业特征，科技服务可以适应行业需求，形成与区域经济、科技和社会文化良性互动的发展机制，增强对地方经济社会发展的辐射率和贡献率，只有这样，应用技术型大学才能在与地方经济和社会发展的互动中，进一步提升学校的办学层次，拓展学校的发展空间。

（二）人才培养

人才培养目标定位是院校转型发展的主导。培养人才是高校首要的也是主要的职能。不同的办学类型、办学层次决定了高校的人才培养目标各不相同。其一，转型高校的人才培养目标应定位为应用型高级专门人才，其培养规格应是具有创新精神和实践能力的“宽口径、厚基础、强能力、高素质”的人才。同时，要根据社会的需要及时调整自己的专业方向。其二，地方本科高校要意识到与高职高专院校人才培养目标的不同。地方本科高校致力于培养具有创新潜力的技术和技术开发的应用型高级专门人才，高职高专院校培养的是掌握职业所需要的基础知识和专门知识，具有从事职业所需的综合素质和职业能力的技能型人才。

（三）专业和课程设置

应用技术型大学专业和课程设置的原则是以应用为主，面向地方行业，理论与实践相结合，使学生获得某一职业领域所需的专门技术并进一步发展的能力。专业设置应该紧密结合地方工商业及服务业的需求，在课程设置之前，先广泛征求有关行业企业的意见，经过学校与行业企业代表、专家学者反复讨论后，再向地方教育主管部门申请批准。课程分为理论课程和实践课程，理论课程包括基础理论课、专业理论课、选修课和实践课。基础理论课主要教授人文社会科学、自然科学方面的知识；专业理论课主要教授特定专业的基础知识以及这一专业某一方向的精深知识，特别强调学习的整体性及与实践紧密相连；选修课是供学生丰富自身知识储备、提升素养而设置的；实践课包括在学校内实践课程教师指导下的学习及学生进入职业岗位的实习。此外，应用技术型大学的专业及课程设置必须与时俱进，随着科学技术的不断发展，职业岗位必然出现更迭。各学科交叉融合，呈现出综合化趋势，新兴、交叉职业出现，单一知识结构的毕业生在竞争中会处于弱势。

（四）师资队伍

教师是人才培养目标实现的关键，能体现出一所学校的教育特色。应用技术型大学培养人才，对教师的要求非常高，不仅要具备高深的理论知识，还要能进行熟练的专业实操，并在相关的企业工作不少于3年。这样教师在给学生讲解枯燥的理论知识时，能联系实际，表述出的话语较易让学生理解透彻，从而有效地培养出应用型人才。

（五）校企合作

应用型人才的培养无法离开实际的职业环境，校企合作能给学校和企业双方创造相互需要的利益，从而形成一种双向互惠机制，即学校成为企业的创新人才库与技术革新的思想库，企业成为学校的生存基础和发展源泉。校企合作关系建立的步骤是：学校邀请企业研发或管理骨干进校举办交流会或专题讲座，指导学生参与，做到将专业理论知识、生产实践和案例应用有机融合，巩固学生所学知识，加深其对专业知识的理解，同时使专家与学生进行互动交流，帮助学生解决职业疑问。

（六）实践教学

应用技术型大学的实践教学是一项十分严谨的系统工程，以行业的需求作为导向，根据岗位任职的要求和工作模块的内容设计企业实践与学校理论教学方案，再结合实体项目实施建设的真实教学环境，把实体项目很好地嵌入到教学环节中，最终实现企业需求与学生能力的“零适应期”。实践教学的主要任务是，在实践活动中，由教师指导学生把枯燥的专业理论知识用于实际生活或工作中，从而培养学生解决和分析实际问题的能力。实践教学中的教学环节一般有社会实践、模拟实训、毕业设计、毕业实习等。因为实践教学环节多并且繁重，所以应用技术型大学需对每一项实践教学的教学环节进行科学合理的配置，并安排好教学内容，同时加以梳理，确保在实践中能逐一落实，让学生熟练地掌握各种操作技能与技术，完善实践教学的体系（关晓冬，2016）。

（七） 应用型科学研究

一所高校的整体水平和实力在一定程度上表现为科研能力水平的高低。目前，我国应用技术型大学的科研虽有其自身独特的优势，但科研质量与其他类型大学相比存在一定的差距。为此，应用技术型大学需要结合自身特点，准确定位，通过建立适宜的科研质量评价体系来保障科研质量，从而不断提高学校的整体科研水平。在实际的科学研究过程中，应用技术型大学应不断增加科研经费投入，完善科研管理机制，注重科研成果转化，进而保障科研质量的不断提升。

（八）制度保障

对于任何一个管理系统而言，制度无处不在。没有制度的约束，各种行为就没有规范。高效的制度是应用技术型大学质量的保障。转型高校要建立与应用型大学建设相适应的管理制度、专门的经费使用制度和质量保障制度。

综上所述，应用型高校转型发展评估指标体系的具体内容如表 6-2 所示。

表 6-2　应用型高校转型发展评估指标体系

一级指标	二级指标	评价标准
1. 办学目标	1.1 办学理念	学校在专业建设、条件建设和师资队伍建设等重点工作中，体现了应用型建设的办学理念
	1.2 办学定位	办学定位于服务区域产业结构转型和社会经济发展，体现了应用型建设的内涵特征
2. 专业结构	2.1 专业建设	结合学科专业特点和人才培养类型，分类形成专业建设方案
	2.2 专业布局	优化专业布局，建立健全由行业企业参与的专业建设指导委员会；依托学校专业特点和优势、特色，建立与区域经济结构调整、产业转型升级、文化发展相关联的应用型专业群
	2.3 专业管理机制	有健全的专业准入与退出机制和相应的指导方案
3. 师资队伍	3.1 师资队伍结构	具有一定数量的行业、企业、实务部门兼职教师和“双师型”教师，其中，有满足实训教学要求的专职实训教师队伍； 专业教师中行业、企业、实务部门等兼职教师占比原则上不低于30%； 专业教师中“双师型”和具有行业企业实践经历的教师占比不低于70%
	3.2 师资队伍建设	有完善、合理、可行的“双师型”教师队伍建设方案、专职实训教师队伍建设方案； 建立了与应用型建设相适应的师资培训机制，具有加强教师教学与实践能力培养，促进教师与行业、企业、实务部门人员相互交流的具体措施，并能有效落实
4. 实验实训条件	4.1 校内实验条件	实验仪器数量充足，配置合理，满足应用型人才培养需求；实验教学经费投入有保障
	4.2 校内实训条件	建有适应行业发展、满足应用型人才培养需求，有利于培养学生专业职业能力的实训教学设施及场地； 实训教学经费投入有保障
5. 校企合作与产教融合	5.1 共同制订培养方案	建立了校企合作共同设计、论证、修订人才培养方案的工作机制，并认真组织落实
	5.2 共建实践教育基地	与行业、企业、实务部门共建了校内外实践教育基地，并有校企合作共建共管共享的长效机制
	5.3 双向互聘机制	建立了学校与行业、企业、实务部门之间人员双向互聘、相互融合的机制； 学校各主体专业的校企教师双向互聘运行状态良好，积极促进了应用型人才培养和应用技术的开发
6. 人才培养	6.1 培养方案	人才培养方案体现了学校应用型建设的理念

续表

一级指标	二级指标	评价标准
6. 人才培养	6.2 教学模式改革	具有推进产教融合、现代信息技术等与教育教学深度融合的具体措施，带动了教学内容、教学模式和教学方法等的改革与创新，实施效果明显
	6.3 创新创业教育	构建了适应应用型人才培养的创新创业教育体系；建立了创新创业教育相关基地，有效促进了应用型人才培养
	6.4 人才培养效果	毕业生年终就业率、对口就业率
7. 应用研究	7.1 服务地方	积极围绕区域经济社会发展开展技术咨询、技术开发、技术转让、技术服务
	7.2 成果转化	取得发明专利、实用新型专利和外观设计专利授权数；成果转化率、转化产值；咨询建议被政府（部门）采纳的数量及采纳率
8. 制度保障	8.1 制度保障	建有与应用型建设相适应的管理制度，且制度落实情况和实施效果良好
	8.2 经费保障	学校、学院、专业应用型建设相应的经费投入、使用情况及成效
	8.3 质量保障	建有相应的评价、过程监控、督导及持续改进机制，且实施的效果良好

地方本科院校转型评估体系设置应从目标、内容和方法三个方面展开。一是衡量院校转型目标是否契合院校的发展基础和特点，人才培养、科学研究是否与经济社会发展需求相关；二是评估院校转型内容是否明晰，包括学科专业建设、人才培养模式、师资队伍建设、开发与应用性科学研究、“产学研用”体系建设等；三是评估院校转型的方法是否科学有效，如是否调整和优化了学科专业设置和方向，是否制订了应用型人才培养方案，师资队伍的类型和结构是否有显著的变化，是否注重社会需求调研，校企合作的数量和程度如何，毕业生就业情况如何（朱飞等，2015）。

作为国家强盛之基础的高等教育不只是治理现代化的问题，其整体现代化更是承载着强国使命的高等教育必须面对的挑战。高等教育现代化既是高等教育发展和强国的目标，又是高等教育发展和强国的手段和基础，既是我国高等教育改革进程中迫切需要解决的重大理论问题，又是高等教育强国实践之急需。加快高等教育结构调整、实现教育现代化，是国家的需要、人民的期盼。地方高校深度转型是应用技术型大学主动承担实现教育现代化发展使命的现实写照，且众多地方高校已经成为应用技术型大学转型和改革的探索者和实践者，转型成效如何会直接影响教育现代化进程。评价标准是高校转型发展的指挥棒，地方高校能否顺利转型，关键是要制订一个有效的转型方案，并构建一套科学的评价指标体系，以检验转型的成效。首先，应对不同类型高校实行分类评估，建立以高质量就业能力、产业服务能力、技术贡献能力为评价标准的应用技术类型高等教育评估体系。其次，强化对应用技术类型高校的产生和专业结合程度、实验实习实训水平、“双师型”教师比例和质量、校企合作深度等方面的考察。最后，注重发挥行业、用人单位在评估评价中的作用，支持第三方机构开展质量评价与认证，建立起以技术积累创新和服务产业实际贡献为价值基准的应用技术大学评估标准，把对区域产业发展的支撑能力和服务学生的终身发展能力作为评价转型成效的根本标准。

第七章

加快教育现代化进程，促进地方高校深度转型的对策

教育现代化的本质要求是改革、创新与发展，传统的教育可以作为现代化的资源，但绝不是逻辑起点。因此，加快教育现代化进程，地方高校需要向应用型深度转型。地方高校转型发展是一项系统性、全局性、整体性的高等教育改革，不是各单项改革措施的简单叠加，需要系统科学谋划顶层设计、大力调整学科专业结构、重点改革人才培养体制机制、着力完善应用型高等院校资源保障体系等方面着手，从而确保应用型人才培养的质量，使转型政策措施得力，转型效果显著，以期得到政府、学校和社会各界的认可。

第一节　系统科学谋划顶层设计

在2004年实现高等教育大众化之后，高等教育面临着一系列的矛盾亟须解决。例如，优质高等教育资源不能完全满足人民群众的迫切需求，高等教育结构对经济增长方式转变的支撑能力不足，生均办学条件离国家规定的合格办学标准尚有差距，高等教育体制机制的各项改革有待继续深化，等等。同时，地方高校在转型发展过程中还面临着生源单一、专业设置与社会需求差距较大、学生所学专业高度集中导致就业困难、课程体系建设与教学内容改革难度大、师资队伍的实践能力不足、企业参与合作办学的积极性不高等问题。要解决这一系列问题，首当其冲的就是要系统科学谋划顶层设计，因为顶层设计是后续工作的导航和行动指南。

一、确立地方本科高校转型发展战略

《教育部 国家发展改革委 财政部关于引导部分地方普通本科高校向应用型转变的指导意见》开宗明义，讲的是引导部分地方普通本科高校向应用型转变，这里主要指的是1999年以来新建地方本科高校。该意见强调要加强省级政府在转型改革发展中的统筹作用，从各地各校实际出发，积极稳妥地推进转型发展改革。该意见强调试点先行，充分发挥试点高校改革创新的主动性、积极性和示范引领作用。哪些高校需要转型，不是简单地以本科院校的设置时间画线，主要是要根据国家发展战略需求、区域经济社会发展需要并结合高校的条件和意愿来确定。转型发展是办学思路的调整，不是更名或者升格，更不是“一阵风”。

以地方为例，为贯彻《国家中长期教育改革和发展规划纲要（2010—2020年）》《教育部 国家发展改革委 财政部关于引导部分地方普通本科高校向应用型转变的指导意见》的精神，加快山东省现代职业教育体系建设，提高高等教育服务区域经济社会发展的能力和水平，山东省应尽快出台“山东省地方本科高校转型发展试点工作方案”。该方案是山东省地方本科高校转型发展的综合性文件，也是系统谋划高等教育服务山东省经济社会发展的行动纲领。该方案应以培养经济社会发展以及产业转型升级需要的高层次高水平的技术技能人才为主要目标，以推进产教深度融合、校企紧密结合为主要路径，通过试点的示范和引领作用，引导和推动山东省部分地方本科高校，尤其是新建地方本科高校向应用技术类型高校转型发展，提高山东省高等教育支撑地方产业升级、社会管理和技术创新的能力，完善现代职教体系，加强高等教育特色发展。同时，应以“全面引导、试点先行，先易后难、突出特色，全面总结、综合改革”为基本实施原则，力争在3—5年的时间实现以下目标：确定一批山东省转型发展示范学校，试点高校专业设置和人才培养目标趋向合理，服务重点产业升级的能力明显增强，人才培养的“立交桥”初步建成。

二、厘清地方本科高校转型发展思路

转型发展不能“一刀切”。地方本科高校所处的区域条件、行业背景、办学历史、办学基础、办学性质、学科专业、师资力量、支持条件以及领导与决策机制的灵活性、办学经费来源的多样性、教师结构的合理性、专业设置与市场的符合度明显不同。因此，应根据学校实际情况和条件，可以是学校整体转，也可以是部分二级学院转，还可以是部分专业转。地方本科高校所处的发展时段决定了转型战略的重点不同。新升格 5 年内的高校是夯实本科办学基础的关键期，其主要任务是顺应应用型办学方向、明确应用型办学定位、完成办学的组织管理与学科专业方面的初步构建，按照本科合格评估要求办学；本科办学 5—10 年的高校主要任务则是坚持应用型方向、深化内涵建设、持续提升质量、推进改革创新、培育办学特色、迎接本科教学审核评估；而有 10—15 年本科办学时间高校的主要任务是基本实现转型、提高内涵水平、形成办学特色、构筑办学优势、打造办学品牌、提升办学层次。但是升格为本科办学时间与新建本科高校的成长发展程度并不是成正比例的，有的新建三五年的本科高校发展态势可能超过了新建 10 年左右的本科高校。

例如，在山东省高等教育大众化进程中，高校办学定位趋同、特色不够鲜明、盲目攀高求大的问题日益突出。针对这一现象，应厘清转变观念、分类管理、合作办学、特色发展的转型思路。转变观念是前提，分类管理是根本，合作办学是机制，特色发展是方向。转变观念是解决认识的问题，是如何科学定位，避免脱离实际的盲目求大攀高倾向。分类管理是解决方法的问题，克服统一的评价标准和单一的价值导向。合作办学是解决体制机制的问题，鼓励多元的办学模式和相应的培养模式共同协调发展。特色发展是解决路径和方向的问题，支持各具特色，各显所长。教育部发展规划司原副司长陈锋在驻马店论坛闭幕式上的讲话“高教改革的新窗口已经打开”中提到，对于大部分为师范类专科升格而来的新建地方本科高校而言，转型发展的最大难点看似是教师，其实不然，这是针对有决心转型的地方高校而言的，而地方本科高校转型发展最难的就是观念的革新。地方本科高校转型必须摆脱“重学轻术”思想的影响，切实把办学指导思想转向高职本科教育，基于社会和经济发展对应用型人才的需求，以及全面构建现代职业教育体系的高等教育发展现实和地方本科高校的实际状况，真正转变观念，科学定位，实现错位发展，形成办学特色（周茂东，张福堂，2014）。

三、设计地方本科高校转型发展道路

地方本科高校应在广泛调研和深入研究的基础上，设计出区域性、应用型、多元式、系统化的转型发展道路。首先，要牢固明确“区域性”的转型发展定位，山东省地方高校为打造“经济强省、文化强省、教育强省”提供了大量的智力和人才资源，因此，山东省高校应牢固明确“区域性”的转型发展定位，把高等教育为地方区域经济社会发展服务作为地方高校转型发展的首要任务。

其次，要着力打造“应用”的地方高校转型发展特色，在确立山东省地方本科高校为地方经济社会发展服务的区域性定位的基础上，以扶需、扶特为原则，充分发挥省级政府统筹的优势，强化政策引导和资源配置作用，大力支持有特色、高水平地方高校的发展，强力打造“应用型”特色，避免同质化倾向（程艺，2012）。另外，要协同推进多元式地方高校转型发展模式。山东省高等教育资源有限，只有通过多方协调、多元合作使资源共享、成果共用，才能实现多赢。山东省应坚持“开门办学”，合力推进多元式协同转型模式，重点强化校际、校企、校地以及中外合作办学。同时，要努力建构系统化的地方高校转型发展的质量保障体系，因为地方高校转型发展是一项系统工程，我们需要从梳理质量观念、明确人才培养标准、加大教学资源投入、完善质量评价标准等方面积极构建系统化的地方高校转型发展的质量保障体系。

四、建立地方本科高校转型发展运行机制

山东省委、省政府应高度重视省级政府教育统筹综合改革，通过重点提高省级政府统筹能力、突破关键环节的改革能力以及对高等教育热点和难点问题的化解能力，形成政府主导、政策推动、学校主体、联盟平台相结合的地方本科高校转型发展运行机制。我国属于后发外生型国家，改革往往是自上而下的，高等教育改革亦是如此，政府通常是改革的设计者和领导者，政府主导首先将高等教育改革纳入法制化轨道，尤其当改革不能达到预期目标，甚至出现严重失误时，必须要有相应的责任追究机制对高等教育改革实行责任追究和问责。只有建立了相应的改革责任追究机制，才能使政府在设计改革、领导改革、推动改革时做到科学决策和民主决策，以增强改革的科学性，减少随意性和主观臆断（张应强，2014）。一直以来，在校企合作中，相对于企业而言，高校的积极性要高很多。企业参与校企合作的积极性不高，很大程度上是因为没有相应的鼓励政策。教师在转型发展中是关键，同时也是其中的难点之一，教师转型的积极性不高与现今对教师的评价政策有关，家长和社会对职业教育的偏见的消除同样也需要政策去引导。因此，在政府做好顶层设计后，最终还是要落实到具体的政策上来推动地方本科高校转型发展。学校是转型发展的主体，这就要求政府要扩大地方本科高校的办学自主权。如今高校办学趋同，有高校自身盲目追求大而全的因素，但教育主管部门对专业设置的限制和规定也是其中的一个重要影响因素。因此，要扩大地方本科高校的办学自主权，包括扩大招生自主权、专业设置自主权、用人自主权、财务自主权等。地方本科高校转型

发展除了政府主导、以高校为主体以外，还需要社会其他各方联合起来形成联盟，以各种平台为桥梁共同推动地方本科高校转型发展。

五、设计地方本科高校转型发展关键性指标

引导地方本科高校转型发展的关键性指标主要围绕政府和学校两个主体设计。就政府而言，要给地方本科高校赋权松绑，使其真正具有办学自主权，地方本科高校要积极探索转型路径，积极服务于地方经济社会的发展。为此，笔者设定如表 7-1、表 7-2 所示的一级、二级指标，并进行指标阐释。

表 7-1　政府支持的指标设计

一级指标	二级指标	指标阐释
招生制度	1. 招生考试办法	增加技能测试环节，探索综合评价的招生办法，建立符合职业教育规律的招生考试制度；同时，也试行自主招生制度
	2. 职校生的招收比例	面向中高职学生招生，既可以有效解决地方本科院校的生源困境，又可以解决职业院校学生升学无门的窘境，这是判断地方院校转型与否和转型程度的重要尺度
	3. 成人学习通道的开通	探索技能证书与学分转化的机制，招收社会在职人员入学提升技术研发能力，建立面向人人、面向社会的招生制度，是地方院校服务社会的重要表现
学制改革	4. 弹性学制	破除严格的学年制度藩篱，实施弹性学制，积极推进一年两次给学生颁发学位和学历证书的管理改革
	5. 学分制	改革现行的学年学分制，实行真正的学分制，利用“学分银行”激活高等职业教育的办学机制
财政投入	6. 正常性投入	正常性投入是国家为维持学校正常运转所给予的财政投入
	7. 激励性投入	激励性投入是政府根据对学校办学水平和办学成绩的优劣评定予以差别性投入，以增强学校的办学动力

表 7-2　学校转型的指标设计

一级指标	二级指标	指标阐释
办学定位	1. 办学理念取向	是以学术型大学为榜样，还是以技术应用为追求目标；是追求学校规模的大、专业的全，还是规模的适中、专业的精
	2. 办学功能取向	一般认为，大学具有培养学生、科学研究和社会服务三大功能，高等职业院校应该侧重于社会服务的功能，这是职业院校与普通院校办学定位的重要区别
	3. 人才培养取向	培养人才的类型是学校办学定位的直接映射。侧重于培养学术人才还是技术应用人才，是学校办学定位的最直接体现
专业设置	4. 与地方经济社会发展的适配度	专业设置与地方经济发展的匹配度是否迎合了经济社会发展的需求，这是现时维度上判断专业设置科学性的标尺

续表

一级指标	二级指标	指标阐释
专业设置	5. 与产业未来发展趋势的适切度	开设与产业未来发展趋势适切度较高的专业，其是否能有力地引领未来产业发展，这是在将来时段上考量学校专业开设的有力指标
	6. 信息化专业预警机制的建立	信息化专业预警机制是为专业动态调整服务的，可以反映出学校是否能及时跟上经济发展方式转变和产业结构调整的步伐，体现了学校专业设置的灵活性。在信息化专业预警机制建立的过程中，离不开行业企业以及地方政府人员的参与
教育教学	7. 实践课的数量	实践课会强迫教师将教育教学从课堂搬进实践场所，从而改变传统的教育教学方法；保证实践课不低于一定的比例，是学校转型的重要标志
	8. 实践课的质量	人才培养方案是否由校企双方共同制订、企业人员承担了多大的教学时数比例以及学生实习实训的满意度如何等，都是实践课质量的具体体现
师资队伍	9. “双师型”结构教师队伍建设	“双师型”结构教师队伍的测评包括具有“双师型”素质的教师和企业兼职教师的比例两个三级指标。“双师型”素质是针对教师个体而言的，“双师型”结构是就教师群体而言的
	10. 应用型研发能力	教师具有应用型研发能力的强弱是学校是否适合转型的重要支撑。职业院校教师应具有从事技术攻关和技术提升方面的应用研究能力，讲究对企业和市场的贡献
就业状况	11. 就业率	就业率是学校教育教学质量测评的数量指标，是学校办学质量的最直观体现。该指标主要用来测定学生的初次就业率
	12. 就业质量	就业质量是学校教育教学质量的测定指标，可以包括学生就业岗位与所学专业的一致性、就业单位的声誉、收入待遇、发展前景以及知名校友等三级指标
	13. 就业追踪	就业追踪是对已毕业学生职业发展的跟踪记录和分析，可以利用信息化手段，通过校友会的力量完成，跟踪已毕业学生的发展状况，从而改进学校的教育教学

第二节　大力调整学科专业结构

要想实现转型发展，必须优化专业结构，对接行业产业发展。《教育部 国家发展改革委 财政部关于引导部分地方普通本科高校向应用型转变的指导意见》提出，要建立紧密对接产业链、创新链的专业体系。高校可按照突出应用、集群发展、培育特色、提高质量的思路，紧跟产业转型升级和行业技术进步，改造老专业，使老专业特色化，拓展应用性方向；紧扣地方主导产业、支柱产业和战略新兴产业，增设新专业；实现学校专业链与地方产业链的紧密对接，提升学校专业与地方产业的符合度、依存度、共享度，进而提高专业建设和人才培养的社会满意度。

一、研究制定省级和校级专业建设中长期规划

以山东省为例，省教育主管部门应立足山东省经济社会发展、产业转型升级以及山东省高等教育发展现状，研究制定“山东省专业建设中长期规划”，主要针对山东省专业结构、专业对接产业链、专业布局等进行规划和指导，建立紧密对接产业链的专业体系，科学推进山东省专业设置、优化、调整等工作。各高校根据省级专业建设规划，结合区域经济社会发展现状和学校定位制定“学校专业建设中长期规划”，转型试点高校要按照产业链对高层次技术技能人才的需求和国家职业资格要求设置专业，并将服务同一产业链的关联专业组织为专业集群统筹管理。同时，要切实改变专业设置只求数量不顾结构的问题，集中优势资源建设好社会有需求、办学有优势的专业和专业群，逐步提高特色优势专业集中度，到 2020 年特色优势专业在校生占在校生总规模的比例不低于 50%。通过传统专业改造、学生选修第二专业等方式，提高复合型、创新型技术人才的培养比例，探索建立专业教育与职业资格的对接认证机制。

二、建立专业优化激励和退出机制

第一，设置专项建设项目经费，建立专业优化激励机制。例如，2014 年 7 月 2 日，山东省教育厅和山东省财政厅联合下发了《山东省教育厅 山东省财政厅关于实施普通本科高校应用型人才培养专业发展支持计划试点工作的通知》，按照扶优做强、突出重点、特色发展的思路，在全省普通本科高校试点建设一批行业属性强、发展优势明显、具有示范带头作用的应用型人才培养骨干专业，使之以社会需求为导向，适应应用型人才知识、能力和素质协调发展的新要求，积极开展理论教学与实践教学改革，创新人才培养，形成具有较高推广价值的教育教学改革成果。山东省财政厅、山东省教育厅设专项资金支持普通本科高校应用型人才培养专业建设，每个立项试点建设专业支持额度为 300 万元左右，建设资金主要用于实践教学条件提升、人才培养模式创新、课程体系建设、师资队伍优化等。相关学校要确保支持资金专款专用，并加大学校自有资金对立项专业建设的投入，确保试点建设取得实效。

第二，开展转型试点高校合格专业评估工作，建立专业退出机制。前提是要建立转型试点高校专业电子档案，电子档案作为高校办学、专业建设、教学

管理的基本档案，真实地反映各专业的基本情况，并向社会公布，为学生、家长、社会了解和评价专业建设提供依据。在转型试点高校专业电子档案的基础上，教育主管部门开展合格专业评估，其结果作为制定专业退出机制的重要依据。评估的重点对象是新办专业和部分不能适应社会经济发展需求的旧专业。对新专业的师资、课程、教学仪器、实践实训基地建设以及社会需求等进行评估。对部分报考率低、就业率低、社会需求弱的旧专业重点评估，对评估不合格的专业予以停办。

三、成立专业建设专家委员会

山东省教育厅及有关部门重点在专业规划、专业设置、专业评估等方面进行指导。例如，2014 年 10 月 20 日，山东省教育厅、山东省农业厅和山东省林业厅联合下发了《关于成立山东省农林职业教育专业建设指导委员会的通知》（山东省教育厅，山东省农业厅，山东省林业厅，2014）。2014 年 11 月 25 日，山东省教育厅和山东省食品药品监督管理局（2014）联合下发了《关于成立山东省食品药品职业教育专业建设指导委员会的通知》。2014 年 12 月 31 日，山东省教育厅与山东经济和信息化委员会联合下发了《关于成立山东省电子信息、计算机和纺织服装 3 个职业教育专业建设指导委员会的通知》（崔珊恒，2015）。这些专业委员会主要是针对中职和高职高专的，对于地方本科高校也可以成立相应的专业建设专家委员会，专家委员会将依据有关专业设置的宏观调控政策和管理规定，对每年学校申报的新专业通过网络评审等形式进行前置预审，并对专业提出建设性的指导意见和建议。同时，在专业建设和管理过程中，建立评估机制，加强指导，为山东省地方高校专业建设提供组织保障。

第三节　重点改革人才培养体制机制

转型发展必须创新应用型技术技能型人才培养模式。《教育部 国家发展改革委 财政部关于引导部分地方普通本科高校向应用型转变的指导意见》提出，要建立产教融合、协同育人的人才培养模式；要实现专业链与产业链、课程内容与职业标准、教学过程与生产过程对接。创新人才培养模式，具体如下：一是推动校企合作；二是推动校际合作；三是推动招生、培养、就业合作；四是推动校地合作；五是推动中外合作。要想实现转型发展，必须深化人才培养方案和课程体系改革。《教育部 国家发展改革委 财政部关于引导部分地方普通本科高校向应用型转变的指导意见》提出，要专注培养技术技能和创新创业能力，要整合专业基础课、主干课、核心课、专业技能应用和实验实践课。要以能力培养为核心，统筹通识课与专业课，打通两类课程；统筹理论教学与实践教学，加大实践教学比例；统筹第一堂课与第二堂课，将第二堂课纳入人才培养体系；统筹校内培养与校外企业双主体培养，提升学生的职业素养与岗位工作能力。围绕应用型技术技能型人才培养目标，要创建“一二三四”的人才培养模式，即坚持一个导向（以培养服务地方经济社会发展的人才为导向）、两个平台（理论教学平台和实践教学平台），构建三个体系（学科基础及专业教育课程体系、实践能力培养教学体系和通识课体系），实行四个结合（通识教育与专业教育结合、理论与实践结合、课内与课外结合、校内与校外结合）。

一、多元合作办学

第一，建立行业企业参与的治理结构。支持行业、企业全方位参与学校管理、专业建设、人才培养以及课程设置。建立由行业和用人单位参与的理事会（董事会）制度、专业指导委员会制度，扩大二级院系的自主权，建立院系理事会和专业指导委员会，明确院系根据产业链发展方向、行业企业合作伙伴的要求设置专业课程、制订人才培养方案、聘用兼职教师和统筹院系经费管理的职权。同时，要建立“政、产、学、研”合作平台，其中，“政”指科技和行政部门，其既是联合培养平台的督促者和支持者，也是统合“政、产、学、研”的纽带，相关部门应针对联合培养平台建设给予政策扶持和资金支持。企业参与是联合培养平台可持续发展的保证，不管哪种类型的合作成果，最终都要通过企业来推向市场获得经济利益，否则无法形成“科技创新→形成产品→获得收益→加大科研资金投入→科技创新”的良性循环。只有建成政府机关监督辅助，地方高校科研机构研发创造，企业实践转化为经济利益的科技创新平台，才能保证科技创新能力的有效提升和可持续性发展。

第二，推动地方本科高校合作联盟建设。2014 年 5 月 21 日，山东省教育厅和山东省人力资源和社会保障厅（2014）联合下发了《关于开展高等职业教育与技师教育合作培养试点工作的通知》，首批确定山东省 8 所高职院校和 8 所技师学院开展试点工作。类似于这种校级之间的合作也可以推广到地方本科高校的合作中来。

第三，加强国际交流与合作。支持转型试点高校与国外高水平应用技术类型高校建立院校合作关系，系引进先进的人才培养模式，设立科学的培养标准。另外，要支持应用技术类型高校与国外同类高校进行合作办学，支持应用技术类型高校与教育援外、对外投资等领域的国家重大战略项目相结合走出去办学。同时，要扩大对外开放的广度和深度，多渠道借鉴国外应用技术大学的先进办学经验。

二、招生培养与就业联动

第一，扩大招生计划。在完善改革方案和专业评价制度的基础上，本科和专业学位研究生招生计划应向应用技术类型高校和专业倾斜。从 2015 年开始，按照增量安排带动存量调整的原则，教育主管部门支持转型试点高校中符合产业规划、就业质量高和贡献力强的专业扩大招生。

第二，促进中高等教育有效衔接。例如，2014 年 6 月 3 日，山东省教育厅下发《关于青岛市教育局与天津职业技术师范大学开展“3+4”对口贯通分段培养试点工作的批复》，选拔部分初中优秀毕业生进入试点中等职业学校相关专业学习 3 年后，经考核测试进入天津职业技术师范大学学习 4 年。7 年学习期间，由参与试点的本科学校和中等职业学校统筹建立文化基础、专业理论和专业技能课程衔接贯通的培养体系，系统培养本科层次应用型人才（山东省教育厅，2014）。转型试点高校要根据人才培养的类型、规格、质量要求，建立与普通高中教育、中高等职业教育的衔接机制。同时，安排一定比例的招生指标招收中高等职业院校优秀学生并逐步扩大比例，逐步扩大招收优秀在职技术技能人才的比例和企业定制化联合培养的比例。

大学生就业不容乐观，除结构性和总量性矛盾外，还存在“质量性”矛盾。近年来，有些地方本科高校的口号也是着力培养高素质、高水平的应用型人才，突出应用性的就业导向，但仍存在就业难的问题，即便是有较高的就业率，就业质量也不高，专业对口率低。这样看来，高校毕业生就业难的原因不一定是人才类型不匹配，也可能是人才培养质量不符合用人单位要求（张应强，蒋华林，2014）。因此，培养符合经济社会发展所需的高水平、高质量的人才，是解决大学生就业问题的有效途径。

三、创新创业训练与技能竞赛的激励

创新创业训练及学科和技能竞赛是实践教学环节的重要组成部分，对大学生创新思维训练、创新能力培养和综合素质提升有着十分显著的作用，是高校推动教育教学改革、培养创新型人才、增强就业竞争力、增进产学研合作的有效途径，是建设高等教育强省的重要举措。

首先，应建立将专业教育和创业教育相结合的创新创业教育体系，聘用有创业经验的人才担任创业指导教师。对学生的创业项目进行跟踪和指导，学生的创业项目可以折合为学分。其次，应鼓励大学生开展科技创新活动，制定相关政策文件，引导和规范大学生创新创业及学科竞赛活动。最后，应制定一系列激励措施，对于辅导学生获省级以上大赛等级奖的指导教师，在职称评定、骨干教师培养、专业带头人遴选和名师评选等方面，同等条件下优先，对于辅导学生获得国家级比赛奖项的教师，授予对应的省级教学成果奖；获奖选手竞赛项目符合国家职业标准规定职业（工种）的，由省人力资源和社会保障厅颁发国家职业资格证书，全面调动高校、教师和广大学生参加职业技能大赛的积极性。

同时，积极组织大学生开展科技创新大赛，例如，为引导、支持、激励大学生和高校开展科技创新活动，培养学生的创新精神、探索意识以及实践能力，发现和培育一批有创新潜力和能力的优秀人才，山东省教育厅在 2014 年、2015 年和 2016 年分别下发了首届、第二届和第三届山东省大学生科技创新大赛的通知。科技竞赛是强化实践能力，实现实践育人的有效手段，各地区应多组织如广告设计大赛、工业设计大赛、智能汽车设计大赛、地理信息系统大赛、电子设计大赛等各类学科竞赛活动，通过竞赛进一步提高大学生的创新思维和能力，促进高等教育质量的提高。

山东省教育厅应该进一步加强对全省大学生创新创业训练项目和技能竞赛项目的管理，对重大赛项加强组织协调。同时，要设立省大学生学科和技能竞赛专家委员会，负责创新创业训练计划省级项目评审、国家级项目推荐及学科和技能竞赛项目评审遴选及级别认定等工作。各高校应成立相应的管理机构，协调有关部门积极开展工作，制定完善相关规章制度，建立科学化、规范化管理的长效机制。另外，要多措并举完善创新创业训练项目及学科和技能竞赛项目的保障机制，支持举办学科和技能竞赛项目，在“高等教育振兴计划”中进行立项并给予相应的经费资助。地方本科高校需要将创新创业训练及学科和技能竞赛经费列入“支持本科高校发展能力提升计划”项目资金预算。

四、新旧动能转换的助推

2017 年 1 月 13 日，国务院办公厅印发了《国务院办公厅关于创新管理优化服务 培育壮大经济发展新动能 加快新旧动能接续转换的意见》，对推进新旧动能转换的具体工作任务进行了部署。这是我国培育新动能、加速新旧动能接续转换的第一份文件。山东省在推进新旧动能转换方面做了大量工作。2017 年 3 月 6 日“两会期间”，李克强总理在参加山东代表团审议时指出，山东发展得益于新旧动能转换，希望山东在国家发展中继续挑大梁，在新旧动能转换中继续打头阵（中国日报网，2017）。2017 年 4 月，山东省委、省政府决定在全省实施新旧动能转换重大工程，制定了《新旧动能转换重大工程近期工作方案》，以重大项目为支撑，加快形成新旧动能转换的“项目库”，聚焦中心和重点，以“四新”促“四化”，即通过新技术、新产业、新业态、新模式，实现产业智慧化、智慧产业化、跨界融合化、品牌高端化。2017 年 6 月 13 日，山东省委书记刘家义在山东省第十一次党代会上对加快新旧动能转换提出了全面要求。2018 年 2 月 22 日，山东省委、省政府召开山东省全面展开新旧动能转换重大工程动员大会，省委书记刘家义在大会上做重要讲话，深刻阐明了加快新旧动能转换综合试验区、推进新旧动能转换重大工程的总的要求、重大意义，对把握重大机遇、发展产业集群、着力深化改革、创新领导方式做了系统部署，明确了当前和今后一个时期的重点任务和工作要求。2018 年 4 月，山东省委、省政府发布了《中共山东省委 山东省人民政府关于做好人才支撑新旧动能转换工作的意见》，指出要以更加积极、更加开放、更加有效的人才政策为牵引，强化人才对新旧动能转换的服务和支撑作用。作为担负着人才培养、科学研究、社会服务和文化传承创新职能的高校特别是应用型地方本科高校，要抓住机遇，为新旧动能转换综合试验区建设提供强大的智力支持和人才支撑。

第四节　着力完善应用型高等院校资源保障体系

一、加大经费投入

教育投入是支撑国家长远发展的战略性和基础性投资，目前山东省大部分地方本科高校还是依赖于政府财政拨款，经费投入的多少会直接影响办学的质量。要保证地方本科高校顺利转型，除了政策扶持以外，经费投入也是重要的保障。首先，要设立支持转型试点的专项经费，加大对转型发展成绩显著的试点高校的经费支持力度，重点用于转型试点高校支撑当地产业升级重点专业（集群）建设、“双师型”教师队伍建设、校企合作基地建设、工程技术实训实习中心等基础设施的建设。例如，2014 年 7 月 2 日，山东省教育厅和山东省财政厅联合下发了《山东省教育厅 山东省财政厅关于实施普通本科高校应用型人才培养专业发展支持计划试点工作的通知》，对每个试点建设专业给予 300 万元左右的专项资金支持。山东省对同是地方本科高校的民办本科院校也给予了一定的支持，于 2014 年 9 月 29 日下发了《关于公布 2014 年民办本科高校优势特色专业支持计划获资助专业名单的通知》，根据《山东省教育厅 山东省财政厅关于民办本科高校优势特色专业支持计划的实施意见》的要求，经研究决定，对山东万杰医学院临床医学专业等 19 个民办本科高校专业予以支持，每个专业资助建设经费 200 万元（山东省教育厅等，2014）。应用技术类型高校生均财政拨款应高于一般普通本科学校，并根据办学成本设定不同的拨款标准系数，重点支持技术性强、社会亟须发展的行业专业。同时，要在转型试点高校探索建立针对不同绩效的专业实行有差别的财政支持政策。另外，中央和省级财政的专项资金也要对转型试点高校予以倾斜。

二、改革人事制度

2016 年 3 月，政府明确提出要求“推动具备条件的普通本科院校向应用型大学转型”（中华人民共和国教育部门户网站，2016）。当前，实现地方本科院校转型发展的突破口在于建设教师队伍，应用型技术人才的培养需要更新教师队伍，需要教师队伍实现新的转型发展。

首先，转型发展必须加强对教师应用能力的培养。应用型大学建设，教师队伍是关键。一方面，其应具备宽厚的专业基础知识、扎实的行业实践知识；另一方面，要具备较强的专业应用能力、实践教学能力、应用研究能力和社会服务能力。提升教师的应用能力，要优化教师结构，对于在岗教师而言，要加强与企业的合作或开展定向培训；对于新进教师而言，应该有产业背景；聘请企业优秀人才担任专业建设带头人或兼职教师；选派骨干教师出国、出境培训，提高其业务能力和水平。对教师的培养，包括人才引进后的继续教育及对现有教师转型的改造。对引进人才的继续教育，应注重其灵活性、有效性及针对性，前期要做好教师需求调研，立足于学校自身定位，结合专业建设及教师的实际情况，建立与地方企业合作的教师继续教育机制。具体而言，要有计划地选送教师到企业接受培训、挂职工作和实践锻炼，也可以聘请长期在生产一线工作的管理人员、工程技术人员担任相关课程教师，并作为青年教师的实践实习导师。学校要加强教师的国际交流，多为教师提供国外访学、出国研修、参加国际会议、开展合作研究等各种机会，使教师既具备宽厚的专业基础知识、扎实的行业实践知识，又具备较强的专业应用能力、实践教学能力、应用研发能力和社会服务能力，真正达到“双师型”水平。对现有教师转型的改造，地方本科院校要加大管理力度，尤其是对中青年教师，要引导并鼓励他们向应用型和技术型教师转换升级，如采取校内职业培训、外出进修、企业锻炼、出国培训等手段，也可鼓励教师参加正规的专业职业技能培训，并参加相关证书考试。

其次，要发展应用型高等教育体系，培养应用型人才，推动地方本科高校顺利转型，建设高水平师资队伍是最重要和最关键的因素。将应用技术类型的高水平师资培养纳入省级和地方各类人才支持项目，支持通过政府专项资金、企业和社会提供等方式，引进紧缺的高水平“双师型”教师。支持转型试点高校加大对海外优秀人才的引进力度。支持转型试点高校教师到国外访学、开展合作研究，适当增加试点高校青年骨干教师出国研修项目计划。从转型试点高校选派团队到国外应用技术类型高校学习先进的办学和管理经验，并纳入省级公派留学项目予以倾斜支持。要建设这样一支高水平的“双师型”队伍，绝不是一朝一夕的事情，试点高校要改革教师聘任制度以及评价考核办法，建立新的教师入职和评聘、考核机制，建立以成果转化和技术成果的突破性及带动性为导向的评价体系，建立教师深入企业锻炼培训、挂职工作制度，建立高校教师开展技术开发和服务制度，建立吸引优秀企业人才参与地方本科高校教育人才培养的制度，引导现有教师实现知识结构和能力结构的转变，真正承担起培养高端技术技能人才的重任（周茂东，张福堂，2014）。以山东省为例，应进一步加大山东省公派出国留学名额分配向转型试点高校倾斜的力度，逐步使大多数教师既具有较高的理论水平，又具有较强的实践能力，使“双师型”教师占专任教师的比例逐步达到 50%以上。在教师绩效考核、职务（职称）评聘等方面，也应向“双师型”教师倾斜。

最后，加强“双师型”教师队伍建设。加强“双师型”师资队伍建设，可采取三种途径：一是选拔部分专业知识基础较好的中青年教师到对口企业接受工程技术系统规范的培训与锻炼，使其达到工程师或高级工程师的资格标准；

二是从企业中遴选并聘请专业基础好，又具有较强工程实践应用能力的工程师或高级工程师担任专业课教师或实验实训课教师；三是按照“双师型”教师标准，从企业引进少量高水平专业教师。同时，高校要按照“存量提升、增量优化”的思路，加强教师队伍建设。一是对现有教师，重点实施两个计划，即学历提升计划和实践应用能力提升计划。二是引进教师，主要抓住三个重点，即学科学术带头人以团队引进为重点，骨干教师以引进名校毕业的优秀博士生为重点，“双师型”教师以引进专业课教师为重点。三是实施领军拔尖人才培育计划，如山东省的“泰山学者计划”、教育部的“新世纪优秀人才支持计划”、人力资源和社会保障部等的“百千万人才工程”、中共中央组织部等的“千人计划”和“万人计划”等。四是强化应用和质量导向，提高教师队伍的整体水平。在职称评聘和提职晋级中，一是强化应用导向，加大高水平发明专利和应用成果的权重；二是强化质量导向，加大高层次科研课题特别是高水平学术论文（SCI、EI、SSCI、CSSCI、ESI）和高等次科研奖励（省部级二等奖以上）的权重。在评价内容上，导向性应体现在对实践教学的量化评价和服务地方的定性评价的结合上，根据地方本科院校的自身定位，摒除重视科研层次和成果数量的评价导向的诟病，鼓励技术研发和成果转化，形成重视经济、社会效益的评价导向，引导教师致力于解决地方发展的实际问题。在评价结果的运用上，导向性体现在使每位教师都有明确的改进、发展方向，调动教师转型发展的积极性及热情，这就要建立有效的反馈机制，及时进行反馈，并根据结果严格做到奖惩分明。

三、加强实践教学条件建设

传统的本科教学中，实践实训只是一个小环节，而应用技术类高校中的实践比例应进一步提高，这就要求基础设施、实训基地、校企合作等一系列的配套设施要跟上。第一，加强实验实习实训基地建设是实施地方本科高校转型发展的重要举措。转型试点高校要根据真实生产、服务的技术和流程建构知识体系、技术技能体系和实验实习实训环境，按照所服务行业的先进技术水平，采取企业投资或捐赠、生产化实训、政府购买、学校自筹、融资租赁等多种方式，加快工程实践中心和实习实训基地建设。转型试点高校要借鉴山东省“惠普济宁项目”模式的成功经验，引进企业科研、生产基地，建立校企一体、产学研一体的大型实验实习实训中心。第二，完善学生校内实验实训、企业实训实习和假期实习制度，实训实习的课时比例达到30%以上。第三，加大对仪器设备的投入，提高生均教学科研仪器设备数量。重点建设一批面向多学科、多专业的实验教学中心、工程训练中心等，增加对实验仪器设备的投入，保证实验产出率和设备满足教学要求。同时，加大校内实习实训基地建设，大力改善实习实训教学条件，重点建设一批高水平、综合性、开放式的实习实训基地。最后，尽快出台相关文件，对改革实践教学体系、建设实践教学队伍、优化实践教学条件等做出具体和明确的要求。

四、建立职业教育纵向数据库

在实施地方高校转型的初期，就应建立一个全国性的、依赖于云计算平台的、统一的职业教育纵向数据库。这个纵向数据库将成为职业教育规划、智能决策和绩效评估的重要基础，其作用将随时间的推移而愈来愈大。建立该数据库有几个要点：其一，专业知识（职业教育）与最新信息技术（云计算、大数据、数据分析模式、数据可视化等）相结合；其二，建立最小数据集，保证基本数据的标准化、连续性和可靠性；其三，借助政府的力量，要求每个转型发展的院校通过互联网定期向数据库提供数据；其四，对所有转型发展院校和相应的地方政府开放纵向数据库的数据资源；其五，数据库的实施可先试点、改进，然后推广。同时，要建立数据库专家指导委员会，从以下几方面提供指导：其一，参与数据库的顶层设计（包括设计理念、数据架构、支持平台等）；其二，参与最小数据集的设计和定义；其三，协助数据库的建立、实施和使用，特别是在数据可视化和决策支持方面；其四，开展有关职业教育方面的国际交流，如邀请国外专家到国内举办专题讲座、座谈会和短期培训班，选派国内职业教育领域的人员到国外考察、进修和交流。

五、强化应用科学研究和社会服务体系建设

地方应用型本科高校大多是以教学为主，培养“应用型”人才，因此科研常常被弱化。甚至有学者认为这一类高校的教师就应该专注于教学，而不应该让科研分散其教学精力，影响教学质量。其实，正如德国著名哲学家、教育家雅斯贝尔斯所说，教学要以研究成果为内容，教学与研究并重是大学的首要原则。按照我们的大学理想，最好的研究者才是最优秀的教师。只有这样的研究者才能带领人们接触真正的求知过程，乃至于科学的精神。只有自己从事研究的人，才有东西教给别人，而一般的教书匠只能传授僵硬的东西。教师只有通

过应用性科研，才能真正把握解决实际问题的关键技术，从而将这一技能传授给学生。同时，在进行科研的过程中，教师应把握科学技术发展的前沿，通过与企事业单位开展合作应用性研究，提升自身的服务能力，也为学校的发展开拓了空间，从而更好地服务于应用性教学，服务于应用型人才培养，并在服务于教学、服务于人才培养的同时，服务于行业企业、服务于社会。虽然大多数地方应用型本科高校的科研底子比较弱，但科研的热情仍然比较高，科研能力持续提升，在提升高校的办学水平和专业、学科建设方面发挥了重要作用。往往科研能力比较强的高校，其学科建设也比较强，品牌专业和特色专业的数量也比较多，师资力量也比较强。此外，应用性科研的一个终端是培养应用型人才，另一个终端则是直接对接市场，直接与社会发生联系，直接与社会产生互动。然而，应用型本科高校的科研成果转化能力相当弱，亟须寻求突破的途径，也是转型发展突破的一个难点。尤其要强调的是，应用型高校在进行应用性研究的过程中，往往忽视了自身的研究，有必要加强院校研究，研究学校自身、研究相关行业、研究区域发展规划，不盲目跟风，不断寻求符合自身实际的新突破。另外，地方应用型本科高校要想实现转型，还需要在制度上进行改革，真正重视教师的实践能力培养，学生的应用型实践、科研成果的实际转化，以及对教学、科研和其他人员的分类管理；在学科建设方面，既要重视新兴学科，又要重视文科发展，从而有利于学科交融，有利于文科、理科思维的综合，有利于激发全校师生不断创新（李海莲等，2017）。

高校要想实现转型发展，必须提升以应用型为驱动的创新能力。《教育部 国家发展改革委 财政部关于引导部分地方普通本科高校向应用型转变的指导意见》提出，要开展科技服务和应用性创新活动；要成为区域和行业企业的科技服务基地、技术创新基地；要加强产业技术技能积累，促进先进技术的转移、应用和创新。另外，要坚持“五高”标准，积极承担并高质量地完成国家和省部级的纵向科研课题。所谓“五高”标准，即承担高层次科研课题、发表高水平论文、获取高水平专利、获得高等次奖励和产出高回报的经济社会效益。首先，要瞄准地方经济社会发展现实需求，积极承担重大重点横向研究项目。按照建立信誉、积累优势、形成特色、创出品牌、重视推广的思路，力争横向课题承担得多，完成得好，取得可观的效益，产生良好的影响。其次，健全科学规范的激励约束机制。坚持质量和绩效导向，对高层次课题、高水平成果、高等次奖励实行重奖，加大高质量成果在职称评聘中的权重。再次，严格科研管理，净化科研环境，坚决惩戒抄袭、造假等科研不端行为，及时纠正不负责任、敷衍了事的浮躁之风。最后，牵头成立协同创新中心，搭建新的应用研究平台和智库，会同企业成立新技术研发中心和转移中心，搭建技术应用研发推广平台。

六、推进学校文化建设

大学文化是大学的办学之魂、办学之根、办学之道。大学文化对大学的发展具有基础性、全局性、长远性的引领作用。大学文化是指大学自身所固有的、反映大学自身特性的大学内在的规定性。它主要由三个层面构成，即以价值观、理想追求、道德情感等为主的精神文化；以大学的组织架构及运行规则为主的制度文化；以大学的物质基础设施、空间环境为主的环境文化。其中，精神文化是核心，环境文化是载体，制度文化是保障。

首先，要加强学校精神文化建设，构建精神文化体系。大学精神文化是大学文化的灵魂和核心，对大学建设、发展和改革，既具有引领作用，又具有推动作用。大学精神文化建设主要体现在四个方面：一是价值取向，即为什么办大学，怎样办大学，办什么样的大学；二是立德树人，包括理想信念、价值观念、思想品德、心理健康等方面的教育；三是文化传承，包括人文素养和科学素养教育；四是学校风气，包括校风、教风和学风。

其次，要加强学校制度化建设，构建制度文化体系。制度文化包括三个层面：一是学校层面的治理结构文化和现代大学制度文化；二是维系学校教学、科研、社会服务和日常生活有序及有效运转的运行规则文化和管理制度文化；三是师生员工的行为准则和规范文化。

最后，要加强环境文化建设，构建环境文化体系。一是硬环境文化和软环境文化。硬环境文化包括建筑物、道路、绿化所彰显的环境文化；软环境文化包括教学楼、图书馆、学生宿舍、运动场所彰显的文字、图像和景点景观等环境文化。二是静态环境文化和动态环境文化。静态环境文化是以静物为载体的视觉听觉环境文化，动态环境文化是运动、移动、流动的视觉听觉文化。

参考文献

安静，李婧. 2016. 地方本科院校转型发展期学科建设路径探析. 常熟理工学院学报(教育科学)，(6): 11-15, 20.

安阳工学院宣传部. 2015-06-09. 内化改革 外践探索——安阳工学院向应用型本科院校转型发展纪实. 中国教育报，第4版.

白红梅. 2014. 日本教育现代化进程. 基础教育, 2: 105-106.

别敦荣. 2017. 我国高等教育发展面临的形势和体制改革的主要任务. 济南大学学报(社会科学版), 27(5): 135-141.

别敦荣，王严淞. 2016. 普及化高等教育理念及其实践要求. 中国高教研究，(4): 1-8.

伯顿·克拉克. 2001. 探究的场所——现代大学的科研和研究生教育. 王承绪译. 杭州：浙江教育出版社: 231.

伯顿·克拉克. 2003. 建立创业型大学：组织上转型的途径. 王承绪译. 北京：人民教育出版社: 163-164.

陈斌，唐永泽. 2015. 民办高职院校实施“混合所有制”的探索与思考——以南通理工学院为例. 职教论坛，(3): 78-81.

陈翠荣，张翔志. 2019. 美国联邦政府的高校学生资助立法：历程、特点及效应. 中国高教研究,(2): 92-99.

陈方红，王锋. 2016. 地方本科高校向应用型转变：理论诠释与改革取向. 南昌工程学院学报，(2): 93-98.

陈锋. 2014. 关于部分普通本科高校转型发展的若干问题思考. 中国高等教育，(12): 16-20.

陈衍. 2015. 地方本科院校转型：路径选择与实践创新. 职业技术教育，(12): 17-22.

陈永斌. 2014. 地方本科院校转型发展之困境与策略. 中国高教研究，(11): 38-42.

陈哲. 2012. 德国应用科技大学的特色与启示. 职业技术教育，(17): 93-95.

程艺. 2012. 强化省级统筹 全面提升地方高等教育质量. 中国高等教育，(11): 30-32.

重庆科技学院. 2017.《中国教育报》专题报道我校深化改革协同育人的成绩与经验. http://www.cqust.edu.cn/info/1042/33382.htm[2018-03-05].

褚宏启. 2000. 教育现代化的路径. 北京：教育科学出版社: 94-95.

储召生. 2010. 从单兵作战到抱团发展. http://paper.jyb.cn/zgjyb/html/2010-10/12/content_36003.htm[2018-03-21].

崔珊恒. 2015. 山东省新成立三个职业教育专业建设指导委员会. http://edu.china.com.cn/2015-01/15/content_34568040.htm[2018-06-25].
戴宝富. 2006. 关于加强高职院校教师队伍建设的几点思考. 求实, (z2): 259-260.
董立平. 2014. 地方高校转型发展与建设应用技术大学. 教育研究, (8): 67-74.
董少校. 2014-05-09. 应用技术大学评价标准亟需重建. 中国教育报, 第 2 版.
段言. 2014. 德国职业学院: 双元制人才培养模式及启示. 职业技术教育, (15): 71-75.
冯大生. 2017. 高等教育转型发展箭在弦上. http://www.sohu.com/a/197791202_825834 [2018-05-01].
冯增俊. 1999. 论教育现代化的基本概念. 教育研究, (3): 12-19.
顾明远. 2012. 试论教育现代化的基本特征. 教育研究, (9): 4-10.
关晓冬. 2016. 关于应用技术型大学的新型教学管理模式的研究. 读与写(教育教学刊), 13(4): 53, 84.
眭依凡. 2014. 高等教育现代化的理性思考. 高等教育研究, (10): 5.
国家中长期教育改革和发展规划纲要工作小组办公室. 2010. 国家中长期教育改革和发展规划纲要(2010—2020 年). http://old.moe.gov.cn/publicfiles/business/htmlfiles/moe/info_list/201407/xxgk_171904.html[2018-12-25].
郭伟，张力玮. 2018. 借镜《教育 2030 行动框架》 打造"中国教育现代化 2035"——访中国教育学会副会长、中国教育发展战略学会副会长、长江教育研究院院长周洪宇教授. http://www.ict.edu.cn/ebooks/b3/text/n20180504_16732.shtm[2019-01-05].
河南省教育厅. 2014. 河南省教育厅关于做好本科学校转型发展试点工作的通知. http://www.haedu.gov.cn/2014/10/28/1414487325824.html [2018-11-30].
吉田茂. 2006. 激荡的百年史. 李杜译. 西安: 陕西师范大学出版社.
纪常鲲, 王伟, 纪常虹, 等. 2017. 地方高校转型创新发展的探索与实践. 湖北函授大学学报, (8): 1-2.
江海燕. 2018. 德国教育现代化的历程和特点. 广东社会科学, (2): 75-79.
姜洪建. 2018. 山东省级财政下达 7.15 亿元支持"双一流"建设. http://www.dzwww.com/shandong/sdnews/201805/t20180513_17363307.htm[2018-11-23].
焦新. 2013. 报告显示: 应用技术大学是国家竞争力的助推器. http://www.jyb.cn/world/gjsx/201312/t20131219_563827.html[2019-01-20].
康小孟，武智，傅伟. 2017. 高职院校"双师型"教师培养存在的问题及路径选择. 教育与职业,(9):75-79.
介晓磊. 2013. 搭建合作发展平台 促进学校转型提升. 河南教育(高校版), (3): 40-41.
柯进, 柴葳. 2015-01-24. 教育新常态下的改革新思维——2015 年全国教育工作会议观察. 中国教育报, 第 1 版.
李海莲, 叶美兰, 洪林. 2017. 地方应用型本科高校转型发展的思考. 黑龙江高教研究, (10): 78-83.
李化树, 黄媛媛. 2011. 地方新建本科院校发展战略转型的路径选择. 高校教育管理, (1): 10-17.
李建忠. 2014. 芬兰应用技术大学办学特色与经验. 大学(学术版), (2):58, 65-73.
李杰, 孙娜娜, 李镇, 等. 2008. 德国应用技术大学的教学体系及其借鉴意义. 北京理工大学学报(社会科学版), (3): 104-107.
李克强. 2017. 政府工作报告——2017 年 3 月 5 日在第十二届全国人民代表大会第五次会议上. http://www.gov.cn/premier/2017-03/16/content_5177940.htm[2017-03-16].
李攀. 2015. 地方本科院校转型背景下校企合作办学模式研究——基于学校主体视角. 河北科技师范学院硕士学位论文.
李祖超. 2004. 日本的教育现代化之路及其对中国的启示. 清华大学教育研究, (3) :23-29.
梁尔铭. 2015. 中国教育现代化的历史进程及其阶段特征. 教育学术月刊, 5: 3-7.
刘娜. 2008. 应用型本科院校课程体系改革研究. 网络财富, (12): 264-265.
刘其涛. 2016. 应用技术型大学"双师双能型"教师队伍建设路径探究. 科技创业月刊, (17): 51-53, 74.
刘莎莎, 席江艳. 2016. 高等教育多元化发展理念的整合研究. 中国成人教育, (9): 25-27.
陆瑞峰，冯伟国. 2008. 从世界技术教育发展看商科类应用型本科院校的定位. 教育与职业，(30): 20-22.
马悦, 武怡晗. 2015. 浙江日报: 我省41所本科院校试点从学术型转向应用型. http://www.zjjyzx.com/a/news/zlmt/2015/1112/53391.html[2018-05-15].
孟庆国, 曹晔. 2013. 地方高校转型发展: 路径选择与内涵建设. 职业技术教育, (18): 68-71.
牟延林. 2014-05-26. 高校转型的重庆思路. 中国教育报，第 6 版.
潘懋元. 2001. 走向社会中心的大学需要建设大学制度. 现代大学教育, (1): 29-30.
潘懋元. 2006. 新建本科院校应以特色求发展. 河南教育(高教版), (1): 24-25.
乔桂娟. 2013. 俄罗斯教育现代化区域推进模式研究. 东北师范大学博士学位论文.
秦琳. 2013. 以应用性人才培养促进区域经济发展和国家竞争力提升——德国应用技术大学的经验. 大学(学术版), (9): 60-66.
曲殿彬, 赵玉石. 2014. 地方本科高校转型发展的问题与应对. 中国高等教育, (12): 25-28.
任广新, 张贵平, 关永娟. 2010. 高职就业导向型工商管理专业课程体系改革探索. 职业技术教育, (32): 32-35.
任莉莉. 2010. 陕西高等教育现代化进程研究. 西北大学硕士学位论文.
山东大学合作发展网. 2015. 山东省政府研究室与山东财经大学签署战略合作协议. http://www.dcd.sdu.edu.cn/info/1017/1385.htm[2018-11-23].
山东工商学院. 2016. 我校获批 4 个山东省高水平应用型立项建设专业(群). http://www.sdtbu.edu.cn/info/1026/11991.htm[2018-11-25].
山东省财政厅, 山东省教育厅, 山东省科学技术厅. 2018. 山东省财政厅 山东省教育厅 山东省科学技术厅关于印发教育服务新旧动能转换专业对接产业项目实施意见的通知. http://www.shandong.gov.cn/art/2018/8/27/art_2522_17258.html[2018-02-20].
山东省教育厅. 2014. 关于青岛市教育局与天津职业技术师范大学开展"3+4"对口贯通分段培养试点工作的批复. http://edu.shandong.gov.cn/art/2014/6/5/art_11990_988498.html[2018-11-25].
山东省教育厅. 2016a. 关于印发推进高水平应用型大学建设实施方案的通知. http://www.fzgh.sdnu.edu.cn/news/?7992.html [2018-11-25].
山东省教育厅. 2016b. 关于推进高等教育综合改革的意见. http://www.sdedu.gov.cn/eportal/ui?pageId=465425&articleKey=856512&columnId=465614[2018-11-25].
山东省教育厅. 2016c. 关于公布职业院校混合所有制改革试点项目的通知. http://www.sdedu.

gov.cn/eportal/ui?pageId=465425&articleKey=763579&columnId=465614[2018-11-25].

山东省教育厅. 2016d. 山东省推进高水平应用型大学建设实施方案. http://gaokao.eol.cn/shan_dong/dongtai/201609/t20160912_1448300.shtml[2019-01-17].

山东省教育厅. 2017. 打造三大职教平台 助推新旧动能转化. http://www.eol.cn/shandong/shandongnews/201708/t20170825_1549709.shtml[2019-01-17].

山东省教育厅, 山东经济和信息化委员会. 2014. 关于成立山东省电子信息、计算机和纺织服装3个职业教育专业建设指导委员会的通知. http://www.sdedu.gov. cn/sdjy/_zcwj/625400/index.html[2018-11-25].

山东省教育厅, 山东省财政厅. 2011. 山东省教育厅 山东省财政厅关于山东省高等教育名校建设工程实施意见. http://2017.sdust.edu.cn/content__6235D38CF3DEC0D844000832C6ACD425.htm[2019-01-17].

山东省教育厅, 山东省人力资源和社会保障厅. 2014. 关于开展高等职业教育与技师教育合作培养试点工作的通知. http://edu.shandong.gov.cn/art/2014/5/29/art_11990_988490.html [2018-11-25].

山东省教育厅, 山东省食品药品监督管理局. 2014. 关于成立山东省食品药品职业教育专业建设指导委员会的通知. http://edu.shandong.gov.cn/art/2014/11/25/art_11990_988605.html[2018-11-25].

山东省教育厅, 山东省农业厅, 山东省林业厅. 2014. 关于成立山东省农林职业教育专业建设指导委员会的通知. http://edu.shandong.gov.cn/art/2014/10/24/art_11990_988602.html[2018-11-25].

山东省人民政府. 2016a. 山东省人民政府关于印发山东省国民经济和社会发展第十三个五年规划纲要的通知. http://www.sdwht.gov.cn/html/2016/whfx_0306/29677.html[2019-01-20].

山东省人民政府. 2016b. 山东省人民政府关于印发推进一流大学和一流学科建设方案的通知. http://www.shandong.gov.cn/art/2017/2/13/art_2522_8292.html[2018-11-30].

山东省人民政府. 2018a. 教育服务新旧动能转换专业对接产业项目实施意见. http://www.shandong.gov.cn/art/2018/8/27/art_2522_17258.html [2018-11-30].

山东省人民政府. 2018b. 2017 年山东省教育事业发展统计公报. http://www.shandong.gov.cn/art/2018/7/4/art_10507_16949.html [2018-11-23].

山东省人民政府门户网站. 2017. 省财政下达 2017 年高校"双一流"建设奖补资金 7.3 亿元. http://www.shandong.gov.cn/art/2017/3/27/art_2067_144930.html[2019-01-05].

山东省统计局. 2017. 山东省统计年鉴(2017). http://xxgk.stats-sd.gov.cn/xxgk/jcms_files/jcms1/web1/site/art/2017/10/27/art_33_9091.html[2019-01-17].

单婷. 2017.第二批校企一体化合作办学示范院校和企业名单公布. http://www.sdjyb.com.cn/content/2017-08/28/004426.html[2019-01-20].

上海市教育委员会, 上海市人力资源和社会保障局, 上海市发展和改革委员会, 等. 2015. 上海现代职业教育体系建设规划(2015—2030 年). http://planning.sumhs.edu.cn/5d/7a/c3662a155002/page.htm[2019-01-20].

师晓琳. 2015. 创新教育理念下的职业教育发展研究. 创新科技, (5): 48-50.

宋文生. 2016. "教学服务型"定位: 地方本科高校转型发展的战略选择. 黄冈师范学院学报, 36(4): 8.

孙诚. 2014. 欧洲发展应用技术大学的背景及特色. 中国民族教育, (12): 55-57.

孙诚. 2017. 中国制造 2025 宏观战略背景下探索我国应用技术型大学设置与评价. 北京联合大学学报(自然科学版), 31(1): 6-11.

孙诚，杜云英. 2014. 欧洲应用技术大学的发展思路. 中国高等教育,（12）: 60-63.
孙敏. 2013. 英国多科技术学院调研报告（中）. 世界教育信息,（10）: 31-33.
滕大春. 1994. 美国教育史. 北京：人民教育出版社.
田正平，李江源. 2002. 教育制度变迁与中国教育现代化进程. 华东师范大学学报（教育科学版），3: 39-51.
王宝根，唐永泽，陈斌. 2013. 发挥民办高校体制机制优势的实践与思考. 中国高等教育，（20）: 53-56.
王国庆. 2013. 立足地方 凝聚特色 转型发展——许昌学院为河南高校转型发展开启一扇"窗". 决策探索,（12）: 10-12.
王祥. 2013. 芬兰高校教学发展的理念与实践——以赫尔辛基大学为例. 教育发展研究，（1）: 43-49.
王晓阳. 2008. 美国教育现代化的历史经验及其启示. 教育发展研究, 23: 67-72.
王英杰. 1993. 美国高等教育的改革和发展，北京：人民教育出版社.
王玉丰. 2013. 我国新建本科院校十五年回顾与展望. 高教探索,（5）: 15-21.
王原. 2013. 山东交通学院升本 11 年后转型发展 毕业生供不应求. http://www.dzwww.com/shandong/sdnews/201311/t20131113_9170375.htm[2018-11-23].
武怡晗. 2015. 浙江省确定41所本科高校向应用型高校发展转型. http://edu.zjol.com.cn/system/2015/07/24/020754733.shtml[2015-07-24].
习近平. 2017. 决胜全面建成小康社会 夺取新时代中国特色社会主义伟大胜利——在中国共产党第十九次全国代表大会上的报告. http://www.gov.cn/zhuanti/2017-10/27/content_5234876.htm[2019-01-25].
席敏. 2016. 山东投入奖补资金3亿元推动高水平应用型大学建设. http://www.jyb.cn/high/gdjyxw/201612/t20161225_690998.html[2019-01-14].
项贤明. 2007. 比较视野中的教育现代化进程. 比较教育研究, 12: 1-7.
肖光华. 2009. 对德国大学教育现代化的历史考察. 陕西师范大学硕士学位论文.
解艳华. 2015-08-12. 地方本科转型之惑姓"职"还是姓"高"？人民政协报，第 9 版.
新华社. 2016. 习近平：把思想政治工作贯穿教育教学全过程. http://www.xinhuanet.com//politics/2016-12/08/c_1120082577.htm[2018-12-08].
徐蕾. 2016. 我国应用技术型大学质量保障研究. 武汉大学博士学位论文.
许青云. 2014-09-29. 地方高校如何转型. 中国教育报，第 9 版.
严欣平. 2014. 新建本科院校重庆科技学院转型发展实践. 重庆科技学院学报（社会科学版），（3）: 1-2.
杨小微. 2013. 教育现代化：从梦想走向现实. 教育科学研究,（11）: 5-12.
尹达，徐凤. 2015. 高等教育现代化：本质内涵、时代特征与实现路径. 山东高等教育,（11）: 21.
邕江大学. 2010.双师素质教师资格认定及管理办法. http://www.doc88.com/p-986343401201.html[2019-01-02].
曾天山. 2015. 教育现代化的历史与走向. 人民教育, 16: 17-21.
张溪. 2016. 论教育现代化与人的现代化. 延安大学硕士学位论文.
张应强，蒋华林. 2014. 关于地方本科高校转型发展若干问题的思考. 现代大学教育,（6）: 1-8.
张有龙，赵爱荣. 2007. 德国应用科技大学办学特色分析. 中国职业技术教育,（5）: 58-59.

浙江经济网. 2018. 衢州举全市之力加快建设"活力新衢州、美丽大花园". http://www.zjs.org.cn/zj/20180522/0522232728.html[2018-05-25].
郑晓华. 2016-03-11. 一所地方本科高校的转型发展之路. 江淮时报，第 5 版.
中共中央，国务院. 1993. 中国教育改革和发展纲要. http://www.moe.gov.cn/jyb_sjzl/moe_177/tnull_2484.html[2018-12-25].
中共中央，国务院. 1999. 中共中央国务院关于深化教育改革，全面推进素质教育的决定. http://old.moe.gov.cn/publicfiles/business/htmlfiles/moe/moe_177/200407/2478.html[2018-12-25].
中国产业信息网. 2017. 2016年中国城镇人口、流动人口数量统计及男女人口占比分析. http://www.chyxx.com/industry/201702/491927.html[2017-03-01].
中国高等教育学会专题研究组. 2017. 走向 2030：中国高等教育现代化建设之路. 中国高教研究，(5)：1-10.
中国海洋大学. 2017. 学校简介. http://www.ouc.edu.cn/xxjj/list.htm[2019-01-05].
中国教育新闻网. 2013. 芬兰应用科技大学：实践导向的国家教育发展战略. http://www.jyb.cn/world/cglx/201302/t20130208_527867.html[2019-01-05].
中国教育新闻网. 2017. 安徽：高校"应用"之道越走越宽. http://www.jyb.cn/zgjyb/201707/t20170722_716008.html[2018-03-15].
中国教育信息化网. 2016. 重庆市新增 18 所市属高校正式申请转型发展. http://www.ict.edu.cn/news/jy/n20160624_34743.shtml[2018-05-01].
中国日报网. 2017. 山东立足创新驱动 促进新旧动能转换. http://www.chinadaily.com.cn/interface/zaker/1142841/2017-08-27/cd_31190439.html[2019-01-05].
中华人民共和国国务院. 2015. 国务院关于印发统筹推进世界一流大学和一流学科建设总体方案的通知. http://www.gov.cn/zhengce/content/2015-11/05/content_10269.htm[2019-01-17].
中华人民共和国国务院. 2017. 国务院关于印发国家教育事业发展"十三五"规划的通知. http://www.moe.gov.cn/jyb_xxgk/moe_1777/moe_1778/201701/t20170119_295319.html[2019-01-05].
中华人民共和国教育部. 1998. 面向21世纪教育振兴行动计划. http://www.moe.gov.cn/jyb_sjzl/moe_177/tnull_2487.html[2018-12-25].
中华人民共和国教育部. 2004. 2003—2007 年教育振兴行动计划. http://www.moe.gov.cn/jyb_sjzl/moe_177/201003/t20100304_2488.html[2018-12-25].
中华人民共和国教育部. 2017. 全国教育事业发展统计公报. http://www.moe.gov.cn/jyb_sjzl/sjzl_fztjgb/201707/t20170710_309042. html[2018-11-21].
中华人民共和国教育部门户网站. 2016. 地方本科高校转型七问. http://www.moe.edu.cn/jyb_xwfb/s5148/201604/t20160412_237704.html[2019-01-19].
中华人民共和国教育部门户网站. 2018. 联合国教科文组织 2018 年亚太地区高等教育慕课研讨会在深圳举行. http://www.moe.gov.cn/s78/A23/moe_880/201806/t20180619_340307.html[2019-01-05].
中华人民共和国教育部门户网站. 2019a. 中共中央、国务院印发《中国教育现代化 2035》. http://www.moe.gov.cn/jyb_xwfb/s6052/moe_838/201902/t20190223_370857.html[2019-01-23].
中华人民共和国教育部门户网站. 2019b. 中共中央办公厅、国务院办公厅印发《加快推进教育现代化实施方案（2018－2022 年）》. http://www.moe.gov.cn/jyb_xwfb/s6052/moe_838/201902/t20190223_370859.html[2019-01-23].

中华人民共和国教育部，中华人民共和国国家发展和改革委员会，中华人民共和国财政部. 2015. 教育部 国家发展改革委 财政部关于引导部分地方普通本科高校向应用型转变的指导意见. http://www.moe.gov.cn/srcsite/A03/moe_1892/moe_630/201511/t20151113_218942.html[2018-01-30].

中华人民共和国教育部，中华人民共和国国家发展和改革委员会，中华人民共和国财政部，等. 2014. 教育部等六部门关于印发《现代职业教育体系建设规划(2014—2020 年)》的通知. http://old.moe.gov.cn/publicfiles/business/htmlfiles/moe/moe_630/201406/170737.html[2018-11-21].

中央政府门户网站. 2005. 中华人民共和国民办教育促进法. http://www.gov.cn/test/2005-07/28/content_17946.htm[2019-01-17].

钟秉林，王新凤. 2016. 我国地方普通本科院校转型发展若干热点问题辨析. 教育研究，(4): 4-11.

周朝正. 2013. 芬兰于韦斯屈莱理工学院创业教育课程研究. 西南大学硕士学位论文.

周飞，储召生，俞路石，等. 2014-04-16. 一所地方高校的转型突围——合肥学院十年建设应用型大学之路.中国教育报，第 6 版.

周茂东，张福堂. 2014. 地方本科高校转型发展刍议. 高等职业教育,(6): 3-6.

周口师范学院. 2017.在转型中赢得地方高校发展新机遇. https://mp.weixin.qq.com/s?__biz=MzAwMjM2MzM2Nw%3D%3D&idx=1&mid=2650248092&sn=2831ab390f3d5159d62a6a94f8ca1548[2019-01-02].

周欣. 2011. 地方高校产学研合作培养应用型人才的研究——以四川理工学院为例. 昆明理工大学硕士学位论文.

朱飞，王荣荣，赵秋振，等. 2015. 地方本科院校应对转型发展的路径探析. 教育发展研究，(10): 29-31.

NCES. 2002. Elementary and secondary education. https://nces.ed.gov/programs/digest/2002menu_tables. asp[2017-12-30].

National Center for Education Statistics. 2018. Total fall enrollment in degree-granting postsecondary institutions,by attendance status, sex of student, and control of institution: Selected years, 1947 through 2027. https://nces.ed.gov/programs/digest/d17/tables/dt17_303.10.asp[2018-05-31].

Simon B. 1991. Education and the Social Order: 1940-1990. London: Lawrence & Wishart Limited, 235.

附　　录

教育部 国家发展改革委 财政部关于引导部分地方普通本科高校向应用型转变的指导意见[①]

教发〔2015〕7号

各省、自治区、直辖市教育厅（教委）、发展改革委、财政厅（局），新疆生产建设兵团教育局、发展改革委、财务局：

为贯彻落实党中央、国务院关于引导部分地方普通本科高校向应用型转变（以下简称转型发展）的决策部署，推动高校转型发展，现提出如下意见。

一、重要意义

当前，我国已经建成了世界上最大规模的高等教育体系，为现代化建设做出了巨大贡献。但随着经济发展进入新常态，人才供给与需求关系深刻变化，面对经济结构深刻调整、产业升级加快步伐、社会文化建设不断推进特别是创新驱动发展战略的实施，高等教育结构性矛盾更加突出，同质化倾向严重，毕业生就业难和就业质量低的问题仍未有效缓解，生产服务一线紧缺的应用型、复合型、创新型人才培养机制尚未完全建立，人才培养结构和质量尚不适应经济结构调整和产业升级的要求。

积极推进转型发展，必须采取有力举措破解转型发展改革中顶层设计不够、改革动力不足、体制束缚太多等突出问题。特别是紧紧围绕创新驱动发展、中国制造2025、互联网+、大众创业万众创新、“一带一路”等国家重大战略，

① http://www.moe.gov.cn/srcsite/A03/moe_1892/moe_630/201511/t20151113_218942.html.

找准转型发展的着力点、突破口，真正增强地方高校为区域经济社会发展服务的能力，为行业企业技术进步服务的能力，为学习者创造价值的能力。各地各高校要从适应和引领经济发展新常态、服务创新驱动发展的大局出发，切实增强对转型发展工作重要性、紧迫性的认识，摆在当前工作的重要位置，以改革创新的精神，推动部分普通本科高校转型发展。

二、指导思想和基本思路

1. 指导思想

贯彻党中央、国务院重大决策，主动适应我国经济发展新常态，主动融入产业转型升级和创新驱动发展，坚持试点引领、示范推动，转变发展理念，增强改革动力，强化评价引导，推动转型发展高校把办学思路真正转到服务地方经济社会发展上来，转到产教融合校企合作上来，转到培养应用型技术技能型人才上来，转到增强学生就业创业能力上来，全面提高学校服务区域经济社会发展和创新驱动发展的能力。

2. 基本思路

——坚持顶层设计、综合改革。系统总结近年来高等教育和职业教育改革的成功经验，增强改革的系统性、整体性和协调性。不断完善促进转型发展的政策体系，推动院校设置、招生计划、拨款制度、学校治理结构、学科专业设置、人才培养模式、师资队伍建设、招生考试制度等重点难点领域的改革。充分发挥评估评价制度的导向作用，以评促建、以评促转，使转型高校的教育目标和质量标准更加对接社会需求、更加符合应用型高校的办学定位。

——坚持需求导向、服务地方。发挥政府宏观调控和市场机制作用，推进需求传导式的改革，深化产教融合、校企合作，促进高校科学定位、特色发展，加强一线技术技能人才培养，促进毕业生就业质量显著提高，科技型创业人才培养取得重大突破，将一批高校建成有区域影响力的先进技术转移中心、科技服务中心和技术创新基地。

——坚持试点先行、示范引领。转型的主体是学校。按照试点一批、带动一片的要求，确定一批有条件、有意愿的试点高校率先探索应用型（含应用技术大学、学院）发展模式。充分发挥试点高校的示范引领作用，激发高校转型内生动力活力，带动更多地方高校加快转型步伐，推动高等教育改革和现代职业教育体系建设不断取得新进展。

——坚持省级统筹、协同推进。转型的责任在地方。充分发挥省级政府统筹权，根据区域经济社会发展和高等教育整体布局结构，制定转型发展的实施方案，加强区域内产业、教育、科技资源的统筹和部门之间的协调,积极稳妥推进转型发展工作。

三、转型发展的主要任务

3. 明确类型定位和转型路径。确立应用型的类型定位和培养应用型技术技能型人才的职责使命，以产教融合、校企合作为突破口，根据所服务区域、行业的发展需求，找准切入点、创新点、增长点，制定改革的时间表、路线图。转型高校要结合“十三五”规划编制工作，切实发扬民主，通过广泛的思想动员，将学校类型定位和转型发展战略通过学校章程、党代会教代会决议的形式予以明确。

4. 加快融入区域经济社会发展。建立合作关系，使转型高校更好地与当地创新要素资源对接，与经济开发区、产业聚集区创新发展对接，与行业企业人才培养和技术创新需求对接。积极争取地方政府、行业企业支持，通过建设协同创新中心、工业研究院、创新创业基地等载体和科研、医疗、文化、体育等基础设施共建共享，形成高校和区域经济社会联动发展格局。围绕中国制造2025、“一带一路”、京津冀协同发展、长江经济带建设、区域特色优势产业转型升级、社会建设和基本公共服务等重大战略，加快建立人才培养、科技服务、技术创新、万众创业的一体化发展机制。

5. 抓住新产业、新业态和新技术发展机遇。创新发展思路，增强把握社会经济技术重大变革趋势的能力，加强战略谋划和布局，实现弯道超车。适应、融入、引领所服务区域的新产业、新业态发展，瞄准当地经济社会发展的新增长点，形成人才培养和技术创新新格局。促进新技术向生产生活广泛渗透、应用，推动“互联网+”战略在当地深入推进，形成人才培养和技术创新新优势。以服务新产业、新业态、新技术为突破口，形成一批服务产业转型升级和先进技术转移应用特色鲜明的应用技术大学、学院。

6. 建立行业企业合作发展平台。建立学校、地方、行业、企业和社区共同参与的合作办学、合作治理机制。校企合作的专业集群实现全覆盖。转型高校可以与行业、企业实行共同组建教育集团，也可以与行业企业、产业集聚区共建共管二级学院。建立有地方、行业和用人单位参与的校、院理事会（董事会）

制度、专业指导委员会制度，成员中来自于地方政府、行业、企业和社区的比例不低于50%。支持行业、企业全方位全过程参与学校管理、专业建设、课程设置、人才培养和绩效评价。积极争取地方、行业、企业的经费、项目和资源在学校集聚，合作推动学校转型发展。

7. 建立紧密对接产业链、创新链的专业体系。按需重组人才培养结构和流程，围绕产业链、创新链调整专业设置，形成特色专业集群。通过改造传统专业、设立复合型新专业、建立课程超市等方式，大幅度提高复合型技术技能人才培养比重。建立行业和用人单位专家参与的校内专业设置评议制度，形成根据社会需求、学校能力和行业指导依法设置新专业的机制。改变专业设置盲目追求数量的倾向，集中力量办好地方（行业）急需、优势突出、特色鲜明的专业。

8. 创新应用型技术技能型人才培养模式。建立以提高实践能力为引领的人才培养流程，率先应用“卓越计划”的改革成果，建立产教融合、协同育人的人才培养模式，实现专业链与产业链、课程内容与职业标准、教学过程与生产过程对接。加强实验、实训、实习环节，实训实习的课时占专业教学总课时的比例达到30%以上，建立实训实习质量保障机制。扩大学生的学习自主权，实施以学生为中心的启发式、合作式、参与式教学，逐步扩大学生自主选择专业和课程的权利。具有培养专业学位研究生资格的转型高校要建立以职业需求为导向、以实践能力培养为重点、以产学结合为途径的专业学位研究生培养模式。工程硕士等有关专业学位类别的研究生教育要瞄准产业先进技术的转移和创新，与行业内领先企业开展联合培养，主要招收在科技应用和创新一线有实际工作经验的学员。

9. 深化人才培养方案和课程体系改革。以社会经济发展和产业技术进步驱动课程改革，整合相关的专业基础课、主干课、核心课、专业技能应用和实验实践课，更加专注培养学习者的技术技能和创新创业能力。认真贯彻落实《关于深化高等学校创新创业教育改革的实施意见》，将创新创业教育融入人才培养全过程，将专业教育和创业教育有机结合。把企业技术革新项目作为人才培养的重要载体，把行业企业的一线需要作为毕业设计选题来源，全面推行案例教学、项目教学。将现代信息技术全面融入教学改革，推动信息化教学、虚拟现实技术、数字仿真实验、在线知识支持、在线教学监测等广泛应用，通过校校合作、校企合作联合开发在线开放课程。

10. 加强实验实训实习基地建设。按照工学结合、知行合一的要求，根据生产、服务的真实技术和流程构建知识教育体系、技术技能训练体系和实验实训实习环境。按照所服务行业先进技术水平，采取企业投资或捐赠、政府购买、学校自筹、融资租赁等多种方式加快实验实训实习基地建设。引进企业科研、生产基地，建立校企一体、产学研一体的大型实验实训实习中心。统筹各类实践教学资源，构建功能集约、资源共享、开放充分、运作高效的专业类或跨专业类实验教学平台。

11. 促进与中职、专科层次高职有机衔接。建立与普通高中教育、中等职业教育和专科层次高等职业教育的衔接机制。有条件的高校要逐步提高招收在职技术技能人员的比例，积极探索建立教育-就业“旋转门”机制，为一线技术技能人才的职业发展、终身学习提供有效支持。适当扩大招收中职、专科层次高职毕业生的比例。制定多样化人才培养方案，根据学习者来源、知识技能基础和培养方向的多样性，全面推进模块化教学和学分制。

12. 广泛开展面向一线技术技能人才的继续教育。瞄准传统产业改造升级、新兴产业发展和新型城镇化过程中一线劳动者技术提升、技能深化、职业转换、城市融入的需求，大力发展促进先进技术应用、形式多样、贴近需求的继续教育。主动承接地方继续教育任务，加强与行业和领先企业合作，使转型高校成为地方政府、行业和企业依赖的继续教育基地，成为适应技术加速进步的加油站、顺应传统产业变革的换乘站、促进新兴产业发展的人才池。

13. 深化考试招生制度改革。按照国家考试招生制度改革总体方案，积极探索有利于技术技能人才职业发展的考试招生制度。试点高校招收中、高等职业院校优秀应届毕业生和在职优秀技术技能人员，应当将技术技能测试作为录取的主要依据之一，教育部制定有关考试招生改革实施意见。试点高校考试招生改革办法应当报省级教育行政部门批准并以省为单位报教育部备案。招生计划、方案、过程、结果等要按有关规定向社会公开。

14. 加强“双师双能型”教师队伍建设。调整教师结构，改革教师聘任制度和评价办法，积极引进行业公认专才，聘请企业优秀专业技术人才、管理人才和高技能人才作为专业建设带头人、担任专兼职教师。有计划地选送教师到企业接受培训、挂职工作和实践锻炼。通过教学评价、绩效考核、职务（职称）评聘、薪酬激励、校企交流等制度改革，增强教师提高实践能力的主动性、积极性。

15. 提升以应用为驱动的创新能力。积极融入以企业为主体的区域、行业技术创新体系，以解决生产生活的实际问题为导向，广泛开展科技服务和应用性创新活动，努力成为区域和行业的科技服务基地、技术创新基地。通过校企合作、校地合作等协同创新方式加强产业技术技能积累，促进先进技术转移、应用和创新。打通先进技术转移、应用、扩散路径，既与高水平大学和科研院所联动，又与中职、专科层次高职联动，广泛开展面向中小微企业的技术服务。

16. 完善校内评价制度和信息公开制度。建立适应应用型高校的人才培养、科学研究质量标准、内控体系和评估制度，将学习者实践能力、就业质量和创业能力作为评价教育质量的主要标准，将服务行业企业、服务社区作为绩效评价的重要内容，将先进技术转移、创新和转化应用作为科研评价的主要方面。完善本科教学基本状态数据库，建立本科教学质量、毕业生就业质量年度报告发布制度。

四、配套政策和推进机制

17. 落实省级政府统筹责任。各地要结合本地本科高校的改革意愿和办学基础，在充分评估试点方案的基础上确定试点高校。试点高校应综合考虑民办本科高校和独立学院。省级改革试点方案要落实和扩大试点高校的考试招生、教师聘任聘用、教师职务（职称）评审、财务管理等方面的自主权。

18. 加快推进配套制度改革。建立高校分类体系，实行分类管理，制定应用型高校的设置标准。制定应用型高校评估标准，开展转型发展成效评估，强化对产业和专业结合程度、实验实习实训水平与专业教育的符合程度、双师型教师团队的比例和质量、校企合作的广度和深度等方面的考察，鼓励行业企业等第三方机构开展质量评价。制定试点高校扩大专业设置自主权的改革方案，支持试点高校依法加快设置适应新产业、新业态、新技术发展的新专业。支持地方制定校企合作相关法规制度和配套政策。

19. 加大对试点高校的政策支持。通过招生计划的增量倾斜、存量调整，支持试点高校符合产业规划、就业质量高和贡献力强的专业扩大招生。将试点高校“双师双能型”高水平师资培养纳入中央和地方相关人才支持项目。在国家公派青年骨干教师出国研修项目中适当增加试点高校选派计划。支持试点高校开展与国外同类高校合作办学，与教育援外、对外投资等领域的国家重大战略项目相结合走出去办学。充分发挥应用技术大学（学院）联盟等作用，与国外相应联盟、协会开展对等合作交流。

20. 加大改革试点的经费支持。各地可结合实际情况，完善相关财政政策，对改革试点统筹给予倾斜支持，加大对产业发展急需、技术性强、办学成本高和艰苦行业相关专业的支持力度。建立以结果为导向的绩效评价机制，中央财政根据改革试点进展和相关评估评价结果，通过中央财政支持地方高校发展等专项资金，适时对改革成效显著的省（区、市）给予奖励。高校要健全多元投入机制，积极争取行业企业和社会各界支持，优化调整经费支出结构，向教育教学改革、实验实训实习和“双师双能型”教师队伍建设等方面倾斜。积极创新支持方式，探索政府和社会资本合作（PPP）等模式，吸引社会投入。

21. 总结推广改革试点典型经验。在省级试点的基础上，总结梳理改革试点的经验和案例，有计划地推广一批试点方案科学、行业企业支持力度较大、实施效果显著的试点典型高校，并加大政策和经费支持力度。教育、发展改革、财政等部门共同建立跟踪检查和评估制度。

22. 营造良好改革氛围和舆论环境。加强对转型发展高校各级领导干部和广大师生员工的思想教育和政策宣传，举办转型试点高校领导干部专题研修班和师资培训班，坚定改革信心，形成改革合力。广泛动员各部门、专家学者和用人单位参与改革方案的设计和政策研究。组织新闻媒体及时宣传报道试点经验。

根据本意见精神，教育部、发展改革委、财政部建立协调工作机制，加强对转型发展工作的指导。

教育部 国家发展改革委 财政部

2015 年 10 月 21 日

后　记

本书是国家社会科学基金“十二五”规划 2014 年度教育学一般课题“地方本科高校转型发展的路径与对策”（BIA140110）的主要研究成果。

本书的编撰，得到了全国教育科学规划领导小组办公室、中国教育学会、科学出版社的大力支持，并承蒙中国教育学会会长钟秉林教授作序。在本书调查和研究过程中，我们得到了国内部分地方本科高校的大力支持和有关专家学者的指导与帮助，参考了有关研究成果和文献资料。在此，我们一并表示诚挚的谢意！

本书由夏季亭、帅相志负责总体设计、组织撰写和统编定稿，夏杨、张威参与了设计和统稿工作。参与各章撰写的主要人员如下：导论，夏季亭、帅相志、夏杨、张媛；第一章，李冉；第二章，左媛媛；第三章，张威、申政清；第四章，吴衍丽、郭云卿；第五章，侯文雪、杨炜；第六章，卞常红；第七章，蔡云。

地方本科高校转型发展是我国高等教育向现代化发展进程中的重要课题。本书力图从教育现代化发展的宏观形势出发，探讨地方本科高校转型发展的有效路径，有关研究成果均带有探索性质，难免有不足和疏漏之处，敬请广大读者和同行不吝赐教。

编　者

2018 年 11 月